AF470372

HISTOIRE

CONTEMPORAINE

de 1789 à 1848

A LA MÊME LIBRAIRIE

OUVRAGES DE MM. HUBAULT ET MARGUERIN

LIVRES DE LECTURE

Les grandes époques de la France, illustrées par GODEFROID
DURAND. 1 beau vol. in-8° jésus, broché................... 12 »»
Demi-chagrin, tranche dorée, 5 fr. ; tranche grise, 4 fr. — Toile,
tranche dorée, 3 fr. ; tranche grise, 2 fr. 25.
> Ouvrage couronné par l'Académie française.

Le même ouvrage, édition pour les écoles, 2 vol. in-12 cart. 3 50
1re partie, in-12 cart. 1 fr. 75. — 2e partie, in-12 cart 1 75
> Ouvrage couronné par l'Académie française et adopté pour les distributions
> de prix dans les établissements scolaires de la Ville de Paris et pour les
> bibliothèques scolaires de France.

Histoire contemporaine de 1789 à 1848, par M. GUSTAVE
HUBAULT. — Révolution. — Consulat et Empire. — Restauration.
— Monarchie de Juillet................................. 2 »»
> Ouvrage approuvé par le Ministre de la guerre pour les bibliothèques mili-
> taires et adopté pour les bibliothèques scolaires.

Notre Histoire, des origines à 1870, avec vignettes, cartes et
tracés, par M. GUSTAVE HUBAULT, in-12 de 250 pages ..... 2 »»
Notre Histoire en cent pages, avec une carte et des vignettes, par M. GUSTAVE HUBAULT................... .... » 90

ENSEIGNEMENT SECONDAIRE

Histoire de France, 1 vol. in-12 cart................ 3 50
**Histoire de France du moyen âge et des temps moder-
nes,** pour la classe de seconde, 1 vol. in-12 cart........ 3 50

ENSEIGNEMENT SECONDAIRE SPÉCIAL

ANNÉE PRÉPARATOIRE. **Histoire de France,** *simples récits,* par
M. GUSTAVE HUBAULT, in-12 cart...................... 1 80
3e ANNÉE. **Histoire de France et Histoire générale,** depuis
1789, par M. GUSTAVE HUBAULT, in-12..................... 1 80

ENSEIGNEMENT PRIMAIRE
COURS AUTORISÉ POUR LES ÉCOLES PRIMAIRES DU DÉPARTEMENT DE LA SEINE

Histoire de France, *cours élémentaire,* avec cartes et vignettes,
par M. GUSTAVE HUBAULT......... .... » 85
Histoire de France, *cours moyen,* avec cartes et tracés, par
M. GUSTAVE HUBAULT.................................. 1 50
Histoire de France, *cours supérieur,* avec cartes, tracés et
tableaux, par M. GUSTAVE HUBAULT.................... 2 50
Histoire de France, LIVRE DU MAITRE, pour les *cours élémentaire, moyen et supérieur,* comprenant une étude sur l'enseignement de l'histoire dans les écoles, des indications pour la prépa-
ration des leçons des trois cours, et des récits et lectures pour le
cours supérieur, par M. GUSTAVE HUBAULT 1 50

HISTOIRE CONTEMPORAINE

de 1789 à 1848

PAR

M. Gustave HUBAULT

Docteur ès lettres, Professeur d'histoire au lycée Louis-le-Graud.

———

QUATRIÈME ÉDITION

RÉVOLUTION
CONSULAT ET EMPIRE
RESTAURATION
MONARCHIE DE JUILLET

PARIS
LIBRAIRIE CH. DELAGRAVE
15, RUE SOUFFLOT, 15

—

1880

1072. — Abbeville. — Typ. et stér. Gustave Retaux.

AVANT-PROPOS.

Les historiens de la Révolution, à qui leurs qualités d'écrivains ont valu la faveur publique, forment deux groupes distincts.

Les uns, qui semblent modérés, et qui, par cela même, sont devenus classiques, ont écrit au temps de leur jeunesse, avant les leçons que les événements nous ont données et avec la confiance que l'école libérale de la Restauration était en possession de la vérité absolue. De là l'inexpérience, l'illusion ou les erreurs qui se trahissent dans leurs livres. En établissant entre les faits un enchaînement nécessaire, ils inclinent vers une sorte de fatalisme, et ils couvrent les crimes et les vices d'un faux air de grandeur qui en cache l'horreur et la bassesse.

Les autres, pour qui les formules de la Révolution sont des dogmes au-dessus de la discussion, ont construit des systèmes où ils ont fait entrer de force les événements, et, s'exaltant dans le sophisme et la passion, ils ont donné pleine carrière au fanatisme révolutionnaire.

Cette double influence a présidé depuis cinquante ans à l'éducation des esprits. La première n'a pas été la moins funeste; on fait passer bien des idées fausses en les présentant avec une gravité magistrale et en affectant le respect pour tout ce qu'on ébranle.

Cependant la vérité s'est fait jour. D'une part les mémoires et les correspondances des acteurs mêmes de la Révolution, de l'autre de nombreuses études partielles ont porté sur tous les points la lumière; enfin notre histoire contemporaine, par trois fois, a remis sous nos yeux, comme pour notre instruction, les doctrines, les passions et les procédés révolutionnaires. On peut dire qu'aujourd'hui la Révolution apparaît à nu pour ceux qui veulent voir.

Ainsi les *Mémoires de Malouet*, la *Correspondance de Mirabeau avec le comte de la Marck*, pour ne parler que des publications les plus considérables, ont renouvelé l'histoire de la Constituante. Il est difficile de louer encore sans réserve cette Assemblée après les révélations de Malouet, après les confidences de Mirabeau. « Je n'ai jamais adopté, disait le grand orateur désabusé, ni leur roman, ni leur métaphysique, ni leurs crimes inutiles. » On ne peut plus applaudir à l'œuvre de destruction systématique de 1789 après les aveux des constituants les plus ardents, les Barnave et les Duport. « J'ai dû vous paraître bien jeune, disait Barnave à Malouet en 1791, mais je vous assure que j'ai beaucoup vieilli. » « Depuis qu'on nous rassasie de principes, s'écrie Duport, comment ne s'est-on pas avisé que la stabilité est aussi un principe de gouvernement? » Confessions superflues ; ces retours et ces regrets, cette répudiation des erreurs et des excès, les historiens de la Révolution les ont, de parti pris, passés sous silence. Il est étrange que ce soit Sainte-Beuve qui les ait recueillis et ait osé dire : « Pour moi, le beau rôle des acteurs de la Révolution ne commence que du jour où ils entrent dans la résistance et deviennent à leur tour vaincus et victimes. »

En même temps de remarquables études partielles sur les diverses époques de la Révolution indiquaient les lacunes et corrigeaient les erreurs des histoires générales. M. Guizot, dans ses livres (l'*Église et la société chrétienne*, *Les trois générations*), nous montrait sur quel écueil a échoué la génération de 1789 et comment elle y a été poussée par des erreurs politiques qui avaient leur principe dans des erreurs morales. Le philosophe du dix-huitième siècle, confiant dans la prétendue bonté native de l'homme, dans les lumières de sa raison, dans la toute-puissance des lois sur les mœurs, s'était proposé de créer à nouveau la société qui est l'œuvre de la nature, du temps et des événements. M. Guizot a fait justice de ces prétentions superbes. M. de Tocqueville, dans l'*Ancien régime et la Révolution*, combattant le préjugé qui s'attache à ce mot l'*ancien régime*, nous a appris à mieux connaître la vieille France, et a réduit historiquement à sa juste mesure l'étendue des conquêtes de 1789. M. de Lavergne, l'historien des *Assemblées provinciales*, a établi que les réformes utiles auraient pu être introduites sans secousses dans les mœurs comme dans les lois. Dans ses *leçons* au Collége de France *sur la Constituante*, M. Laboulaye n'a pas craint de condamner l'usurpation du tiers, reniant la tradition et se chargeant à lui seul d'une tâche qui ne pouvait être heureusement accomplie qu'avec le concours des trois ordres. Il déclare fatales à la liberté ces journées du Jeu de paume et de la prise de la Bastille, ces insurrections de la tribune et de la rue, si communément glorifiées dans toutes les histoires de la Révolution. MM. Berryat-St-Prix, Mortimer-Ternaux et Wallon, dans leurs travaux sur la *Justice révolutionnaire* et sur la *Terreur,* mettent à nu les atrocités de ce régime d'extermination qui s'est appelé lui-même la *Terreur.* Ils ne laissent pas même aux terroristes l'excuse du fanatisme. Ce que l'on a appelé, par dérision sans doute, la justice du peuple, a frappé, avec quelques milliers de nobles et de prêtres, une immense majorité de bourgeois, d'artisans, de femmes et d'enfants, condamnés pour sentiments et propos contre-révolutionnaires, par une loi qui privait les accusés de témoins, de défenseurs et d'appel.

Enfin, si nous passons des choses de l'intérieur à celles de la guerre, le livre de M. Camille Rousset « *les Volon-*

taires de 1791 *à* 1794 » nous démontre clairement que si les principes de la Révolution vinrent en aide au succès de ses armes, ce fut en transformant des armées existantes, non en improvisant, par une vertu créatrice que personne ne possède, des armées qui n'existaient pas.

Mais les leçons qui ressortent des faits parlent plus haut encore que celles des livres. Quinze constitutions successives en moins d'un siècle et l'épuisement même de notre fécondité constituante, montrent combien cette prétention à organiser rationnellement la société sur une sorte de table rase, sans souci de l'histoire et de la tradition, a finalement abouti à placer la France en dehors des lois éternelles qui président au développement des nations.

L'histoire de la Révolution est donc à refaire. Puisse cette tâche trouver un ouvrier digne d'elle ! Notre ambition est plus modeste. Nous nous sommes simplement proposé de faire entrer dans un petit livre les révélations récentes, les conclusions de savants travaux, les leçons des faits.

A l'histoire de la Révolution, qui tient la principale place dans notre précis, nous avons joint celle du Consulat et de l'Empire, de la Restauration et de la monarchie de Juillet. Pour ces diverses parties, nous avons eu recours à l'*Histoire du consulat et de l'empire* de M. Thiers, aux travaux plus récents qui la complètent ou la redressent en quelques points, aux *histoires de la Restauration* de MM. de Viel-Castel et Nettement, aux *Mémoires* de M. Guizot, etc...

Dans les limites où nous nous sommes renfermé, notre œuvre sera peut-être de quelque utilité. « Il faut, disait M. Saint-Marc-Girardin, chercher à relever et à affermir dans le cœur de l'homme les sentiments qui conservent, au lieu d'encourager et de répandre les sentiments qui détruisent. » Nous ne nous sommes pas proposé autre chose.   Gustave HUBAULT.

HISTOIRE CONTEMPORAINE

(1789-1848.)

CHAPITRE PREMIER

ASSEMBLÉE CONSTITUANTE

(De l'ouverture des États généraux jusqu'au 4 août 1789.)

PRÉCIS DES FAITS

Louis XVI ouvre les États généraux à Versailles le 5 mai 1789. La question du vote par tête ou par ordre amène un conflit que le roi n'a pas su prévenir. Les députés du tiers se constituent en *Assemblée nationale*, en dehors des ordres privilégiés et de la sanction royale (17 juin 1789), et commencent par ce fait la Révolution.

La faiblesse de Louis XVI désarme la royauté devant les entreprises de l'Assemblée qui méconnaît la limite de ses pouvoirs (serment du Jeu de paume (17 juin) séance du 23 juin), et devant l'insurrection de Paris que signalent les premiers crimes populaires demeurés impunis : attaque de la prison de l'Abbaye le 30 juin; désordres du 12 juillet; institution d'une milice bourgeoise 13 juillet; prise de la Bastille 14 juillet; massacre de Launay, de Flesselles, de Foulon et de Berthier.

Le pouvoir royal n'étant plus obéi est suspendu de fait. L'Assemblée est à son tour impuissante contre le désordre qui s'étend de Paris aux provinces. L'émigration commence. Dans la nuit du 4 août 1789 les ordres privilégiés font l'abandon de leurs droits utiles ou honorifiques.

Ouverture des États généraux. — Les États généraux s'ouvrirent à Versailles le 5 mai 1789. Sur 1,118 membres le clergé en comptait 291. La noblesse n'avait que 270 députés.

Le tiers état à lui seul en avait envoyé 577, dont 272 avocats.
C'était l'élite du clergé, de la noblesse et du tiers état de France.

Les députés de chaque ordre apportaient des *cahiers de plaintes ou doléances* qui avaient été rédigés dans chaque bail-liage. Ces cahiers, qui réclamaient de nombreuses innovations avec une singulière unanimité de désirs et de vœux, se résument par ces mots : concilier la liberté nouvelle avec le catholicisme et avec l'ancienne royauté. C'était là le problème que se posait la France de 1789. On devait tout espérer de ces sentiments de conciliation inscrits dans les cahiers comme des intentions de Louis XVI. Le roi n'avait-il pas à l'avance (décembre 1788) adhéré à la réunion périodique des États généraux et reconnu à la nation, ainsi représentée, le droit de consentir ou de refuser les impôts, de fixer et de régler les dépenses?

« Messieurs, dit Louis XVI, à l'ouverture des États, ce jour que mon cœur attendait depuis longtemps est enfin arrivé, et je me vois entouré des représentants de la nation à laquelle je me fais gloire de commander.

« Puisse un heureux accord régner dans cette assemblée, et cette époque devenir à jamais mémorable pour le bonheur et la prospérité du royaume. »

Cet accord, que le roi souhaitait si ardemment, ne dura guère. Les ordres privilégiés voulurent défendre pied à pied leurs prérogatives, ce qui est le droit de la longue possession, comme c'était le droit du tiers état d'en poursuivre légalement la diminution ou l'abolition. Les députés du tiers état dé-pourvus d'expérience politique, épris de l'absolu, prétendirent tout détruire et tout reconstruire en un jour, et, se méprenant sur les véritables conditions de la liberté, ils crurent qu'elle profiterait de tout affaiblissement de la royauté. Enfin le roi qui devait proposer un plan de réformes et contenir les députés dans la limite des pouvoirs de leurs cahiers manqua d'initiative et de fermeté[1]. Jamais plus grand devoir ne fut trahi par plus de faiblesse.

---

1. Plusieurs mois avant la réunion des États généraux, celui qui devait être le plus sage député de la Constituante, Malouet, avait dit au premier ministre Necker : « Vous devez avoir un plan arrêté de concessions, de réformes, qui, au lieu de tout ébranler, consolide les bases de l'autorité légitime ;.... prenez une attitude décidée, car vous

Question du vote par tête ou par ordre. — On avait laissé les États se réunir sans avoir tranché à l'avance la question du vote par tête ou par ordre. Le vote par ordre donnait l'avantage aux privilégiés qui pouvaient opposer deux voix à la voix unique du tiers. Le vote par tête donnait la majorité aux députés des communes. Le tiers réclamait la délibération en commun que repoussaient la noblesse et la majorité du clergé. Ainsi posée la question était sans issue, le roi et son ministre Necker n'ayant su ni prévoir le péril ni intervenir à propos. En vain, Mirabeau, ce noble élu par le tiers état de Provence, chez lequel devaient se rencontrer les violences du tribun et les desseins de l'homme d'État, avait voulu prévenir le conflit. Il voyait au delà de la victoire du tiers état et se proposait de fonder un ordre de choses durable. « Le roi et son conseil, disait-il au député Malouet, doivent avoir un plan d'adhésion ou d'opposition à certains principes. Si ce plan est raisonnable, je m'y dévoue [1]. » Il rechercha donc un entretien avec Necker, mais il se vit rebuté. Pour son malheur et pour celui de la France l'immoralité de sa vie privée détourna de lui ceux qu'il voulait sauver [2].

Les députés du tiers se constituent en Assemblée nationale. — Le tiers état résolut de vaincre les résistances par son initiative. Sieyès proposa de sommer les privilégiés de procéder à la vérification en commun, et sur leur refus, de passer outre. On applaudit à cette motion, et le 12 juin 1789 la vérification des élections du tiers commença. Le 15, les pouvoirs vérifiés, Sieyès proposa de se constituer en *Assemblée nationale*. En vain Mirabeau et Malouet combattirent une dénomination exclusive et soutinrent que l'Assemblée ne pouvait se constituer en dehors de la sanction royale. Le décret qui contenait en principe la Révolution fut voté le 17 juin à la majorité de 491 voix contre 90.

n'en avez pas. » — « Il n'y a personne à la barre ! » Ce sera le cri d'angoisse patriotique de Mirabeau.

1. *Mémoires* de Malouet.

2. Plus tard, mais malheureusement trop tard, le ministre M. de Montmorin disait, en regrettant de n'avoir pas accueilli les premières ouvertures de Mirabeau : « Nous lui aurions épargné bien des fautes et il nous en aurait fait éviter beaucoup aussi. »

Mirabeau s'abstint ; il voyait clairement les suites fatales de cette résolution. L'Assemblée, qui avait dépassé son droit, allait se trouver sans autorité en face des auxiliaires séditieux qu'il lui faudra subir et qui l'entraîneront dans l'anarchie. « Pour n'avoir pas assez attendu, pour n'avoir pas réduit la noblesse par la force de la raison et de l'opinion, on allait entrer en guerre. Le serment du Jeu de paume, la prise de la Bastille, les journées des 5 et 6 octobre sont des batailles qui ne profitèrent guère aux vainqueurs, et la victime ce fut la liberté [1]. »

Serment du Jeu de paume, réunion du clergé, séance royale ; 20-23 juin 1789. — A partir de ce jour les événements se précipitent. Le 20 juin les députés du tiers état réunis au Jeu de paume firent le serment solennel de ne jamais se séparer et de se rassembler partout où les circonstances l'exigeraient jusqu'à ce que la constitution du royaume fût établie et affermie sur des fondements durables. Le surlendemain 22 juin le clergé ouvrit au tiers état l'église de Saint-Louis et se réunit à lui au milieu des transports et de l'attendrissement universels. Le 23, à la séance royale tenue dans la salle des États, le roi ordonna que la distinction des ordres fût maintenue, déclara nulles les délibérations du tiers, proposa à l'Assemblée des réformes qui, venues plus tôt, eussent été accueillies avec enthousiasme, et intima aux députés de se séparer sur-le-champ pour délibérer dans leurs chambres respectives. La noblesse et le clergé obéirent. Le tiers résista à l'invitation du grand maître des cérémonies, M. de Brézé. « Je déclare, s'écria Mirabeau de sa voix tonnante, que si l'on vous a chargé de nous faire sortir d'ici, vous devez demander des ordres pour employer la force, car nous ne quitterons ces places que par la puissance des baïonnettes. » Siéyès dit: « Messieurs,

1. Edouard Laboulaye, *Leçons faites au Collége de France pendant l'année* 1869-70. M. Laboulaye ajoute : « On s'imagine toujours qu'on peut établir la liberté par un coup de main ; on n'établit ainsi que la licence et l'anarchie. La liberté est fille de la justice; elle a pour sœurs la modération et la raison ; on ne l'emporte ni par séduction, ni par violence ; elle ne se donne qu'à celui qui lui témoigne son amour par son respect et son dévouement. » Nous ne saurions trop recommander la lecture et l'étude des belles leçons de M. Laboulaye.

vous êtes aujourd'hui ce que vous étiez hier, délibérons. » Et sur la proposition de Mirabeau, l'Assemblée vota l'inviolabilité de ses membres. Louis XVI dut céder après avoir menacé. Il consentit à révoquer sa déclaration et la réunion des trois ordres fut accomplie.

On espéra le bien public de cette réunion. On comptait sans les désordres de la rue, sans la complaisance secrète de l'Assemblée pour les manifestations populaires, sans les menaces de la noblesse et d'un parti puissant à la cour, sans l'indécision du roi qui ne sut ni contenir la passion d'une partie de son entourage, ni faire respecter son caractère par l'Assemblée. Il saura moins encore réprimer l'émeute.

Premiers désordres populaires; faiblesse de Louis XVI. — Quand les députés du tiers s'étaient constitués en *Assemblée nationale* sans la sanction royale, ils étaient sortis du droit. Leur attitude en face des troubles de Paris désarmera le roi, encouragera l'esprit de désordre et en rendra pour ainsi dire l'Assemblée complice. Ils crurent qu'il était possible de faire au mal sa part et de l'arrêter après s'en être servi. C'était une grande erreur : le moindre mélange du mal dans une bonne cause la dénature et la corrompt.

Une bande de séditieux avait brisé les portes de la prison de l'Abbaye pour délivrer des soldats du régiment des gardes-françaises qui avaient violé la consigne, étaient sortis de leurs casernes et avaient pris part aux manifestations de la foule (30 juin 1789). Une députation de Parisiens vint demander à l'assemblée de prendre sous sa sauvegarde les délinquants ; elle se présentait au nom de toute la nation, car c'est toujours au nom du peuple tout entier qu'une minorité factieuse s'imposera à la réprésentation de la France. Que fit l'Assemblée ? Elle refusa de recevoir les pétitionnaires, mais elle envoya une députation au roi et le supplia d'employer au rétablissement de l'ordre *les moyens infaillibles de douceur et de bonté si naturels à son cœur*. Ainsi les conseils de Clermont-Tonnerre et de Mounier, l'adjuration de Mirabeau répétant que l'Assemblée ne devait point entendre les orages qui grondaient autour d'elle, avaient été inutiles. L'Assemblée par son appel à la clémence du roi avait empiété sur le pouvoir exécutif. C'est là ce qu'il faut voir sous ces formes de modération et de respect. En s'adressant à la sensibilité du roi elle énervait le pouvoir ; par un premier empiètement elle rendait tous les autres possibles. Elle oubliera de plus en plus sa mission et la limite de son droit ; elle interviendra sans cesse dans les questions de gouvernement ; elle aura pour les violences de la foule une indulgence toujours prête que l'on ne saurait attribuer d'abord qu'à une funeste recherche de la popularité. Un peu plus tard, quand elle sera elle-même insultée et menacée par les factieux, elle entendra Robespierre faire appel à sa sensibilité pour excuser Marat ; alors elle cèdera à la peur.

Ainsi la foule s'est laissé emporter à ses premiers excès. L'Assemblée a méconnu la limite des pouvoirs. Le roi a cédé, et ce n'est point sa seule faute. Les désordres de Paris justifiaient assez une concentration de troupes et les précautions de la force publique, gardienne de l'ordre et de la sécurité. Louis XVI avait le droit et le devoir d'agir, mais il devait en même temps rassurer l'Assemblée prompte à s'alarmer et imposer silence au parti de la reine et du comte d'Artois. Il parut donner satisfaction à ce parti en congédiant Necker, ministre populaire, et lorsqu'il eut appelé auprès de lui MM. de Breteuil et de Broglie, dévoués au maintien de la prérogative royale et prêts à agir avec vigueur contre la sédition, il les laissa sans ordres (12 juillet 1789). L'Assemblée l'ayant supplié d'ordonner le renvoi des troupes, il ne sut pas, en repoussant cette ingérence, faire entendre nettement qu'il saurait à la fois maintenir l'ordre menacé et sauvegarder la représentation nationale.

Insurrection à Paris. Prise de la Bastille, 12-14 juillet 1789 ; premiers crimes populaires. — La nouvelle du renvoi de Necker fut le signal qu'attendaient à Paris les meneurs du Palais-Royal. Un jeune homme, Camille Desmoulins, sort du café de Foy un pistolet à la main, monte sur une table, appelle le peuple aux armes et met à son chapeau une feuille d'arbre qui devient le signe du ralliement. Une bande armée promène dans les rues le buste de Necker et celui du duc d'Orléans qui s'était associé à toutes les motions séditieuses du parlement. Le prince de Lambesc à la tête du Royal-allemand, repousse la foule qui jetait des pierres aux soldats. On s'indigne, on répand le bruit que les régiments étrangers vont mettre Paris à feu et à sang. Les gardes-françaises, au mépris de la discipline, se déclarent pour l'insurrection. Paris ne voit que le péril d'une attaque des troupes et ne songe point au danger qu'il y a pour toute société à briser le frein des lois. Le 12 juillet, la populace pille les boutiques d'armuriers, le couvent de Saint-Lazare, et force les prisons pour dettes. Au matin du 13, les bureaux des soixante districts, qui avaient été constitués pour l'élection des députés à l'Assemblée, nomment des délégués. Ceux-ci se réunissent à l'Hôtel de ville et forment un comité chargé de l'approvisionnement de la capitale et de l'organisation d'une milice parisienne. Le comité, impuissant malgré ses efforts, ne fait que donner un semblant de légalité au désordre. Un de ses membres se met à la tête d'une bande qui se porte vers les Invalides où il y avait un dépôt d'armes. Tandis que le magistrat municipal parlemente avec le gouverneur Sombreuil, les hommes qu'il semblait conduire et commander franchissent les fossés, ouvrent les grilles, se saisissent de vingt-huit mille fusils et de vingt pièces de canon. Une apparence de légalité et la violence populaire, c'est toute l'histoire de Paris pendant les journées du 13 et du 14 juillet 1789. Ajoutons, car à chaque émeute de la rue il y a une part de responsabilité qui remonte au roi, que les régiments campés au Champ-de-Mars demeuraient l'arme au pied, sans ordre pour agir. L'opinion accusait alors Louis XVI d'avoir donné aux troupes des ordres sanguinaires. L'histoire lui reproche plus justement aujourd'hui de n'avoir pas su défendre le pouvoir qu'il avait mission de sauvegarder et qui était la garantie du salut de tous.

Le 14, le comité, contraint de céder à la multitude qui pousse le cri *à la Bastille, à la Bastille*, recourt encore à ce système ambigu d'intervention légale et de violence. Une députation du comité va sommer le marquis de Launay, gouverneur de la Bastille, de remettre la forteresse à la municipalité parisienne. Le devoir de Launay était de se défendre; il refusa de rendre la place, et aussitôt la foule se crut en droit d'attaquer. Elle avait avec elle les gardes-françaises et du canon. Le gouverneur n'avait pour résister que quatre-vingt-deux invalides et trente-deux suisses. Il voulait faire sauter le fort et s'ensevelir sous les ruines ; il en fut empêché par un de ses officiers et dut capituler. On lui accorda de sortir avec les honneurs de la guerre et la vie sauve pour lui et ses hommes ; un ancien officier qui avait dirigé l'attaque, Elie, donna *sa foi d'officier*. Vaine garantie devant une foule ameutée. Launay est massacré ; on lui tranche la tête, on met cette tête au bout d'une pique, on la porte en triomphe et un hideux cortége la suit.

Ce n'est pas assez d'une victime. L'ivresse du sang s'empare des hommes féroces qui mènent le peuple. On se porte à l'Hôtel de ville ; on en arrache Flesselles, le prévôt des marchands, que le comité des électeurs ne sait pas défendre. Il avait promis des armes et n'en avait pas donné ; on le massacre près de la place de Grève. Il avait trompé le peuple, a-t-on dit. Il eut mieux fait de refuser ouvertement des armes à l'insurrection. Sa mort l'eut honoré et eut servi la cause de l'ordre. Le major de la Bastille, deux de ses canonniers ont le sort du prévôt Flesselles. On promène bientôt dans Paris cinq têtes et une main coupée. Cette main était celle de l'officier Béquard qui avait empêché le gouverneur de faire sauter la Bastille.

Le 14 juillet a été célébré comme une grande victoire. En y regardant de plus près, on voit une multitude et les gardes-françaises munis de canons aux prises avec quelques invalides et quelques suisses. Quant à l'opportunité de cette manifestation populaire on a quelque peine à la comprendre, si l'on songe à ce qu'était devenue sous le règne si doux de Louis XVI cette prison d'État, où les vainqueurs ne trouvèrent que cinq prisonniers, l'un fou, les autres coupables de crimes avérés. Il faut bien alors reconnaître que ce fut une sorte d'insurrection contre l'histoire. On évoqua confusément de lointains souvenirs, et ces souvenirs ne rappelaient guère que les rigueurs dont avaient été frappés les nobles ; on crut que le siége, puis la démolition de la Bastille, seraient le digne commencement d'une ère de liberté. Il semblait que l'on ne pouvait jeter de défi assez violent à la tyrannie du roi. Et le roi, on le sait maintenant, défendait aux troupes de tirer et les repliait sur le Champ-de-Mars pour éviter tout conflit.

Ainsi l'insurrection de la force dans la rue avait suivi l'insurrection de la parole à la tribune de l'Assemblée. Si, comme la suite des événements l'a assez démontré, elle fut funeste à l'établissement de la liberté, que penser des assassinats qui la souillèrent ? « Il est bien difficile d'entrer dans la véritable liberté par une pareille porte », disait un témoin de l'horrible spectacle, le duc de la Rochefoucauld. Et l'un des publicistes du dix-huitième siècle qui avait le plus violemment attaqué les bases de la société, l'abbé Raynal, s'écriait avec douleur: « Il ne sait pas, ce peuple, qu'un crime seul est la source d'une infinité de calamités. » Il disait vrai, car l'impunité du crime en rejette la responsabilité sur la société tout entière ; or, en 1789, deux mois après la réunion des États généraux, les assassins de Launay et de Flesselles demeurèrent impunis.

Pendant que ces choses se passaient à Paris, l'Assemblée déclarait que les ministres congédiés emportaient l'estime et les regrets de la nation. Elle ne cessait de réclamer l'éloignement des troupes en marquant la plus vive défiance sur les intentions du roi. Tout à coup elle le voit paraître, accompagné de ses deux frères et sans autre cortége. Louis XVI parle avec un accent qui nous émeut encore. C'est la douleur d'un roi père de son peuple qui gémit sur le sang versé, d'un honnête homme dont on a mis en doute la loyauté. Ce qu'on y sent le moins, c'est le ressentiment de son autorité méconnue.

Les députés l'acclament et l'accompagnent jusqu'au palais. Pauvre prince qu'on applaudissait d'autant plus qu'il laissait périr entre ses mains l'autorité et trahissait son devoir ! Aussi les acclamations populaires eurent toujours pour lui de tristes lendemains.

Le 16 juillet, après avoir reçu dans la nuit les adieux du comte d'Artois qui ne se croyait plus en sûreté en France, Louis XVI, sans armée, sans ministres, alla saluer le peuple de Paris qui avait pris la Bastille, nommé Bailly son maire et Lafayette général de la milice bourgeoise. Il marcha de Sèvres jusqu'à Paris au milieu d'une haie de cent mille hommes qui criaient : Vive la Nation ! Il prit la cocarde rouge et bleue et l'attacha à son chapeau. Le soir quand il revint à Versailles il dit à la reine qui lui racontait ses angoisses : « Heureusement, le sang n'a pas coulé, et je jure qu'il n'y aura jamais une goutte de sang versé par mon ordre. »

1.

Touchantes paroles ! Et cependant comme il aurait mieux valu que Louis XVI ressentît avec indignation l'atteinte portée à la justice par l'impunité des crimes commis et qu'il entrevît dans un avenir prochain le fleuve de sang que l'anarchie devait faire couler. En face de théoriciens impatients et d'une populace soulevée il n'y avait plus qu'un roi sans autorité.

Nouveaux désordres. Meurtres de Foulon et de Berthier. Nuit du 4 août 1789. — Le désordre gagnait de proche en proche. A Saint-Germain la populace égorgea un pauvre boulanger et promena sa tête par les rues. A Poissy, il fallut que l'évêque de Chartres, député à la Constituante, implorât à genoux la foule pour qu'elle épargnât un père de famille, connu par sa bienfaisance. Un délire sanguinaire s'était emparé de la canaille toujours prête à massacrer ceux qu'on désignait à ses coups. A Paris, Camille Desmoulins jouait ce rôle odieux de dénonciateur et prenait le titre de *Procureur général de la Lanterne*. On entendait alors le chant du *Ça ira* qui faisait dire à Raynal : « Les Français chantent aujourd'hui leurs crimes comme autrefois ils chantaient leurs victoires. » Strasbourg fut pendant trente-six heures sous le joug de la soldatesque et d'un ramassis de misérables. A Caen, Belzunce, major des dragons du régiment de Bourbon, âgé de vingt-cinq ans, neveu de l'héroïque archevêque de Marseille, fut massacré et son corps déchiré par ses meurtriers.

Si du moins, après avoir désarmé la royauté, l'Assemblée avait su regarder en face l'anarchie sanglante qui s'était levée à Paris et envahissait la France. Le 20 juillet une voix se fait entendre, celle de Lally-Tollendal, déjà célèbre par sa piété filiale. Il présente un projet de proclamation contre les fauteurs de troubles, mais un orateur jusqu'alors inconnu, Robespierre, ose déclarer que sa proclamation est dirigée contre les amis de la liberté. En vain Lally s'écrie : « La liberté, c'est moi qui la défends et c'est vous qui la trahissez. » L'Assemblée ajourne sa motion ; il semble qu'elle ne veuille point rejeter la complicité des crimes commis pour ne pas se priver du secours de l'insurrection. On en était arrivé à cette heure fatale dans l'histoire d'une nation où le courage de la résistance faiblit devant l'audace du crime. Alors la garantie sociale est perdue, comme on ne tarda pas à le voir. De nouveaux crimes naquirent de l'impunité des premiers. Foulon, ancien intendant de la guerre sous le maréchal de Broglie, et qui avait fait partie du dernier ministère, fut arrêté près de Fontainebleau et conduit à Paris au milieu de tous les outrages. Il y devint le jouet de la foule qui le pendit à une lanterne et coupa la tête du supplicié pour la promener dans les rues. Berthier de Sauvigny, gendre de Foulon, magistrat intègre qui avait consacré sa vie au progrès de l'agriculture dans sa province, eut le même sort. La populace déchira son corps, et un des meurtriers apporta jusque dans la salle des électeurs un morceau de chair sanglante en s'écriant : « Voilà le cœur de Berthier! » Que faisaient donc Bailly et Lafayette ? Bailly, honnête homme, dit Droz, qui n'apprit que plus tard à remplir son devoir, avait quitté l'Hôtel de ville où les prisonniers étaient enfermés. Il n'avait pas prévu les assauts du peuple qui demandait à grands cris sa proie. Lafayette aurait voulu sauver les prisonniers en sauvegardant sa popularité. Les meurtres commis, il donna sa démission le 23 juillet, pour reprendre son commandement le soir même, sans avoir exigé la poursuite des assassins. Bailly et Lafayette, dans leur crainte exclusive des entreprises de la cour, ménageront les insurrections jusqu'au jour où il sera trop tard pour leur résister.

L'Assemblée aura-t-elle du moins un amer regret de sa funeste temporisation ? Lally-Tollendal, Mounier et Malouet l'adjurent de venir au secours de la société en péril. Ce fut alors que Barnave laissa échapper cette parole cruelle qui a été le remords de toute sa vie : « Le sang qui vient de se répandre est-il donc si pur? » — « Le sang versé ne s'efface pas. L'apologie du sang versé est plus ineffaçable encore [1]. » Et l'Assemblée, qui commençait à céder à la peur, vota une invitation à la paix. Dérision de la justice !

Tandis qu'on promenait impunément dans Paris des têtes coupées, on pillait et on incendiait en province. « De tous côtés, dit à l'Assemblée un député au nom du comité des rapports, les châteaux sont brûlés, les couvents détruits, les fermes aban-

---

1. Laboulaye. *Leçons sur la Constituante.*

données au pillage ; la justice n'est plus qu'un fantôme qu'on ʉ
cherche inutilement dans les tribunaux. » L'Assemblée ordonne ʝɪ
qu'une seconde proclamation recommanderait le respect des ʑ
propriétés et des personnes. On était au 4 août 1789 ; la nuit ɪɪ
vint qu'on délibérait encore aux flambeaux avec une vive émo- -ꞁ
tion née du péril public. Tout à coup le vicomte Alexis de ʑ
Noailles se présente à la tribune. « Pour ramener le calme, dit- -ꞁ
il, je propose de décider que les charges publiques seront éga- -ꞁ
lement réparties, que les droits féodaux seront rachetables à ɪ
juste prix, que les servitudes personnelles et au premier rang ɡ
les corvées seigneuriales et les mains-mortes seront abolies sans ʑ
rachat. »

Le duc d'Aiguillon, le plus riche propriétaire de France, ꞁ
soutient la motion du vicomte de Noailles. « Il faut, s'écrie-t-il, ʑ
établir le plus promptement possible cette égalité de droits qui ꞁ
doit exister entre tous les hommes et qui peut seule leur assurer ꞁ
leur liberté. »

On applaudit à ces déclarations généreuses, on cède à l'enthousiasme qui s'empare des âmes, et chacun vient à son tour ꞁ
déposer son offrande « sur l'autel du bien public ». L'évêque de ꞁ
Nancy et l'évêque de Chartres imitent les députés de la noblesse. ꞁ
Les curés offrent le denier de la veuve, comme ils disent, et ꞁ
renoncent à leur casuel. On abandonne les priviléges des provinces et des villes, l'hérédité et la vénalité des offices, les priviléges des corporations. L'archevêque de Paris appelle la ꞁ
bénédiction de Dieu sur ces sacrifices patriotiques. Lally-Tollendal veut y associer le nom du roi et demande que Louis XVI ꞁ
soit proclamé le restaurateur de la liberté française. C'est ꞁ
au cri de *vive le roi !* qu'on vote le décret qui affranchissait à ꞁ
la fois les personnes, les terres et le travail.

Ce fut une heure décisive dans notre histoire et rien ne s'est ꞁ
relevé de ce qui fut aboli dans cette nuit fameuse, mais quelques
sages esprits regrettèrent la précipitation avec laquelle on avait ꞁ
agi. Elle ne contribua pas peu, en effet, à entretenir cette
illusion qu'on pouvait tout détruire et tout créer à nouveau en
quelques heures. Dupont de Nemours eut souhaité qu'on
pourvût d'abord à la paix publique, afin de ne point persuader
à la multitude qu'elle devait ces lois d'affranchissement à la

violence, au pillage et à l'incendie des châteaux. Mirabeau qui n'assistait pas à la séance du 4 août regretta « que toutes les questions de priviléges et de fiefs, de propriétés acquises à titre onéreux, n'eussent point été discutées. On aurait moins détruit, mais on aurait excité moins de préventions..., on aurait du moins évité le danger d'écraser sous un monceau de ruines l'édifice naissant de la liberté.» Mounier se déclara pour le rachat d'un grand nombre de ces droits féodaux, Sieyès pour le rachat des dîmes abolies. Il démontra que la dîme était une charge du fond qu'on déduisait en vendant la terre, de même qu'on tient compte dans l'acquisition d'un domaine des servitudes dont il est frappé ; que sa suppression gratuite enrichissait chaque propriétaire pour faire peser sur la nation tout entière le triple·budget des cultes, des écoles et de la charité. Soixante-dix millions furent ainsi perdus en un moment par une mesure inique et impolitique : « Ils veulent être libres, s'écria Sieyès, et ils ne savent pas être justes. » Il disait vrai, car « on était sorti du droit et par cela même des conditions vitales de la liberté. L'art du législateur, c'est de ménager tous les intérêts par la justice et de conquérir toutes les consciences par le respect du droit [1]. »

CHAPITRE II

ASSEMBLÉE CONSTITUANTE

(SUITE)

(Du 4 août 1789 à la fin de la Constituante 30 septembre 1791.)

PRÉCIS DES FAITS

(Du 4 août au 6 octobre 1789.) L'Assemblée vote la déclaration des *Droits de l'homme*. Elle rédige la Constitution en repoussant le régime constitutionnel de l'Angleterre. Elle désarme le pouvoir royal

1. Laboulaye. *Leçons sur la Constituante.*

malgré les efforts de Mirabeau. Elle est obligée de compter avec les députations séditieuses, les motions des districts et du Palais-Royal, les excès de la presse et les violences des tribunes. Après les journées des 5 et 6 octobre 1789, le roi est prisonnier de Paris.

(Du 6 octobre à septembre 1790.) L'Assemblée commet la faute d'interdire le ministère à ses membres. Elle met les biens du clergé à la disposition de l'État et vote l'émission de 400 millions d'assignats. Elle divise la France en 83 départements et établit une nouvelle organisation administrative.

(De septembre 1790 à la mort de Mirabeau, 2 avril 1791.) L'Assemblée décrète la constitution civile du clergé, qui est une contrainte exercée sur la conscience par le pouvoir civil. Louis XVI envoie le baron de Breteuil auprès des Cours étrangères, mais compte encore sur l'appui de Mirabeau, qui, dévoué à la fois à la monarchie et à la constitution, était seul capable de défendre le trône contre la révolution et de soustraire le roi à l'influence des émigrés.

(De la mort de Mirabeau jusqu'à la clôture de la Constituante, 2 avril- -30 septembre 1791.) Louis XVI qui a renoué ses relations avec l'étranger cherche un refuge auprès de l'armée. Il est arrêté à Varennes et suspendu de ses fonctions. L'application de la loi martiale, le 17 juillet 1791, marque la scission entre les constitutionnels et les républicains. Avant de se dissoudre, l'Assemblée déclare ses membres incapables de réélection.

Déclaration des droits de l'homme. — On ne tarda pas à revenir à la discussion de la *Déclaration des droits de l'homme* qui avait commencé avant le 4 août. Cette Déclaration énonçait un certain nombre de droits définis : dans l'ordre politique le droit pour les citoyens de concourir directement ou indirectement à la formation de la loi, au consentement de l'impôt, au contrôle de la fortune publique, le droit de réunion et de pétition, la responsabilité des fonctionnaires ; dans l'ordre civil, l'égalité des citoyens, l'admission de tous aux fonctions publiques, la liberté de conscience et de culte, l'obligation pour tous de contribuer aux charges de l'État. Mais la déclaration mêlait à ces droits définis des maximes politiques qui ne sont rien moins que des vérités évidentes. Elle professait le mépris du passé et le dédain de l'expérience.

En mettant les droits avant les devoirs, et en présentant la liberté comme une exemption de frein et de règle, elle exaltait l'esprit de résistance contre toutes les lois, l'esprit d'insurrection contre tous les gouvernements, contre celui-là même que la Constituante prétendait établir. Mirabeau protesta vainement contre ce qu'il appelait « un absurde dogme d'infaillibilité politique ». Quant au roi, avant de donner sa sanction, il observa sagement qu'on ne pourrait apprécier les principes de la Déclaration « qu'au moment où leur véritable sens serait fixé par les lois qui en découleraient. » La constitution devait en effet avoir pour objet de limiter chacun de ces droits que la Déclaration présentait comme naturels et imprescriptibles.

Discussion de la constitution. Les partis dans l'Assemblée. — La constitution, dont la discussion suivit immédiatement, allait tout remettre comme l'a dit un des membres les plus éminents de la Constituante, le sage Mounier, *au despotisme anarchique* d'une assemblée unique, sans frein et sans responsabilité. Ce fut alors que les partis se formèrent et que la grande bataille s'engagea. A droite siégèrent les royalistes et à leur tête un jeune officier, Cazalès, un prêtre, l'abbé Maury. A gauche, Barnave, Duport, les frères Lameth qui voulaient incliner le régime constitutionnel vers la démocratie et se réunissaient au club breton d'où sortit le club des Jacobins. Ils surent trop tard qu'ils avaient travaillé à aplanir la route du pouvoir à ceux qui siégeaient à l'extrême gauche avec Robespierre que Charles Lameth appelait son ami très-cher. Ces derniers formaient ces trente voix auxquelles Mirabeau imposa si impérieusement silence dans un de ses derniers discours.

C'est au centre qu'appartenaient les plus sages membres de l'Assemblée, Malouet, Mounier, Lally-Tollendal, Clermont-Tonnerre. Ils offraient, a-t-on dit, une Constitution, mais on voulait une révolution. « Ils ont gardé pur de toute violence le dépôt de la vérité. Ils n'ont jamais flatté ni le roi, ni le peuple. Ils n'ont pas de sang aux mains. Restés fidèles à la liberté, quoiqu'on les menaçât en son nom, martyrs de leur opinion, ils ont laissé le plus beau des héritages en temps de révolution, un nom qui commande le respect et qui est demeuré cher à tous les honnêtes gens [1] ». Le plus honorable de ces noms est certainement celui de Malouet, de Malouet qui, croyant tout perdu dès le commencement, ne se découragea pas un moment, et qui n'espérant rien fit tout pour son devoir, en un temps où chacun de ses discours ou de ses votes lui valait des menaces de mort. « La terreur, a-t-il dit, dont les républicains purs ne proclamèrent le règne qu'en 1793, date pour tout homme impartial du 14 juillet, et je serais en droit de la faire remonter plus haut. » Mais en dépit des vociférations des tribunes, il était toujours prêt à faire entendre des paroles de paix et de concorde. « Il ne m'en coûte rien, disait-il avec une simplicité héroïque, pour braver la mauvaise humeur de l'Assemblée. » Ni la royauté, ni la liberté n'ont un tort ou une défaillance à lui reprocher.

Il faut faire une place à part à Sieyès et à Mirabeau. Sieyès, l'auteur du fameux écrit : « *Qu'est-ce que le tiers état ?* » au début de la Constituante, parut supérieur à Mirabeau. Dans des circonstances décisives, il entraîna l'Assemblée par des affirmations fières et laconiques, mais lorsqu'il lui sembla, et il était déjà bien tard, qu'on méconnaissait le droit et la raison, il se tut en dépit des adjurations de Mirabeau qui signalait à l'Assemblée le silence et l'inaction de Sieyès comme une calamité publique.

Le nom de Mirabeau est le plus grand de la Constituante et même de la révolution ; orateur incomparable, Mirabeau lutta d'abord pour les principes constitutionnels contre la royauté ; puis il défendit la royauté contre l'exagération des principes constitutionnels. Mais dans son rôle de tribun, il céda plus d'une fois à sa passion et à l'entraînement de l'éloquence. Et, plus tard, le discrédit que lui avait mérité sa vie privée lui ôta l'autorité nécessaire au rôle de modérateur. « Les hommes, disait-il lui-même, applaudissent l'homme qui sert leurs passions, mais ils n'obéissent et ne se donnent qu'à celui qu'ils estiment. » On ne pouvait mieux expliquer comment il fut plus fort pour détruire que pour fonder.

---

1. Laboulaye. *Leçons sur la Constituante.*

La discussion sur les principaux articles de la Constitution s'engagea au commencement de septembre. L'Assemblée décréta d'abord que la proposition des lois appartenait exclusivement aux représentants de la nation (3 sept.) et vota à l'unanimité sa permanence (9 sept.). On en vint ensuite à la division du Corps législatif. Le système des deux chambres avait pour lui les plus sages, Malouet, Mounier, Lally, l'évêque de Langres. Mais les royalistes disaient comme Maury : « Si vous établissiez deux chambres, votre Constitution pourrait se maintenir. Nous n'en voulons pas. » La gauche voyait dans la chambre haute le refuge constitutionnel de l'aristocratie. Le club breton déchaîna les passions contre cette atteinte prétendue à l'égalité et menaça les députés de la colère du peuple : « Voulez-vous, disaient à Lally ceux qu'effrayaient les violences populaires, voulez-vous que nous fassions égorger nos femmes et nos enfants. » L'Assemblée se prononça pour une chambre unique.

Lorsqu'il s'agit de la sanction royale la lutte fut plus vive encore. Mirabeau soutint que le roi devait avoir le droit d'opposer son *veto* (je défends) aux lois votées par l'Assemblée. Il montra comment la sanction laissée au roi était le seul moyen de contenir l'aristocratie souveraine de six cents députés qui, disait-il, « pourraient demain se rendre inamovibles, après-demain héréditaires, et finiraient comme toutes les aristocraties du monde par tout envahir ». L'Assemblée n'en crut pas Mirabeau ; elle vota le veto suspensif proposé par Barnave et Alexandre Lameth. L'opposition royale dut cesser à la seconde des législatures qui suivait celle où la loi avait été proposée. C'était la déchéance morale de la royauté. On vota ensuite la séparation du pouvoir judiciaire d'avec le pouvoir législatif et la responsabilité des ministres (23, 29 sept. 1789).

Ainsi cette Constitution, qui déclarait la nation souveraine, déléguait le pouvoir législatif à une assemblée unique dont les 745 membres étaient choisis tous les deux ans par les *électeurs*, élus eux-mêmes dans les assemblées primaires par les *citoyens libres* (Français âgés de 25 ans, domiciliés de fait depuis un an dans le canton, inscrits sur les registres de la garde nationale et payant une contribution directe de la valeur de trois journées de travail). Elle déléguait le pouvoir exécutif à un roi. La royauté était déléguée héréditairement à la race régnante de mâle en mâle, par ordre de primogéniture. Le roi était inviolable et sacré. Son veto n'était que suspensif.

Agitation et anarchie de Paris. — Tandis que l'Assemblée délibérait, le Palais-Royal opposait ses motions à celles des constituants. Les menaces les plus violentes étaient proférées à Paris contre les députés *ignorants ou corrompus* qui opinaient pour les deux chambres ou pour le veto absolu. A force de se mettre en garde contre le pouvoir arbitraire, « de le battre en brèche, de le mâter et de le mutiler, l'Assemblée constituante obéissant à l'esprit du temps avait laissé grandir autour d'elle et en dehors une puissance formidable d'une tout autre nature, non moins arbitraire et mille fois plus tyrannique [1]. » Après avoir vaincu la royauté, elle allait se laisser vaincre elle-même par le peuple de Paris qu'elle croyait conduire avec des mots et dont les agitateurs étaient les maîtres.

C'est en vain qu'on eut espéré de Louis XVI une détermination énergique. « Mais à quoi donc pensent ces gens-là? disait Mirabeau ; ne voient-ils pas les abîmes qui se creusent sous leurs pas? » et il faisait inutilement passer au roi des avis qu'on recevait avec défiance. Malouet suppliait Louis XVI de s'éloigner de Versailles et s'écriait dans son désespoir : « Il y a tel capitaine de grenadiers qui l'eut sauvé, lui et l'État, s'il l'avait laissé faire. »

Cependant l'agitation de Paris était à son comble. L'assemblée des électeurs, qui dès les premiers troubles avait tenu lieu de municipalité provisoire, avait été remplacée par 120 membres, nommés par les districts, qui s'étaient constitués en législateurs et en représentants de la commune. Cette nouvelle assemblée avait créé des comités chargés de travailler à un plan d'organisation municipale. Mais les comités n'avaient pas tardé à entrer en lutte avec le maire et l'assemblée même d'où ils étaient sortis. Les administrations particulières des soixante districts, professant la doctrine de la souveraineté du

---

1. Rœderer. *Esprit de la Révolution.*

mandant sur le délégué qui faisait alors des progrès rapides, cassaient les arrêtés de l'assemblée générale. Le désordre ne s'arrêtait pas là. « Tous ceux qui ne participaient pas à l'autorité se réunissaient en assemblées, et là se livraient à des délibérations. Les soldats discutaient à l'Oratoire, les garçons tailleurs à la Colonnade, les perruquiers aux Champs-Élysées, les domestiques au Louvre. Mais c'était dans le jardin du Palais-Royal surtout qu'avaient lieu les discussions les plus animées; on y examinait les matières qui occupaient les débats de l'Assemblée nationale et l'on y contrôlait ses discussions. La disette occasionnait aussi des attroupements, et ceux-là n'étaient pas les moins dangereux [1]. »

Le peuple, qui manquait de pain parce que ce désordre avait fait cesser le travail, entendait ses meneurs lui dire que le séjour du roi à Paris ramènerait l'abondance. Ses journaux lui répétaient qu'il fallait un second accès de fièvre révolutionnaire. La garde nationale elle-même s'agitait, et Lafayette, son général, avertissait M. de Saint-Priest, ministre de Paris et de la maison du roi, « qu'on avait mis dans la tête des grenadiers de la Garde nationale d'aller à Versailles. »

Sur cette ouverture le conseil des ministres crut opportun d'augmenter la garnison de la ville, et la municipalité de Versailles consultée appela de Paris le régiment de Flandre. Suivant l'usage les gardes du corps donnèrent un repas de bienvenue aux officiers de ce régiment nouvel arrivant. Ce banquet eut lieu dans la salle de spectacle du palais de Versailles, et au retour de la chasse, le roi y parut avec la reine et le dauphin. On l'acclama, on chanta l'air du dernier opéra de Grétry « *ô Richard, ô mon roi!* » et les santés royales furent portées avec enthousiasme [2].

---

1. Mignet. *Histoire de la Révolution.*
2. Plusieurs historiens de la révolution ont singulièrement dénaturé les faits. Les accusations s'évanouissent à mesure qu'on se rapproche de l'événement et on est tout étonné du contraste que présente le récit du girondin Gorsas, journaliste qui a vu et entendu, et celui des historiens de la révolution. Somme toute, un officier ivre aurait crié : à bas les cocardes de couleur. Nulle cocarde ne fut distribuée et ne pouvait l'être, l'armée portant encore la cocarde blanche. Il n'y eut

Journées des 5 et 6 octobre 1789. — L'Assemblée crut voir une provocation dans cette fête. Marat signala à la vengeance publique « les gardes du corps avides de se baigner dans le sang du peuple », et annonça dans son journal qu'on allait commencer par affamer Paris. L'émeute lui répondit. Des femmes se portent sur l'Hôtel de ville. Derrière elles des brigands pénètrent jusqu'au magasin des armes et le pillent. Ils s'emparent même de deux canons. Sept ou huit mille femmes conduites par l'huissier Maillard, qui s'était distingué à la prise de la Bastille et devait être un des massacreurs de septembre, s'acheminent sur Versailles escortées des brigands qui espèrent bien passer à leur suite. Lafayette retient huit heures la garde nationale qui s'est réunie au son du tocsin et de la générale et qui le menace d'aller à Versailles sans lui. Il part enfin sur l'ordre de la municipalité, mais la foule des femmes et des brigands était déjà arrivée à Versailles. Maillard se présente à l'Assemblée ; il est introduit. Les femmes et des hommes déguisés en femmes se précipitent à sa suite et pénètrent dans la salle. Maillard parle de la misère et du désespoir du peuple. Il accuse la Cour. Mounier, qui préside, annonce qu'on va de nouveau supplier le roi de prendre des mesures. Il sort pour se rendre au château ; il est obligé de s'adjoindre six femmes, puis douze, que Louis XVI accueille avec bonté.

« L'une d'elles, jeune et belle, est interdite à la vue du roi et peut à peine prononcer ce mot: *Du pain.* Le roi touché l'embrasse, et les femmes s'en retournent attendries par cet accueil.

point de cocarde tricolore foulée aux pieds. Quant à l'air, tout nouveau et très-populaire alors, *ô Richard, ô mon roi*, il fut joué non par la musique du roi, comme on l'a dit, mais par celle des corps, faute d'autre, faute de celui : *Où peut-on être mieux qu'au sein de sa famille!* qui avait été demandé au chef de musique par M. de Canecaude. Mais le récit du *Moniteur*, dira-t-on, présente autrement les choses. On oublie que le *Moniteur* parut pour la première fois le 24 novembre 1789 et que les numéros du 5 mai au 24 novembre furent rédigés sept ans après, en 1796, afin que la collection du journal commençât avec la révolution. Voir sur le repas des gardes du corps un très-intéressant article de M. **A. Vitu**, dans le numéro du 1er mai 1860, de la *Revue européenne.*

Leurs compagnes les reçoivent à la porte du château; elles ne veulent pas croire à leur rapport, disent qu'elles se sont laissé séduire, et se préparent à les déchirer. Les gardes du corps, commandés par le comte de Guiche, accourent pour les dégager; des coups de fusil partent de divers côtés, deux gardes tombent, et plusieurs femmes sont blessées. Non loin de là, un homme du peuple, à la tête de quelques femmes, pénètre à travers les rangs des bataillons et s'avance jusqu'à la grille du château. M. de Savonnières le poursuit, mais il reçoit un coup de feu qui lui casse le bras. Ces escarmouches produisent de part et d'autre une plus grande irritation. Le roi instruit du danger fait ordonner à ses gardes de ne pas faire feu, et de se retirer dans leur hôtel. Tandis qu'ils se retirent, quelques coups de fusil sont échangés entre eux et la garde nationale de Versailles, sans qu'on puisse savoir de quelle part ont été tirés les premiers coups [1]. »

Pendant le désordre, le roi tenait conseil et Mounier attendait l'acceptation pure et simple de la Constitution. Elle lui fut remise à dix heures. Il alla en porter la nouvelle à l'Assemblée dont les femmes occupaient la salle. Elles demandèrent si leur sort en serait meilleur et surtout si elles auraient du pain. On leur en fit distribuer; malheureusement la municipalité ne prit pas le soin de fournir aux besoins de cette foule affamée.

A minuit Lafayette arrive : il exprime au roi son respect et sa douleur et se retire après avoir visité les postes extérieurs, les seuls qui lui fussent confiés. La garde intérieure du château fut mal faite. Les premiers ordres donnés pour la défense avaient été déconcertés par les contre-ordres de Louis XVI. Au matin quelques brigands pénètrent dans les cours par une grille laissée ouverte. La foule les suit. Les postes du château sont forcés et les gardes du corps qui les défendent avec un courage héroïque sont massacrés. Ils avaient du moins donné à la reine le temps de chercher un refuge dans l'appartement du roi. Les brigands entrent dans la chambre qu'elle vient de quitter et percent son lit de coups de piques et de baïonnettes.

1. Thiers. *Révolution française.*

Lafayette averti se hâte vers le château, dont il chasse les assaillants, sans pouvoir faire évacuer les cours où vociférait la foule. Le cri général était : *à Paris, à Paris !* Le roi se montre au balcon ; il est acclamé. La reine se présente à son tour ; elle est accompagnée de ses enfants ; la foule s'écrie : Point d'enfants ! Il y avait comme une menace dans cette injonction, mais la reine ne connaissait point la peur. Elle reparaît seule. Lafayette s'approche d'elle et lui baise la main. La foule applaudit. Le roi reparaît et dit : « J'irai à Paris ; j'irai avec ma femme et mes enfants. »

Le roi prenait encore une fois les clameurs des factieux pour la voix du peuple. Le triste cortége quitte Versailles au milieu de la horde qui porte les têtes coupées des gardes du corps, chante le *Ça ira* et se réjouit de ramener à Paris « le boulanger, la boulangère et le petit mitron ». Le soir même de cette néfaste journée, Madame Élisabeth, sœur du roi, écrivait à une amie : « On nous a ramenés aux Tuileries ; nous y sommes prisonniers ; mon frère ne le croit pas, mais le temps le lui apprendra ; nous sommes perdus. » Elle disait vrai. Louis XVI était prisonnier de Paris. Quant aux crimes du 6 octobre, malgré des commencements de poursuites, ils restèrent impunis comme les meurtres de Launay, de Flesselles, de Foulon et de Berthier.

L'Assemblée interdit le ministère à ses membres. — Un grand nombre d'esprits modérés, Mounier, Lally, Clermont-Tonnerre, désespérèrent de la France et quittèrent l'Assemblée. Une partie de la noblesse émigra. Mirabeau s'écriait : « Le corps politique tombe en dissolution. » Il cherchait de nouveau à faire entendre ses conseils à la cour et suppliait le roi de quitter Paris dont il signalait « les dispositions anarchiques ». Il sollicitait Lafayette de s'unir à lui et répétait « que ce n'était pas trop que de la coalition de tous les genres de pouvoir pour rétablir l'ordre dans un pays troublé ». Mais ses ennemis, et ce n'étaient point seulement les membres de la gauche, s'unirent pour fermer au grand tribun l'accès du ministère. Ils firent une motion par laquelle les députés à l'Assemblée ne pourraient accepter du pouvoir exécutif, pendant la législature et trois ans après, aucun emploi ni gratification, sous peine de nullité et de privation pendant cinq ans des droits de citoyen actif. »

En vain Mirabeau défendit la raison et l'intérêt public. Se sentant vaincu à l'avance, il proposa avec une amère ironie que l'exclusion demandée fût bornée à M. de Mirabeau, député des communes de la sénéchaussée d'Aix. L'Assemblée eût pu fournir à la France des hommes d'État ; elle se condamna à n'avoir que des orateurs.

Nouvelle organisation administrative. — Tandis que Mirabeau travaillait à se faire sa place et recherchait le pouvoir pour lutter contre l'anarchie, l'Assemblée poursuivait sans relâche la nouvelle organisation du royaume, « dont le résultat devait être d'accroître l'unité politique, ce qui est un bien, et par la suite la centralisation administrative, ce qui est un mal [1]. »

Sur la proposition de Sieyès et de Thouret, elle rendit un décret qui partageait la France en 83 départements, dont les noms empruntés à des accidents géographiques ne rappelaient aucun souvenir de l'ancien ordre de choses. Les départements furent divisés en districts et en communes.

A chacun de ces degrés l'administration fut confiée à un conseil délibérant et à un conseil exécutif, tous deux sortis de l'élection.

La division des départements servit de base à l'organisation de la justice. On abolit les Parlements et à leur place on créa trois ordres de tribunaux répondant aux divisions administratives : un tribunal criminel et d'appel au département, un tribunal civil au district et un tribunal de paix au canton [2]. Une cour suprême, cour de cassation, était chargée de veiller à la conservation des formes judiciaires. Le jury était institué pour le criminel ; les juges, comme les administrateurs et les conseillers, procédaient de l'élection ; ils étaient élus pour dix ans.

En matière de finances la Constitution remplaçait, pour la

1. Laboulaye. *Leçons sur la Constituante.*
2. Le canton n'était pas à proprement parler une division administrative, mais électorale.

perception, le controleur général par un ministre des contributions publiques ; pour la juridiction, la chambre des comptes et la cour des aides par un bureau de comptabilité nationale, dont ies membres étaient élus par l'Assemblée. Le département faisait la répartition de l'impôt entre les districts, le district entre les communes.

Confiscation des biens du clergé. Les assignats. — Cependant le déficit des finances, auquel les États généraux devaient remédier, s'était accru d'une manière effrayante. On était bien loin des 56 millions de déficit avoués par Necker et que la contribution de tous aux charges publiques eût facilement comblé. Les intérêts s'étaient alarmés à la fois des décrets de l'Assemblée et du désordre général. « C'est en vain que nous ferons des lois sages, avait dit Mirabeau, si les perceptions ne se réalisent pas, si l'État désorganisé ne présente aux Français que l'arène famélique et sanglante de l'anarchie. » Plus de rentrée d'impôts, plus de crédit; le numéraire disparaissait par suite des troubles et du manque de confiance. On avait ouvert des emprunts sans succès (9 août: emprunt de 30 millions; 27 août : emprunt de 80 millions). Necker, dès le mois d'octobre, avait dû proposer à l'Assemblée la contribution du quart du revenu de chaque citoyen et Mirabeau avait appuyé énergiquement la motion. « Aujourd'hui, avait-il dit, la hideuse banqueroute est là ; elle menace de consumer vous, vos propriétés, votre honneur, et vous délibérez! » L'Assemblée avait cédé à l'éloquence et à la raison, mais cette ressource avait été bientôt épuisée. On chercha de nouveaux expédients. Sur la proposition de Talleyrand, évêque d'Autun, l'Assemblée mit les biens du clergé à la disposition de l'État qui aurait à pourvoir aux frais du culte et à l'entretien de ses ministres (2 novembre 1789). « L'Assemblée fit ainsi une injustice et deux fautes énormes. L'injustice fut de dépouiller les titulaires, car il y a contrat tacite entre l'État et les particuliers qui s'engagent à son service. Il y eut ensuite une faute économique des plus considérables. Il fallait à l'État 4 ou 500 millions. Le clergé offrait de les fournir et de vendre peu à peu des biens pour cette somme. C'était le moyen d'empêcher la dépréciation des terres et de ranimer le crédit, tout en affaiblissant ce qu'il y avait d'excessif dans la puissance du clergé... Au lieu de cela, on prit tout, on vendit tout à vil prix, on ruina le clergé, les hospices et les écoles, et on ne remplit pas les caisses de l'État. Mais la faute la plus lourde, celle dont nous souffrons encore, fut de croire qu'on assurait la liberté en supprimant toute association indépendante. Tandis que l'Angleterre et l'Allemagne ont compris que la propriété était la garantie de la liberté, les hommes de la Constituante, avec leur haine du passé, leur folle passion d'égalité matérielle, n'ont su qu'asservir l'individu isolé et fonder, ce qui était pourtant loin de leur pensée, le despotisme de l'administration et de l'État [1]. »

L'Assemblée avait voté le 21 décembre 1789 l'émission de 400 millions d'*assignats* ou de billets hypothéqués sur 400 millions de biens d'Église qui furent mis en vente, mais ne trouvèrent point d'acquéreurs. En février 1790; la situation s'était encore aggravée et Necker demandait 294 millions pour la seule année 1790. Ce fut alors que la municipalité de Paris offrit de se charger de la vente de 200 millions des biens du clergé et de les payer immédiatement en obligations à 4 pour 100 remboursables en quinze ans avec primes et loteries. En avril 1790, un décret confia aux départements et aux districts l'administration des biens du clergé. C'était la sentence d'expropriation. L'abbé de Montesquiou dit alors : « Les plus malheureux ce ne sont pas ceux qui souffrent l'injustice, ce sont ceux qui la font. » La voix de Malouet fut étouffée. Maury, comparant les assignats aux billets de la banque de Law, s'écria en présentant à l'Assemblée une liasse de ces billets : « Le voilà, ce papier funeste, couvert des larmes et du sang de nos pères ; j'en ai vu des amas immenses. Regardez ces billets comme des balises auprès des écueils, pour vous avertir du naufrage et pour vous en éloigner. » Vains efforts. Les ressources financières qu'avaient cru trouver les députés de la Constituante dans la confiscation des biens du clergé ne purent sauver de la ruine, du maximum et de la banqueroute, la fortune et le travail de la France.

Constitution civile du clergé. — Le clergé, nous

1. Laboulaye. *Leçon sur la confiscation des biens du clergé.*

l'avons vu, avait été le premier des ordres privilégiés à se rallier au tiers. « Il avait remis les dîmes ecclésiastiques entre les mains d'une nation juste et généreuse [1]. » Il s'était résigné tant qu'on n'avait porté atteinte qu'à ses biens. Les archevêques de Vienne, de Bordeaux, d'Aix, les évêques de Langres, de Chartres, de Rodez avaient été les amis et les émules de Mounier et de Clermont-Tonnerre. La Constituante sembla prendre à tâche de se faire une ennemie de l'Église de France en touchant à sa constitution.

Déjà elle avait aboli les vœux monastiques, supprimé les ordres et les congrégations ; elle voulut rendre la circonscription ecclésiastique conforme à la circonscription civile, décida qu'il y aurait un évêque par département et que les évêques et curés seraient nommés par les électeurs, sans qu'il y eut besoin de l'institution canonique. Elle faisait ainsi du catholicisme une sorte de culte départemental et municipal, dépendance et rouage de l'État, mu par le système électoral, qui devait tout régler et tout refondre, administration, magistrature, clergé.

Le clergé résista à des innovations qui n'étaient pas consenties par le Saint-Siége. L'Assemblée, où dominaient l'esprit de secte du jansénisme et l'incrédulité du dix-huitième siècle, poussa sa faute jusqu'au bout. A l'anarchie politique elle joignit l'anarchie religieuse, la pire de toutes, disait Mirabeau. Elle proscrivit la liberté de conscience si préconisée par les publicistes du temps. Elle déclara que les ecclésiastiques prêteraient serment de maintenir la constitution civile du clergé. Ceux qui s'y refuseraient devaient être privés de leurs fonctions et remplacés par des ecclésiastiques assermentés.

Dans la séance du 4 janvier 1791, quand les évêques qui appartenaient à l'Assemblée furent appelés à prêter serment ou à quitter leurs siéges, l'évêque de Poitiers, Mgr de Saint-Aulaire, prit la parole au nom de ses collègues :

« J'ai soixante et dix ans, dit-il, et j'en ai passé trente-cinq dans l'épiscopat où j'ai fait tout le bien qui était en mon pouvoir. Accablé d'années et d'infirmités, je ne veux pas déshonorer ma vieillesse, je ne veux pas prêter un serment..... » Il

---

1. Nuit du 4 août, paroles de M. de Juigné, archevêque de Paris.

ne put achever, le tumulte couvrit sa voix. Ainsi firent tous les évêques de France à l'exception de quatre.

L'Assemblée s'était attaquée à la foi qui porte à sa plus haute puissance l'énergie de la conscience individuelle et qui est le meilleur stimulant du courage. Elle rencontra une résistance invincible. La grande majorité du clergé de France suivit l'exemple des évêques de la Constituante malgré les injures et les sévices, malgré les menaces de mort. L'autorité municipale, alors seule maîtresse, n'intervint que pour contempler le désordre, jamais pour le réprimer. Quant à l'Église, comme toujours, elle allait grandir dans la persécution.

Le roi avait d'abord refusé sa sanction au décret ; selon sa coutume il céda devant l'émeute, non qu'il craignît pour lui, mais il crut en signant sauver la vie des prêtres que menaçait la fureur populaire. Il ne les sauva pas et il se repentit amèrement de sa faiblesse.

Mirabeau disait : « J'ai bien peur que votre constitution civile ne gâte la nôtre. » Et cependant il avait proposé le serment constitutionnel des prêtres. Il espérait provoquer une résistance générale à cette mesure. Son succès le surprit et le découragea. « Que faire, disait-il, et que penser d'une nation qui laisse outrager son roi, sa religion, persécuter ses prêtres, renverser ses autels, sans s'émouvoir [1]. »

Ainsi la Constituante poursuivait son œuvre suscitant imprudemment les résistances. Par un décret inutile qui abolissait toutes les distinctions honorifiques, elle acheva de mécontenter les nobles qui étaient demeurés en France au péril de leur vie. Au dehors les émigrés réunis à Coblentz excitèrent les cours d'Europe à s'armer contre la France. Louis XVI faisait cependant tous ses efforts pour conjurer les défiances et demeurer uni de sentiments avec l'Assemblée. La fête de la Fédération, 14 juillet 1790, où se rendirent les députations de toute la France, fut célébrée avec un grand enthousiasme et sembla être le gage de la réconciliation générale. On y prêta le serment civique déjà prêté par l'Assemblée : « Je

---

1. *Mém.* de Malouet, II, p. 12. Lettre de Mirabeau, citée par Droz. T. III, p. 304.

jure d'être fidèle à la nation, à la loi, au roi, et de maintenir de tout mon pouvoir la Constitution décrétée par l'Assemblée nationale et acceptée par le roi. » Mais les décrets de l'Assemblée contre les prêtres non assermentés achevèrent de décourager Louis XVI et le firent désespérer de s'accorder jamais avec la Constitution. Il chercha alors à arrêter la Révolution, tantôt à l'aide de la noblesse émigrée et de l'étranger, tantôt avec le secours des modérés de l'intérieur, mais comme toujours en se défiant de lui-même et de ceux dont il se servait. D'une part il noua des relations avec les souverains, de l'autre il conféra avec Mirabeau qui avait si longtemps attendu l'appel du roi et qui allait mourir sans y pouvoir répondre.

Mirabeau modérateur ; sa mort. — « Mirabeau était arrivé au moment où, sans compromettre sa popularité, il pouvait la rendre utile à la chose publique [1]. ». Il l'avait enfin emporté sur la résistance sourde que l'Assemblée opposait à sa personne. Il venait d'être élu président, 29 janvier 1791 (43 membres l'avaient été avant lui). Quelque temps auparavant il avait été nommé président du club des Jacobins, et dans son discours de remerciement il avait dit: « Déjà tous les Français sont amis de la liberté, il ne reste plus qu'à les rendre tous ennemis de la licence. » Un autre jour il avait rappelé à l'ordre Robespierre qui attaquait un décret de l'Assemblée et sa popularité n'en avait pas été ébranlée. Il avait été élu chef de bataillon de la garde nationale, malgré les vociférations de Marat qui accusait de cette élection « les mouchards de Bailly et de La Fayette ». Les électeurs l'avaient appelé à l'administration du département. Son élection à la présidence de l'Assemblée avait ajouté un honneur suprême à ceux qu'il avait désirés pour être plus maître d'agir. Dans l'exercice de ses nouvelles fonctions il avait fait admirer son autorité naturelle, l'art avec lequel il dirigeait et résumait les débats d'une grande assemblée. Il en était devenu le modérateur. « On commençait à sentir qu'on pouvait être sage avec lui sans paraître froid et s'arrêter sans reculer [2]. »

1. *Mémoires* de Malouet.
2. Nisard. *Étude sur Mirabeau.*

S'arrêter ! c'était alors son désir ardent. Du bureau de la présidence il écrivait à Malouet, demeuré toujours sage et modéré : « Je suis plus de votre avis que vous ne le pensez. Quelle que soit votre opinion sur mon compte, la mienne n'a jamais varié sur vous. Il est temps que les gens sensés se rapprochent et s'entendent. » Il était en correspondance secrète avec la Cour depuis le mois de juin 1790. Il lui faisait passer des notes et des mémoires, ce qui ne l'avait pas empêché de répondre quelquefois aux provocations de la droite par les motions les plus violentes. En promettant à Louis XVI un entier dévouement, Mirabeau n'avait point trahi la cause qu'il servait. « Je déclare, avait-il écrit au roi, que je crois une contre-révolution aussi dangereuse et criminelle, que je trouve chimérique en France l'espoir ou le projet d'un gouvernement quelconque sans un chef revêtu du pouvoir nécessaire pour appliquer toute la force publique à l'exécution de la loi. » Il avait tenu le même langage à la reine qu'il vit seule un matin à Saint-Cloud, et dont la grâce et le courage le charmèrent. Il ne manque à ses conseils que d'avoir été donnés gratuitement ; Mirabeau ne se vendit pas, mais il se laissa payer. Ainsi, à cette heure suprême et décisive de sa vie, il fallait qu'un alliage impur, suite de ses désordres, se mêlât à l'entreprise la plus juste et la plus courageuse.

Dans son dernier mémoire il proposait comme moyens de salut : la dissolution de l'Assemblée, de nouvelles élections et la révision de la Constitution. Les principaux résultats de cette révision eussent été la division du Corps législatif en deux chambres, le *veto* absolu, la restitution au roi de toute la plénitude du pouvoir exécutif, etc... Restaient les difficultés d'exécution. Malouet, dans une conférence qui, le 10 février 1791, dura de 10 heures du soir à 2 heures du matin, exprima ses doutes à Mirabeau. « Mirabeau était harassé ; il avait déjà le germe de la maladie dont il est mort ; ses yeux enflammés et couverts de sang sortaient de leur orbite : il était horrible ; mais jamais il n'eut plus d'énergie, plus d'éloquence. Il n'est plus temps, dit-il, de calculer les inconvénients ; si vous en trouvez à ce que je propose, faites mieux, mais faites, car nous ne pouvons vivre longtemps ainsi ; en attendant, nous périrons de consomption ou de mort violente. » Et évoquant cet auditoire absent de l'assemblée, il s'écria : « Je leur dirai, **oui,** je leur dirai : Vous m'avez vu dans vos rangs luttant contre la tyrannie, et c'est elle que je combats encore ; mais l'autorité légale, la monarchie constitutionnelle, l'autorité tutélaire du monarque, je me suis toujours réservé le droit et l'obligation de les défendre. »

« Prenez bien garde, ajouta-t-il, que je suis le seul dans cette horde patriotique qui puisse parler ainsi sans faire volte-face. Je n'ai jamais adopté leur roman, ni leur métaphysique, ni leurs crimes inutiles [1]. »

Et il se mit courageusement à l'œuvre. Il y usa ce qui lui restait de vie, faisant front partout, à l'Assemblée, aux Jacobins, terrifiant ses ennemis des derniers éclats de sa parole : « Silence aux trente voix », disait-il aux agitateurs de la gauche, et les trente voix se taisaient. Il était cette force active et réprimante que le publiciste Raynal invoquait alors pour le salut de la France. Mais ses jours étaient comptés. A la fin de mars, Paris apprit avec stupeur que le grand orateur était atteint d'un mal mortel. Le 2 avril il rendait le dernier soupir, à l'âge de 42 ans. « J'emporte, dans mon cœur, le deuil de la monarchie, dit-il en mourant ; ses débris vont être la proie des factieux. »

Sa mort comme sa vie fut un malheur public, a dit Malouet. Il avait été, au début de la révolution, puissant pour détruire. La défiance qu'il inspirait l'avait empêché plus tard de faire le bien qu'il voulait, et il était surpris par la mort au moment où sa popularité, plus forte que jamais, le concours des honnêtes gens et la confiance du roi allaient lui permettre d'engager une lutte suprême contre le fléau du Jacobinisme. Lui seul était de taille à se mesurer avec le monstre et il avait conscience de sa force. « L'homme qui combat pour la raison, pour la patrie, avait-il dit dans une des plus grandes luttes de la tribune, ne se tient pas si aisément pour vaincu. »

La France porta le deuil de Mirabeau. L'Assemblée et toute la population de Paris accompagnèrent ses restes au Panthéon. Marat répondit à la douleur publique en écrivant dans son journal : « Peuple réjouis-toi ! » A deux années de là on portait

1. *Mémoires* de Malouet.

aussi au Panthéon le corps de Marat et on mettait à exécution le décret de la Convention qui ordonnait l'expulsion « des restes impurs du royaliste Mirabeau ». On avait découvert les traces des relations du grand orateur avec la cour. On avait lu ses lettres et ses notes dont il disait en les remettant au comte de La Mark : « Je laisserai dans vos mains de nobles éléments d'apologie. C'est dans ces papiers que la postérité trouvera la meilleure justification de ma conduite. C'est là qu'existe l'honneur de ma mémoire. »

Fuite de Varennes. Fin de la Constituante. — Louis XVI demeurait seul en face de ses ennemis. Las de la vie sédentaire qu'il menait aux Tuileries, il voulut aller à Saint-Cloud, 18 avril 1791. La foule arrêta la voiture, et assaillit le roi et la reine pendant une heure et demie de grossières injures, sans que Lafayette et Bailly eussent pu protéger leur départ. Louis XVI, se sentant prisonnier, se rejeta du côté des émigrés. Il voulut fuir, oubliant le conseil de Mirabeau qui lui avait dit: « Un roi ne s'en va qu'en plein jour quand c'est pour être roi. » Il s'échappa de Paris, fut reconnu à Varennes par Drouet (20 juin) et ramené par Péthion et Barnave. Péthion se montra grossier. Barnave s'honora par sa pitié respectueuse et discrète; à quelque temps de là comme l'Assemblée remettait en question l'inviolabilité royale, il essaya de défendre à l'aide de la théorie et de la loi ce roi humilié et à demi déchu et, reprenant le rôle de Mirabeau, il somma l'Assemblée de s'arrêter enfin. « Allons-nous terminer la révolution ? s'écria-t-il, allons-nous la recommencer ? »

Application de la loi martiale, 17 juillet 1791. — Terminer la révolution, ce fut la devise et l'illusion de chaque parti victorieux. Ce n'était plus au pouvoir de la Constituante. Les Jacobins, qui dans les débats avaient pour la première fois prononcé le nom de république, firent signer une pétition au Champ-de-Mars pour la déchéance définitive du roi. L'insurrection, toujours victorieuse jusqu'alors, s'organisa de nouveau. Il fallut que Lafayette, qui avait voulu faire inscrire dans la *déclaration*, préambule de la Constitution, le droit à l'insurrection, il fallut que Bailly, qui avait présidé avec trop d'indulgence à d'autres émeutes, réprimassent enfin comme un crime l'insurrection des républicains. On déploya le drapeau rouge et on tira sur les insurgés (17 juillet 1791).

La rupture qui s'en suivit entre les partisans de la Révolution, constitutionnels et républicains, la suspension du roi, firent réussir les efforts des émigrés. Le roi de Prusse et l'empereur conclurent à Pilnitz (25 août 1791) une convention par laquelle ils menaçaient d'envahir la France si Louis XVI n'était pas rendu à la liberté. Cette menace ne fit qu'indigner la nation et affaiblir l'influence des modérés dans les élections qui se préparaient pour le renouvellement du Corps législatif.

Le 13 septembre, le roi, relevé de la suspension prononcée contre lui, jura d'être fidèle à la Constitution qu'il accepta. La Constituante se sépara peu de temps après. Sur la proposition de Robespierre qui avait fait un appel hypocrite au désintéressement des députés, elle décida que ses membres ne pourraient faire partie de la prochaine législature. Faute immense, car l'expérience acquise par les députés de la Constituante ne devait point profiter à leurs successeurs. Les jeunes députés de la Législative seront tout prêts à recommencer la révolution que les constituants avaient voulu terminer. « Depuis qu'on nous rassasie de principes, disait Duport, qui avait été un des membres les plus ardents de la gauche, comment ne s'est-on pas avisé que la stabilité est aussi un principe de gouvernement ? »

CHAPITRE III

ASSEMBLÉE LÉGISLATIVE

(Du 1er octobre 1791 au 21 septembre 1792.)

PRÉCIS DES FAITS

La Révolution se précipite. Le parti constitutionnel qui formait la gauche de la Constituante siége à la droite de l'Assemblée législative. Les députés républicains de la Gironde prennent place à la gauche et les Montagnards à l'extrême gauche. La droite successivement royaliste, constitutionnelle, girondine, sera toujours impuissante. L'Assemblée se montre hostile au roi par ses premiers décrets contre les émigrés et les prêtres. Louis XVI leur oppose son veto, mais prend l'initiative de la déclaration de guerre à l'Autriche.

Il congédie son ministère constitutionnel et prend un ministère girondin dont il ne peut vaincre les défiances. En butte à de nouveaux décrets hostiles de l'Assemblée, à la dénonciation du ministre Roland, il voit au 20 juin 1792 les Tuileries envahies par les Jacobins.

L'Assemblée déclare la patrie en danger. La commune insurrectionnelle répond au manifeste du duc de Brunswick par la journée du 10 août. L'Assemblée, désormais l'esclave de la commune, prononce la déchéance de Louis XVI qui est enfermé au Temple.

La commune fait massacrer les *suspects* aux journées de septembre. Dumouriez remporte sur les Prussiens la victoire de Valmy.

Les partis dans l'Assemblée législative. — Les partis se déplacent vite en temps de révolution. Le côté gauche de la première assemblée, c'est-à-dire le parti des Constitutionnels, occupa le côté droit de la seconde, où ne se trouvait plus un seul des royalistes de la Constituante. Les représentants les plus distingués de ce parti étaient Ramond, Girardin, Vaublanc, Mathieu Dumas, Pastoret ; au dehors ils s'appuyaient sur Lafayette qui s'était démis de ses fonctions de général de la Garde nationale et sur le club des Feuillants, club modéré, dont le nom ne devait pas tarder à devenir un titre de proscription [1].

La gauche était composée d'hommes nouveaux, qu'on appela *Girondins* parce qu'ils avaient à leur tête Brissot, Guadet, Gensonné, Vergniaud, toute la brillante députation de la Gironde. « Témoins des travaux de la Constituante et impatients comme ceux qui regardent faire, ils avaient trouvé qu'on n'avait pas encore assez fait [2]. » Ils rêvaient la République. Ils devaient employer contre le pouvoir royal désarmé toutes les ressources de leur éloquence et de leur haine. Au dehors, l'élection de Péthion comme maire de Paris leur livrait la municipalité.

1. Les Lameth et tous les Constitutionnels qui avaient fondé le club breton, devenu à Paris le club des Jacobins, l'avaient abandonné après le voyage de Varennes et s'étaient transportés *aux Feuillants.*
2. Thiers. *Histoire de la Révolution.*

A l'extrême gauche, un petit groupe d'hommes, siégeant sur les bancs les plus élevés de l'Assemblée, formait ce qu'on appelait la *Montagne;* c'étaient Bazire, Chabot, Merlin de Thionville, surpassant les Girondins par l'audace, s'appuyant sur la foule, sur le club des Cordeliers où dominait Danton, sur le club des Jacobins où régnait sans partage Robespierre et sur les vingt-six mille clubs affiliés aux Jacobins. Leurs motions violentes à la tribune étaient reproduites et exagérées dans les assemblées populaires. « Là des orateurs qui entraient bien plus avant dans les pensées, dans les passions, dans les préjugés, dans les intérêts imaginaires ou réels des dernières classes du peuple, leur promettaient l'égalité absolue, l'égalité de fait, les magistratures, les pouvoirs. Et dans quelles circonstances repaissaient-ils ainsi l'imagination du pauvre? C'était dans un temps où les subsistances se dérobaient au besoin, parce qu'on ne pouvait les payer que par du papier avili. La détresse générale aidait puissamment à échauffer la multitude contre l'autorité, contre la richesse, contre la propriété. Les orateurs n'avaient qu'à s'adresser à la faim pour avoir la cruauté : ils étaient sûrs de la réponse [1]. »

Entre la droite et la gauche, le Centre ne tarda pas à incliner par peur du côté de la violence et finit par déserter son poste. Après le 10 août sur sept cent cinquante membres de la Législative, on ne trouvera plus à leurs bancs que deux cent soixante-quatorze députés, prêts à voter toutes les propositions de la commune.

Décrets hostiles de l'Assemblée. — L'Assemblée montra dès le début ses dispositions hostiles en abolissant les titres de *Sire* et de *Majesté.* Irritée des menaces des émigrés réunis à Coblentz, elle accusait Louis XVI d'accord secret avec eux au temps même où le roi les invitait par une proclamation à rentrer en France. Et à cette date Louis XVI était encore sincère [2], mais il ne savait prendre ni avec ceux qui se disaient ses serviteurs, ni avec ceux que la défiance armait contre lui,

1. Rœderer, procureur-général, syndic du département de la Seine. *Esprit de la Révolution.*
2. *Mémoires de Bertrand de Molleville,* t. VI, p. 42.

cette attitude énergique qui se fait obéir. Sur la proposition de Brissot, l'Assemblée rendit un décret qui ordonnait aux émigrés de dissoudre leurs rassemblements de Coblentz sous peine de mort et de la confiscation de leurs biens. Louis XVI se refusa à sanctionner ce décret et se contenta d'y apposer cette formule : « le roi avisera ». Il ne faisait qu'user de sa prérogative constitutionnelle, mais on ne songeait guère alors à respecter les quelques garanties que la Constitution avait laissées au pouvoir. On ne voulut voir dans ce refus qu'une trahison. Un autre décret qui privait les prêtres non assermentés de leurs pensions et les rendait responsables des troubles trouva Louis XVI inflexible. « Pour celui-ci, dit-il, on m'ôtera plutôt la vie que de m'obliger à le sanctionner. » Barnave et Lameth, qu'il consultait quelquefois, lui conseillèrent de refuser sa sanction, mais l'exhortèrent à s'entourer de prêtres assermentés. Louis XVI répondit que la liberté des cultes, décrétée pour tout le monde, devait l'être pour lui comme pour ses sujets.

Déclaration de guerre à l'Autriche. — C'était la Gironde qui avait fait rendre ces deux décrets, dans le dessein d'exciter la défiance du peuple contre le roi. Elle comptait également sur un refus en poussant à la guerre, mais Louis XVI accepta franchement la situation, menaça d'une déclaration de guerre les électeurs de Trèves et de Mayence s'ils ne dissipaient les rassemblements d'émigrés et ordonna des préparatifs considérables pour répondre aux armements de l'Autriche, de la Prusse et du Piémont. Cent quarante mille hommes, divisés en trois armées, sous les ordres de Rochambeau, Lukner et Lafayette, furent répartis sur la frontière de Dunkerque à Bâle ; un quatrième corps commandé par Montesquiou fut placé en observation au pied des Alpes (octobre 1791).

Le ministère constitutionnel est remplacé par un ministère girondin. — Malheureusement pour le roi, son ministère n'était pas uni. Le royaliste Bertrand de Molleville, ministre de la marine et le constitutionnel Narbonne, ministre de la guerre étaient sans cesse aux prises dans le conseil. Louis XVI destitua Narbonne. L'Assemblée s'empressa de décréter que le ministre disgrâcié emportait toute sa confiance. Bientôt elle mit en accusation Molleville ainsi que Delessart, ministre des affaires étrangères, ce qui amena la retraite du ministère (10 mars 1792).

Louis XVI donna une nouvelle preuve de la sincérité avec laquelle il acceptait le régime constitutionnel, en choisissant ses conseillers parmi les Girondins. Dumouriez eut les affaires étrangères, Clavière les finances, Roland l'intérieur (24 mars). Le roi fut frappé de l'activité de ses ministres, de leurs bonnes intentions et de leur talent pour les affaires. Il leur montra une bienveillance qui gagna les autres girondins, Vergniaud, Gensonné. Guadet et les encouragea à entrer en correspondance avec lui. Seule, madame Roland qui était dans son salon le coryphée du parti, conservait ses défiances; elle retenait ses amis trop faciles suivant elle à se livrer, les mettait en garde contre des séductions qui n'étaient que celles de la bonté et du malheur, et combattait par sa haine un heureux accord que les événements devaient bientôt détruire.

Le nouveau cabinet commença par répondre aux demandes provocantes de l'Autriche par les dépêches les plus fermes. Et bientôt Louis XVI alla au sein de l'Assemblée proposer la guerre contre le roi de Hongrie et de Bohême. La proposition fut accueillie avec enthousiasme et votée à une grande majorité (20 avril 1792).

La guerre, qui eût pu être utile à la cause monarchique, tourna contre elle par les revers du début. Deux corps français commandés par Dillon et Biron marchaient sur Tournai et Mons; les soldats cédèrent à une panique et prirent la fuite en s'écriant : « Nous sommes trahis! »

Hostilité de l'Assemblée. — Ces accusations de trahison furent relevées avec fureur par les partis qui n'épargnèrent pas le roi. Ce fut en vain que Dumouriez essaya de défendre Louis XVI contre les soupçons injustes des Girondins.

L'Assemblée rendit coup sur coup trois décrets qui ordonnaient la déportation des prêtres non assermentés, le licenciement de la garde constitutionnelle du roi, enfin la création d'un corps de vingt mille fédérés à Paris. Ces décrets donnèrent lieu, dans le conseil, à de très-violentes discussions entre Dumouriez et ses collègues. Le roi ayant refusé sa sanction,

Roland lui répondit par la lecture d'une lettre, œuvre de sa femme, où il témoignait au roi les défiances de son parti avec une dureté voisine de l'insulte. Louis XVI renvoya Roland, Clavière et Servan (12 juin), mais ne put garder Dumouriez qui voulait que le roi, en destituant les Girondins, sanctionnât les décrets. Il tomba dans un profond découragement et demeura dix jours de suite sans articuler un mot, même au sein de sa famille. Il ne lui restait plus de refuge. Ce fut en vain qu'il composa un ministère d'obscurs *Feuillants* et revint aux Constitutionnels. Ce parti était dépassé et impuissant. Lorsque Lafayette, qui en était le chef, écrivit de son camp, à l'Assemblée, une lettre éloquente, où il dénonçait les Jacobins et demandait qu'on mît fin au règne des clubs, il ne fit que provoquer l'insurrection du 20 juin.

Journée du 20 Juin 1792. — Ce jour-là, 20 juin 1792, la populace des faubourgs, conduite par des meneurs de bas étage, Santerre, Legendre, Panis, Sergent, favorisée par la complicité secrète du maire Péthion, défila en armes, avec des culottes déchirées au bout d'une pique en guise de drapeau, sein de l'Assemblée qui invita ces *pétitionnaires* aux honneurs de la séance. Les Girondins, qui furent complices de cette première invasion, ne songeaient pas alors qu'en ouvrant la porte au 20 juin 1792 ils préparaient contre eux le 31 mai 1793. Puis la horde se rua sur les Tuileries où il n'y avait aucun moyen de défense. Pendant plusieurs heures le Palais fut occupé par cette foule qui força Louis XVI à se coiffer du bonnet rouge. Le soir, Péthion parut enfin, ce fut pour dire aux émeutiers qui se retiraient : « vous avez agi avec la fierté et la dignité d'hommes libres. »

La journée du 20 Juin fit horreur. Elle produisit dans l'Assemblée une réaction contre les Girondins en faveur des Constitutionnels. Les honnêtes gens se sentirent pris d'une respectueuse pitié pour le malheureux Louis XVI. « Élevons tous ensemble, écrivait alors André Chénier, une forte clameur d'indignation et de vérité. » Lafayette accourut à Paris avec une adresse de l'armée qui demandait la punition des auteurs de l'émeute. Il proposa au roi de l'enlever de Paris, mais la reine fit rejeter les offres du général. Tandis que les défiances de la Cour rendaient inutile le dévouement des Constitutionnels [1], l'arrivée des Fédérés à Paris, la nouvelle des progrès de l'armée prussienne ajoutaient à l'exaltation révolutionnaire.

La Patrie en danger. Journée du 10 août 1792. — On décréta la levée de quarante-deux bataillons de volontaires et on déclara *la Patrie en danger* (11 juillet). De ce moment on tira le canon d'alarme; tous les corps constitués, depuis l'Assemblée jusqu'aux municipalités des moindres communes, siégèrent en permanence. Le sentiment de l'indépendance nationale menacée poussa les jeunes gens à s'enrôler. Il y eut de toutes parts un admirable élan d'énergie. Le manifeste insolent du duc de Brunswick ne fit qu'accroître cette ardeur généreuse; mais en remplissant tous les esprits d'indignation, il offrit aux agitateurs l'occasion de nouvelles violences. Sur le refus de l'Assemblée de mettre Lafayette en accusation, Danton organisa l'insurrection du 10 août. A minuit la populace armée descendit des faubourgs, emporta l'Hôtel-de-Ville et expulsa le Conseil général, qui fut remplacé par une commune insurrectionnelle où siégea Danton. Péthion,, maire de Paris, et Mandat, général de la garde nationale, étaient aux Tuileries. Péthion se fit réclamer par l'Assemblée. Mandat fut appellé à l'Hôtel-de-Ville. Il croyait obéir à l'ordre de l'ancien Conseil; il comparut devant la nouvelle commune composée des quatre-vingt-deux représentants des sections. Sommé de signer l'ordre de retirer la moitié des troupes du château, il s'y refusa héroïquement et fut massacré quelques moments après sur les degrés de l'Hôtel-de-Ville. L'histoire doit recueillir le nom obscur de cette victime du devoir.

Au point du jour, l'insurrection occupa le Carrousel. Le château n'avait pour défenseurs que huit cents Suisses, quelques bataillons de garde nationale mal organisés et mal dis-

---

1. Malouet, « qui a veillé le dernier au chevet de la royauté expirante » (Burke), ne pouvait faire entendre ses conseils. Il dit en parlant de la famille royale : « Je n'étais pour eux qu'un serviteur fidèle, qu'ils ne pouvaient employer ni dans leur sens, ni dans le mien. » *Mémoires*, t. II, p. 126.

posés, et une centaine de vieux gentilshommes armés de leur
épée. La défection d'une partie de la garde nationale rendit
la résistance impossible; Louis XVI dut se réfugier au sein de
l'Assemblée. Mais après son départ, le combat s'engagea par
une méprise. Les Suisses auxquels le roi envoya l'ordre de ne
pas tirer, déconcertés dans leur défense, ne purent profiter de
leur premier avantage et furent indignement massacrés. En
présence des vainqueurs encore couverts de sang, l'Assemblée
décréta la convocation d'une Convention nationale et la suspension du roi.

**Emprisonnement de Louis XVI. La Commune
est maîtresse du pouvoir.** — La journée du 10 août
n'avait pas moins atteint l'Assemblée législative que le roi.
Cette Assemblée, qui s'était montrée au début si jalouse de
son pouvoir, obéit humblement aux ordres de la Commune
insurrectionnelle. Réduite par la peur à deux cent quatre-
vingt-quatre membres, elle aurait voulu donner au roi pour
demeure le Luxembourg, puis l'hôtel du ministre de la Justice ;
sur une injonction de la Commune elle le remit aux mains de
Péthion et de Manuel, qui le conduisirent au Temple avec la
famille royale. Ainsi le peuple, ou plutôt la populace qui en
usurpe le nom, avait réduit à l'impuissance le pouvoir législatif
comme ce pouvoir lui-même avait désarmé la royauté. Et c'é-
tait au nom du droit de résistance à l'oppression que se com-
mettaient ces attentats.

On en était arrivé au règne de la démagogie armée. Le seul
pouvoir, c'était la Commune de Paris. Danton, nommé ministre
de la Justice, notifiait à l'Assemblée les ordres qu'il dictait lui-
même à la Commune. Il s'empara de la police par la création
d'un comité de surveillance où il dominait avec Marat et Robespierre, et imposa à l'Assemblée l'institution d'un tribunal extraordinaire, qui prononcerait en dernier ressort *pour juger les
crimes du 10 août*. La terreur soumit tout au triumvirat républicain. Ce fut en vain que Lafayette fit renouveler à ses soldats
le serment constitutionnel. On le décréta d'accusation ; ses troupes
l'abandonnèrent, et il fut contraint de chercher un refuge à
l'étranger, où l'attendait la haine des émigrés et de l'Autriche.

Journées de Septembre (1792.) — Dumouriez, donné

pour successeur à Lafayette, ne put assez tôt rétablir l'ordre dans l'armée pour empêcher les Prussiens de prendre Longwy et d'assiéger Verdun. Une émotion qui allait jusqu'à la fureur régnait à Paris. La Commune dénonçait à la colère aveugle du peuple ceux qu'elle appelait les ennemis de l'intérieur, c'est-à-dire les modérés, accusés de correspondre avec les Prussiens. On procéda à des visites domiciliaires ; tous les *suspects* furent jetés en prison. Mais cela ne suffisait pas aux dictateurs de la Commune. Le 1er septembre on annonça la prise de Verdun. Le lendemain au son du tocsin, du canon, de la générale, qui appelaient au Champ de Mars les citoyens prêts à partir, des bandes d'assassins se portèrent aux prisons, aux Carmes, à l'Abbaye, au Châtelet, à la Force, et procédèrent au massacre des prisonniers, prêtres, Suisses, gardes du corps, Constitutionnels, *suspects* de tout genre. Les massacres durèrent trois jours. Des tribunaux improvisés ajoutaient à l'odieux du crime la parodie d'un jugement. A la Force, la princesse de Lamballe, coupable d'avoir été l'amie de Marie-Antoinette, fut décapitée, et sa tête, plantée au bout d'une pique, fut portée sous les fenêtres de la Tour du Temple où était renfermée la famille royale. A Bicêtre, on tua les criminels ; on tua aussi les enfants idiots. A la Salpétrière, ces mêmes bandes tuèrent à coups de sabres ou à coups de bûches des femmes du peuple et des jeunes filles. Ce qui se passa là, fut d'une cruauté stupide, digne de ce qu'on appelle, par dérision sans doute, « la justice du peuple. »

L'histoire, qui voue ces crimes à l'exécration de la postérité, a cherché les coupables, ceux qui déchaînèrent les massacreurs. Elle les a trouvés. Les coupables furent Marat, Danton, Robespierre, Manuel, Hébert, Billaud-Varennes, Panis, Sergent, Fabre d'Églantine, Camille Desmoulins. Marat en conçut le premier l'idée et prêcha *l'alliance libératrice* de l'assassinat et de la dictature. Danton donna les ordres et présida à tout. Robespierre se tint à moitié dans l'ombre comme au 10 août, mais lui qui était l'idole du club des Jacobins et de la Commune il savait tout et il n'empêcha rien[1].

1. « Entre Danton, dit M. Louis Blanc, concourant aux massacres

Dumouriez à Valmy. —Pendant que ces scènes affreuses se passaient à Paris, Dumouriez sauvait la France au moulin de Valmy (20 septembre). Le duc de Brunswick battit en retraite, évacuant Longwy et Verdun. En même temps, Custine s'emparait de Mayence. Montesquiou envahissait la Savoie et Anselme le comté de Nice [2]. C'est sur le coup de ces succès que l'Assemblée législative se retira pour faire place à la Convention nationale (21 septembre 1792).

CHAPITRE IV

LA CONVENTION

(HISTOIRE INTÉRIEURE)

(Du 21 septembre 1792 au 27 octobre 1795.)

PRÉCIS DES FAITS

LUTTE DE LA GIRONDE ET DE LA MONTAGNE. — Les Girondins, qui siégeaient à la gauche de l'Assemblée législative forment la droite de la Convention. Ils ont en face d'eux, à la gauche, les Montagnards recrutés dans la Commune insurrectionnelle de Paris. La lutte s'engage. La Montagne compromet la Gironde en la forçant de se prononcer dans le procès de Louis XVI. Louis XVI est jugé et condamné; il est exécuté le 21 janvier 1793.

La Montagne reprend la lutte en faisant établir un *Tribunal criminel extraordinaire* et un *Comité de salut public* dont elle exclut la Gironde. La Gironde se défend par l'institution de la *Commission des Douze*, puis elle succombe sous l'insurrection du 2 juin 1793, fomentée par la Montagne et la Commune.

RÈGNE DE LA COMMUNE. — La Convention n'est plus que l'esclave de

parce qu'il les approuve, et Robespierre, ne les empêchant pas, quoiqu'il les déplore, je n'hésite pas à déclarer que le plus coupable, c'est Robespierre. »

2. Nous reviendrons un peu plus loin sur le récit de cette campagne en présentant l'ensemble des opérations militaires de la première coalition de l'Europe contre la France.

la Commune qui règne avec le Comité de salut public. La *Terreur* pèse sur la France. La reine Marie-Antoinette est exécutée. Les partis successivement vaincus, les Constitutionnels, les Girondins, montent sur l'échafaud. Le culte de la *Raison* est décrété. La division se met parmi les Montagnards. Robespierre fait condamner Hébert et les *enragés*, Danton et les *indulgents* (2 juin 1793 — 13 mars 1794).

DICTATURE DE ROBESPIERRE. — Robespierre inaugure sa dictature par des exécutions régulières et systématiques Les suspects de toutes les classes sont frappés. Du 10 juin au 27 juillet la *Grande terreur* frappe 1285 victimes à Paris. Enfin, Robespierre est décrété d'arrestation par ses propres complices et meurt sur l'échafaud, le 9 thermidor (13 mars — 28 juillet 1794.)

RÉACTION DE THERMIDOR. — La réaction thermidorienne s'attaque aux Thermidoriens eux-mêmes. La Convention, où sont rentrés tous les membres proscrits, triomphe des insurrections jacobines du 12 germinal, du 1er et du 4 prairial. La classe moyenne reprend la conduite de la révolution Bonaparte défend la Convention contre l'insurrection royaliste du 13 vendémiaire. La Convention abdique, le 26 octobre 1795.

Les partis dans la Convention. — Les élections avaient montré les dispositions contraires de la Province et de Paris. La Province, effrayée des excès de la Commune, avait renforcé la Gironde, et Paris, la Montagne. Les Girondins, à leur tour, formèrent la droite de la Convention [1]. Forts de leur nombre, de leur talent, des sympathies des départements, « ils avaient l'ambition de gouverner et parce qu ils s'en jugeaient capables et parce qu'ils jugeaient que leurs adversaires ne l'étaient pas. Maîtres de la tribune, ils y exerçaient l'ascendant de l'éloquence, mais les Montagnards, qui siégèrent à la gauche de l'Assemblée, ne pouvant répondre aux beaux discours, firent la guerre aux orateurs et les vouèrent à la proscription. Ils désignèrent les hommes de la Gironde à la haine populaire sous le titre de *faction des hommes d'État*; la Gironde les appela *faction des hommes de sang ou de proie.* »

« Les chefs de la Montagne sortaient de la Commune qui avait ordonné les massacres de Septembre. Poursuivis par la cla-

---

1. Les Girondins se recrutèrent de quelques hommes nouveaux dévoués au parti de la modération ; Louvet, Isnard, Lanjuinais.

meur publique, ils s'assurèrent un refuge en se faisant élire membres de la Convention, et ils dominèrent bientôt la nouvelle Assemblée en s'appuyant sur la municipalité. Ce règne commun de la Municipalité et de la Montagne commença avec la Convention et dura deux ans [1]. »

Sur les bancs les plus élevés de la Montagne siégeaient Robespierre, Danton, Marat (qui parut dès le premier jour en bonnet rouge, en veste courte dite carmagnole et en sabots,) Saint-Just, Couthon, Collot-d'Herbois, Billaud-Varennes, le peintre David, Chabot, Tallien, Fréron. Drouet ; et, auprès d'eux le duc d'Orléans, qui se faisait appeler Philippe-Égalité.

Entre les Girondins et les Montagnards, la *Plaine*, incertaine, inclinant par sentiment vers la Gironde, se laissera entraîner par la peur à la suite de la Montagne. C'est parmi ces hommes à l'opinion mixte et flottante que nous rencontrons Grégoire, Cambacérès et Siéyès.

Lutte entre la Gironde et la Montagne. — Le premier acte de la Convention fut l'abolition de la royauté et la proclamation de la république (21 septembre). Le lendemain, Tallien et Danton déclarèrent qu'après s'être débarrassé des rois, il fallait se débarrasser aussi de leurs valets et de leurs gagistes. On décréta donc que tous les corps administratifs, municipaux et judiciaires seraient immédiatement renouvelés. Les juges durent être élus sans qu'on exigeât d'eux la connaissance du droit, malgré la réclamation du girondin Vergniaud. « La justice, lui répondit Danton, doit se rendre d'après les seules lumières de la raison. »

La Gironde, justement effrayée de ce premier succès des Montagnards, se hâta d'engager le combat. Roland prit l'initiative de la lutte par un rapport énergique sur les massacres de Septembre et les excès de la Commune. Rebecqui accusa Robespierre, Danton et Marat d'aspirer à la dictature. Robespierre et Danton répondirent aux Girondins en leur reprochant de tendre à briser l'unité nationale et de conduire la France au *fédéralisme*. Marat porta, dans sa défense, son cynisme ordi-

1. Rœderer, *l'Esprit de la Révolution.*

naire, et la Convention passa simplement à l'ordre du jour sans oser frapper les favoris du peuple.

Tandis que de nouveaux succès militaires inauguraient les débuts de la Convention, la lutte entre les deux partis devenait chaque jour plus ardente. Un jour fut fixé pour entendre les accusations portées contre Robespierre. Louvet les ramassa toutes dans un discours passionné auquel Robespierre répondit par une apologie hautaine. L'Assemblée passa encore une fois à l'ordre du jour. La Gironde n'avait fait qu'envenimer la haine de la Montagne; celle-ci résolut de compromettre ses adversaires afin d'en avoir plus facilement raison. Elle les força de se prononcer sur le sort de Louis XVI.

Procès et mort de Louis XVI (9 déc. 1792, 21 janvier 1793). — Les Girondins auraient voulu sauver la vie du roi. Mais ils avaient trop pactisé avec la démagogie pour oser lui résister en face; même en la combattant, ils se croyaient obligés de lui faire des concessions, afin de conserver leur popularité [1]. Ce calcul ne les sauva pas.

Ils ne prirent point part aux premiers débats où fut discutée la question de savoir si Louis XVI pouvait être jugé, et quel tribunal prononcerait le jugement. Après vingt jours de discussion, la Convention méconnut l'inviolabilité proclamée par les Constituants, et décida que Louis XVI serait jugé par elle.

---

1. Nous avons vu les Constituants les plus déterminés en faveur des droits et des garanties du pouvoir royal rechercher la popularité en témoignant dans chaque discours de leur défiance contre le roi. Les Girondins, qui voulaient épargner la vie du roi, insultaient Louis XVI pour obtenir les applaudissements des tribunes. C'est un Montagnard, Merlin de Thionville, qui, le premier, demande en termes formels que le roi soit mis en jugement; mais c'est un Girondin, Valazé, qui s'écrie dans son rapport sur les pétitions demandant la tête de l'*asssasin du peuple* : « De quoi n'est-il pas coupable, le monstre? je vous le dénonce comme un accapareur de blé, de sucre et de café. » C'est le Montagnard Saint-Just qui dit que chaque citoyen avait sur Louis XVI le droit de Brutus sur César; mais c'est le Girondin Manuel qui s'écrie : « O le plus imbécile, si tu n'étais le plus méchant des hommes ! Ta vie est un argument contre la Providence. » Après tant d'insultes et d'attaques il ne sera pas difficile à Robespierre de conclure. « J'abhorre la peine de mort, dira-t-il, mais Louis doit mourir, parce qu'il faut que la patrie vive. » Les sacrifices qu'on fait à la popularité ne donnent point le crédit dont on a besoin pour s'opposer au mal.

Le 11 décembre 1792, le roi comparut devant la Convention. Tronchet et Malesherbes [1] lui servirent de Conseil ; un jeune avocat de Bordeaux, Desèze, prononça la défense, qui ne fut pas indigne de la situation (26 déc.).

La discussion dura encore douze jours. Les Girondins soutinrent l'appel au peuple pour se décharger de toute responsabilité sur la nation. 423 voix contre 281 le repoussèrent. Alors commença l'appel nominal sur la question de l'application de la peine. Il ne dura pas moins de vingt-quatre heures. Chaque député lisait à son tour et déposait sur le bureau son vote écrit et signé, au milieu des cris et des menaces des tribunes. Beaucoup étaient incertains. Barrère, qui avait promis un vote favorable, opina pour la mort et entraîna, par son exemple, une partie de la Plaine dont il était l'orateur et le chef. Philippe d'Orléans n'eut pas même le courage de s'abstenir; il se prononça pour la mort. Vergniaud et une partie de la Gironde votèrent la mort avec sursis. On ne savait point encore le résultat du vote et on croyait avoir entendu prononcer les mots de *réclusion* ou de *bannissement* aussi souvent que celui de la *mort*. On disait qu'il manquait un suffrage pour la condamnation. En ce moment se présente un dernier député qui n'avait pas répondu à l'appel de son nom, Duchastel, des Deux-Sèvres. Il a la tête enveloppée de linges; il monte péniblement à la tribune et prononce le bannissement au milieu des clameurs furieuses de la foule. On dépouille le scrutin. Le nombre des votants était de 721; la majorité absolue de 361; 361 avaient voté pour la mort sans condition ; 26, pour la mort, en demandant s'il ne serait pas utile de surseoir à l'exécution ; 46, pour la mort avec sursis; 2, pour les fers; 286 pour la détention ou le bannissement. Louis XVI était condamné.

« Pendant que toute une nation se déchaînait autour de la prison du Temple, un seul homme était calme et semblait

---

1. Malesherbes, le magistrat le plus respecté de la France, avait écrit au président de la Convention : « J'ai été appelé deux fois au conseil de celui qui fut mon maître, dans le temps que cette fonction était ambitionnée par tout le monde ; je lui dois le même service lorsque c'est une fonction que bien des gens trouvent dangereuse. » Lally-Tollendal, Malouet, Cazalès s'offrirent aussi au roi.

étranger à la tourmente : c'était le prisonnier. Rien ne marquait plus en lui le roi que l'indifférence souveraine au milieu des outrages, car on lui avait ôté jusqu'à son nom. On l'appelait Louis Capet, comme si on eût aboli par là le souvenir de ses ancêtres ! Jamais on ne surprit en lui un moment de trouble ; pourtant il ne pouvait se faire illusion sur son sort. Aucune réponse barbare, même celle de Jacques Roux : « Je suis ici pour vous conduire à l'échafaud, » ne put le faire sortir de cette mansuétude qu'il dut à sa piété sincère.

« Il lisait Tacite et la vie de Charles Ier, qui lui montrait d'avance le chemin du supplice. Il enseignait le latin à son fils ; il méditait, il priait dans une petite tour, quand il pouvait se dérober quelques instants aux regards de ses gardiens. Jamais plus grande paix, au milieu d'une plus grande tragédie ; ce calme qu'on ne pouvait concevoir ajoutait à la haine. Était-ce un sage, un prêtre, un instituteur ? Le dernier homme du peuple peut apprendre de ce roi à bien mourir.

« La veille du 21 janvier, à neuf heures du soir, la reine, madame Élisabeth, le Dauphin, la Dauphine, tombent à ses genoux ; ils se tiennent longtemps embrassés au milieu des sanglots. Au moment de se quitter, ils se promettent de se revoir le lendemain. Mais cet adieu devait être le dernier. La nuit fut mêlée de prières et de moments de sommeil. Un peu avant le jour, vers six heures, le roi entendit la messe et communia. Il ne fit pas avertir la reine, ayant pris déjà congé de ses affections terrestres.

« Santerre le pressait, la foule attendait. Louis XVI entra encore une fois dans la tourelle où il avait coutume de chercher, de trouver la paix et la résignation. Il en sortit armé contre la mort, puis il dit : « Partons ! »

« Il traversa Paris dans le fond d'une voiture fermée, les yeux attachés sur les prières des agonisants et sur les psaumes. Le silence était profond autour de lui : on ne voyait que des haies de baïonnettes, comme si la ville se fût gardée elle-même contre ce mourant.

« Quand il arriva au pied de l'échafaud, sa lecture n'était pas finie. Il l'acheva paisiblement sans se hâter, il ferma le livre ; puis, il descendit de voiture, s'abandonna au bourreau. Comme on s'apprêtait à lui lier les mains derrière le dos, le roi se retrouva dans Louis Capet et s'indigna. Il voulut résister ; mais, sur un signe de son confesseur, le roi céda : il ne resta que le chrétien.

« Je pardonne, dit-il, à mes ennemis. » Tous les tambours de Santerre n'ont pu étouffer ces paroles ni les empêcher de retentir dans la postérité [1]. »

Chute de la Gironde (31 mai 1793). — Après le jugement du roi la lutte avait recommencé entre la Gironde et la Montagne. Le Girondin Brissot déclara qu'après avoir puni *un être exécrable*, il fallait châtier les cannibales des 2 et 3 septembre. Cette fois, la Plaine se réunit à la Gironde, et le décret fut rendu. Mais, le meurtre de Lepelletier de Saint-Fargeau, qui avait voté la mort du roi, par l'ancien garde-du-corps Pâris, rendit à la Montagne toute son audace. Après une discussion furieuse, le décret fut rapporté et la suspension de toute procédure sur les événements de septembre, décrétée. C'est pendant cette délibération, où les députés se jetèrent à la tête les noms de scélérats et d'assassins, qu'on vint rendre compte à l'Assemblée des derniers moments du roi ; du haut de l'échafaud Louis XVI n'avait parlé que de pardon et de concorde.

Cependant, l'arrêt de mort de Louis XVI avait déterminé une coalition générale de l'Europe contre la France et soulevé la Vendée. Pour faire face à une telle situation, on émit deux milliards d'assignats ; on décréta la levée en masse de trois cent mille gardes nationaux qui durent renforcer les trois cent mille hommes répartis au pied des Pyrénées et des Alpes, sur le Rhin, sur la Moselle et en Belgique.

Les dangers de la patrie ne faisaient qu'exalter jusqu'au délire la fureur des deux partis, qui s'accusaient mutuellement de les avoir causés et d'en vouloir profiter. La Commune déclara qu'il fallait en terminer avec les ennemis du dedans avant de marcher contre ceux du dehors. La Montagne fit décréter par la Convention la formation d'un *Tribunal criminel extraordinaire* composé de cinq juges dont les sentences devaient être

_____

1. Quinet. *La Révolution.*

sans appel (10 mars 1793), et, après la trahison de Dumouriez, l'institution d'un *Comité de Salut public*, composé de neuf membres, dont les délibérations devaient être secrètes, et l'action sur tous les agents du pouvoir, illimitée. Pas un Girondin ne fut nommé.

Ce n'étaient là que les premiers coups portés à la Gironde. Des pétitionnaires recrutés par la Commune vinrent demander à la Convention un décret d'accusation contre « les Vergniaud, les Guadet, les Gensonné, les Brissot, les Barbaroux, les Louvet, les Buzot. » Robespierre parut alors à la tribune ; il avait longuement préparé un réquisitoire perfide. Mais, ce jour-là (10 avril 1793), l'éloquence de Vergniaud sauva son parti ; la Gironde prenant l'offensive (13 avril), fit décréter d'accusation Marat, qui avait provoqué ouvertement une insurrection contre la Convention. Le lendemain une troupe d'hommes armés de piques ramenait en triomphe Marat, couronné de feuilles de chêne. A un mois de là, les Girondins se sentant de plus en plus menacés, dénoncèrent à la tribune les motions du club des Jacobins et signalèrent leurs ennemis. Avec l'alliance de Barrère, le chef de la Plaine, ils firent adopter la création d'une commission de douze membres pour examiner les actes de la Commune. La Commune répondit à ce décret par l'insurrection. Le 27 mai, à dix heures du soir, une multitude en armes envahit l'Assemblée et fit décréter la suppression de la commission des Douze. Le lendemain, le décret fut rapporté sur les protestations de la Gironde. Mais, le 31, devant les préparatifs d'une formidable insurrection, la Convention supprima de nouveau les Douze. Le 2 juin assiégée par les sections et menacée par l'artillerie d'Henriot, charlatan de Bicêtre, que la Commune avait fait commandant de la garde nationale, elle livra les vingt-deux députés de la Gironde. « La postérité ne concevra jamais, disait Vergniaud, l'ignominieux asservissement de Paris à une poignée de brigands, rebut de l'espèce humaine. »

La France était en proie aux Jacobins. Tout le pouvoir fut concentré entre les mains du comité de Salut public où régnait Robespierre.

Dictature de la Commune et du Comité de sa-

lut public. La terreur (31 mai 1793 — 13 mars 1794).— Victorieuse à Paris, la Montagne avait contre elle soixante départements en armes (Guerre de Vendée et soulèvements fédéralistes [1]). Charlotte Corday assassinait Marat pour venger les Girondins proscrits. Au même temps, nos armées étaient forcées de reculer, et nos frontières envahies.

En face du péril, le Comité de salut public agit avec une terrible énergie. Après avoir mis hors la loi ceux qui lui résistaient, il fit voter, en huit jours, une Constitution impraticable, afin de donner un gage au fanatisme révolutionnaire. Il ordonna la levée en masse de dix-huit ans jusqu'à soixante, et changea la France en un camp. La Convention décréta l'inscription des créances sur l'État en rentes perpétuelles sur le grand-livre de la dette publique, qui confondit toutes les dettes sous un même titre et leur donna à toutes la même garantie. Elle maintint avec rigueur la loi du *maximum*, loi destructive de la liberté du commerce et de l'industrie, qui obligeait les marchands, sous peine d'amende et ensuite de mort, à fournir les denrées de première nécessité à un prix fixé comme *maximum*. Elle déclara *le gouvernement révolutionnaire* jusqu'à la paix, et la Constitution, suspendue ; elle plaça le conseil exécutif, les généraux, les corps constitués sous la surveillance du Comité de Salut public.

Toutes ces mesures s'expliquent par la nécessité, nécessité redoutable que la Convention avait créée. Mais, comment justifier les crimes et les massacres de la Terreur? Quel temps que celui dont la devise est: « Liberté, égalité, fraternité ou la mort ! » « La liberté a été le premier cri du peuple en 1789, mais elle est suspendue au nom du salut public. L'égalité a été le premier effet de la liberté obtenue ; mais elle est sacrifiée elle-même, malgré le signe menteur du niveau, dans le mouvement qui tend à ravaler toute supériorité de rang, de fortune, de mérite [2]. Quant à la fraternité, n'en parlons plus, si ce

1. Nous avons rejeté à l'histoire des guerres le récit des opérations militaires contre les Vendéens et contre les Fédéralistes.

2. « Un individu, dit Saint-Just à la Convention, après la chute des Girondins, ne doit être ni vertueux, ni célèbre devant vous. Un peuple libre et une assemblée nationale ne sont faits pour admirer personne. »

n'est pour rappeler le mot d'Euripide : « Les guerres de frères sont terribles. » Que reste-t-il donc de la devise ? — La mort; et, un autre mot peut y être ajouté, pour tenir lieu des autres : la faim. La famine, comme la mort, est à l'ordre du jour dans ces années fatales; c'est la force qui remue la rue et qui donne aux clubs, dans les jours d'insurrection, ses plus redoutables auxiliaires [1]. »

C'est après avoir triomphé de toutes les résistances intérieures, et au temps même où nos armées repoussaient victorieusement les attaques de la coalition, que le Comité de salut public ouvrit l'ère des proscriptions sanglantes. Fouché, à Lyon, Tallien, à Bordeaux, Carrier, à Nantes, Lebon, à Arras, se signalèrent par d'atroces exécutions. Une bande armée parcourut la France en traînant à sa suite la guillotine.

A Paris, l'échafaud fut en permanence, et chacun des partis successivement vaincus fournit son contingent de victimes. La reine Marie-Antoinette y représenta dignement la royauté. Son courage et sa sérénité dans une immense infortune avaient naguère touché Mirabeau et attendri Barnave. La veuve de Louis XVI décapité, la mère séparée de ses enfants, la prisonnière du cachot de la Conciergerie ne devait plus rencontrer de pitié. Elle n'en demanda pas. Condamnée à mort par le tribunal révolutionnaire, qui ne lui épargna aucune insulte, elle repoussa les prières d'un prêtre assermenté et écrivit à la princesse Élisabeth une lettre qui témoigne de sa foi et de sa force d'âme. Puis, on lia sur une charrette la fille de Marie-Thérèse et on la conduisit au supplice au milieu des vociférations de la populace (16 octobre 1793) [2].

Les Constitutionnels de la Constituante ne devaient point être épargnés. Bailly, l'ancien maire de Paris, paya de sa vie l'acte de courage civil du 17 juillet 1791 [3]. Barnave, qui n'avait

1. Wallon. *Études sur la Terreur.*
2. La Convention avait ordonné, par le décret du 1er août 1793, la destruction des tombeaux de Saint-Denis. Les pierres tumulaires furent brisées ; les restes des rois de France furent arrachés des sépulcres. On dit que les profanateurs reculèrent devant Henri IV qui avait conservé dans sa mort quelque apparence de vie.
3. « Comme on avait fait de l'insurrection un principe constitutionnel et légal, le peuple ne comprenait pas qu'on pût la réprimer comme un

que trente-deux ans, le suivit de près. C'est lui qui, à la fin de la Constituante, disait à Malouet : « J'ai dû vous paraître bien jeune, mais je vous assure que j'ai beaucoup vieilli depuis. » Duport ne fut pas plus épargné que Barnave.

Après les Constitutionnels vinrent les Girondins. L'éloquence avait été leur force ; on refusa d'entendre leur défense. Le troisième jour, en vertu d'un décret qui permettait de fermer les débats *dès que la conscience du jury serait suffisamment éclairée*, le tribunal prononça la sentence de mort contre les vingt-un accusés [1]. Ce ne furent pas les seuls Girondins frappés. Gorsas avait été exécuté avant eux ; Lebrun, ministre des affaires étrangères, le fut peu de jours après. Clavière, ministre des finances, se tua dans sa prison. Madame Roland n'échappa pas au sort de son parti. En allant au supplice, elle salua la statue de la Liberté de ces paroles devenues célèbres : « O Liberté, que de crimes on commet en ton nom ! » Elle s'en apercevait bien tard. C'était aussi au nom de la liberté que s'étaient accomplis les premiers meurtres demeurés impunis, ceux du 14 juillet 1789. Guadet fut exécuté avec sa sœur qui l'avait caché. On trouva au coin d'un bois les corps de Péthion et de Buzot à demi-dévorés par les loups. Roland se tua sur le bord d'un chemin, près de Rouen. Le philosophe Condorcet ne sut pas non plus attendre la mort ; il s'empoisonna dans sa prison.

L'échafaud ne devait point épargner les Montagnards eux-mêmes. Le premier qui y monta fut le duc d'Orléans, Philippe-Égalité. Il ne lui servit de rien d'avoir voté la mort de Louis XVI.

En même temps la Convention décrétait que le culte catholique serait remplacé par le culte de la *raison* et de la *nature*. Tandis que les prêtres non assermentés, qu'on appelait réfractaires, mouraient pour leur foi, l'évêque constitutionnel de

crime. Je suis convaincu que dans le cœur des misérables qui torturèrent sur l'échafaud l'infortuné Bailly, tout n'était pas pure barbarie ; ils croyaient réellement qu'en réprimant par la force l'insurrection du champ de mars, au 17 juillet, Bailly avait attenté au droit le plus sacré du peuple. » S. de Sacy.

1. Vergniaud, Brissot, Gensonné, Lasource, Sillery, Duchastel, etc....

Paris, Gobel, déclarait, à la barre de l'Assemblée, qu'il ne devait plus y avoir d'autre culte que celui de la liberté et de la sainte égalité. Il coiffa le bonnet rouge, déposa sa croix et son anneau, et reçut l'accolade fraternelle du président, qui le félicita d'avoir sacrifié les *hochets gothiques de la superstition et abjuré l'erreur*. L'athéisme vint en aide aux théories du meurtre et à toutes les passions criminelles. La famille elle-même fut désorganisée par un décret : le divorce était autorisé par consentement mutuel, et les enfants naturels assimilés aux enfants légitimes. La propriété, ébranlée par les confiscations, dévastée par les réquisitions, était sur le point de périr; la Convention, épouvantée, dut rendre un décret de mort contre quiconque proposerait la loi agraire.

Cependant, quelques-uns des vainqueurs trouvaient qu'on avait assez versé de sang et assez détruit. La division se mit parmi les montagnards. Les uns, qu'on appela *les indulgents*, avaient Danton pour chef. Ils voulaient modérer la révolution, fonder un gouvernement qui fît la paix avec les puissances étrangères et donner la tranquillité au pays. Le *Vieux Cordelier*, journal de Camille Desmoulins, l'ami de Danton, commençait à parler hautement de clémence. En face des indulgents, les *enragés* ayant à leur tête Hébert, s'appuyaient sur la Commune et sur le club des Cordeliers. Ils prétendaient faire de la terreur un gouvernement régulier et permanent; ils avaient pour organe le journal le *Père Duchêne*.

Entre ces deux partis, le Comité de salut public, qui obéissait docilement aux inspirations de Robespierre, accusait Hébert et Danton de perdre la République, l'un, par ses excès, l'autre, par sa faiblesse. Dès lors, Robespierre travailla à la perte des rivaux qui l'empêchaient de faire à sa manière le bonheur du peuple. Il commença par donner une plus grande concentration au gouvernement, en obtenant de la Convention un décret formidable qui faisait descendre tous les pouvoirs directement du Comité; puis il attaqua l'athéisme d'Hébert et fit jeter en prison quelques hommes d'action du parti. Les Hébertistes, ainsi menacés, organisèrent au grand jour une insurrection pour renverser le Comité et la Convention. Mais le Comité ne se laissa pas prévenir. Saint-Just et Robespierre, à la Convention, Collot d'Herbois aux Cordeliers et aux Jacobins, préparèrent la ruine des Hébertistes qui furent arrêtés dans la nuit du 13 mars, accusés d'être des conspirateurs royalistes soudoyés par Pitt et Cobourg, et conduits à l'échafaud le 24 mars 1794. Robespierre adjoignit aux Hébertistes l'imbécile Chaumette, qui avait inventé le culte de la raison.

La chute des Hébertistes eût dû être un avertissement pour Danton. *Ils n'oseraient,* répondit-il à ceux qui lui conseillaient de fuir. Le 30 mars il fut arrêté avec ses amis, Camille Desmoulins, Lacroix et Bazire. L'éloquence de cette voix, si longtemps puissante sur le peuple, effraya le tribunal, qui mit les prévenus hors des débats. Les Dantonistes, accusés eux aussi d'avoir conspiré avec Pitt et Cobourg pour placer Louis XVII sur le trône, furent envoyés au supplice, onze jours après les Hébertistes (4 avril 1794). Danton montra de la fermeté. Camille Desmoulins, l'ancien procureur de la lanterne, qui avait applaudi à la mort de tant de victimes, parut en proie à la plus horrible agitation. « Voilà donc, s'écriait-il, la récompense réservée au premier apôtre de la liberté ! »

Dictature de Robespierre. Grande terreur. 9 Thermidor (13 mars. — 28 février 1794). — Robespierre triomphait. La République française fut livrée à des exécutions régulières et systématiques. A Nantes, la guillotine sembla trop lente à Carrier, qui eut recours aux noyades. Cent prêtres furent noyés à la fois à l'aide du bateau à soupapes. Le nombre des cadavres engloutis dans la Loire fut tel que l'eau de ce fleuve en fut infectée.

A Paris, on envoya à l'échafaud les femmes et les jeunes filles de Verdun, détenues depuis deux ans; l'une d'elles n'avait que seize ans. Deux autres, plus jeunes, échappèrent à la mort; mais furent mises au carcan devant l'échafaud où montaient leurs mères et leurs sœurs. Le rapporteur de la Convention avait dit : « Jusqu'ici ce sexe, en général, a hautement insulté à la liberté. Il faut que la loi cesse de l'épargner. »

Après les jeunes filles de Verdun vinrent les magistrats qui, avaient signé, secrètement, le 11 octobre 1791 une protestation contre le décret de la Constituante supprimant le parlement de Paris « M. de Rosambo, gendre de Malesherbes, avait été con-

stitué le dépositaire de cette pièce importante ; trahi par un de
domestique, il fut envoyé au tribunal révolutionnaire (avril
1794), avec tous les magistrats qui avaient signé la protestation.
Il y avait un mois à peine que la Convention avait décrété
que la justice et la probité étaient à l'ordre du jour.

« Là, ces magistrats donnèrent un spectacle héroïque. Inter-
rogé par le président du tribunal révolutionnaire, M. de Rosambo
dit qu'il avait gardé fidèlement la protestation ; et, qu'avant de
mourir, il l'aurait remise au plus ancien président à mortier,
M. Bochart de Saron, en le chargeant de la remettre à son
tour au plus ancien conseiller. — « Monsieur, dit aussitôt ce
savant illustre, je vous remercie. » Le président du tribunal
demanda successivement à chacun des conseillers ce qu'il aurait fait de la protestation si elle était venue dans ses mains. Ils
répondirent, comme s'ils votaient à l'audience : *De même*. Le
même jour, ils montèrent tous à l'échafaud. Ils allèrent à la
mort, dit un témoin, du même pas qu'ils marchaient dans les
cérémonies publiques. Avec eux mourait cette ancienne magistrature que l'Assemblée constituante avait détruite et qu'elle
aurait pu transformer. Et le surlendemain, les Constituants
qui s'étaient montrés les ennemis les plus déclarés des parlements étaient eux-mêmes immolés. Chapelier et Thouret
comparaissaient à leur tour devant ce tribunal révolutionnaire
qui n'avait pu être établi que dans un pays déshabitué de la
justice. Eux aussi montèrent dans la fatale charrette et ils s'y
rencontrèrent avec la veuve de Rosambo, avec Malesherbes, le
plus grand magistrat de son siècle. Vainqueurs et vaincus
étaient dévorés par les mêmes ennemis [1]. »

Tous les noms de l'ancienne France se retrouvent dans ce
défilé des victimes : c'est le vieux maréchal de Noailles, c'est
la sœur de Louis XVI, *Elisabeth de France*, qui maintient
ce grand nom devant les menaces du tribunal. Sa vie n'avait
été qu'abnégation et dévouement ; on l'accusa d'avoir eu
« toute la férocité des animaux les plus sanguinaires pour les
défenseurs de la liberté. » (Mai 1794.)

La science ne sauva pas l'illustre Lavoisier qui demandait

1. Laboulaye *Leçons sur la Constituante.*

encore un peu de temps pour achever une expérience commencée. On lui répondit que la République n'avait pas besoin
de chimistes (mai 1794).

Désormais Robespierre tout puissant s'isole de ses collègues
du Comité, auxquels il laisse le gros des affaires, pour suivre
ses rêves de transformation sociale. Il décrète la morale et le
déisme. Le 7 mai, il fait décider par la Convention « que le
peuple français reconnaissait l'existence d'un Etre suprême et
de l'immortalité de l'âme. » Le 8 juin, il célèbre la fête de
l'Être suprême, et il marche au premier rang comme s'il était le
pontife de cette nouvelle religion. « Livrons-nous aujourd'hui,
dit-il, aux transports d'une pure allégresse ; et demain reprenant nos travaux, nous frapperons avec une nouvelle ardeur
sur tous les ennemis de la patrie. »

Le surlendemain, en effet, par ordre de Robespierre et au
nom du Comité de salut public, Couthon proposa à la Convention la loi du 22 prairial (10 juin 1794), qui réorganisait
le tribunal révolutionnaire, maintenait une seule peine, celle
de la mort, supprimait la défense des accusés, et autorisait le
Comité à traduire en jugement les membres eux-mêmes de la
Convention. Elle fut adoptée ; mais la Convention se ravisa le
lendemain, et décréta qu'elle seule aurait toujours le droit de
mettre ses membres en accusation.

Robespierre, ne pouvant atteindre ses complices de la veille,
devenus ses pires ennemis, se tourna contre les *Suspects* entas-
sés dans les prisons. La *grande Terreur* commença. Du 10 juin
au 27 juillet, il y eut à Paris 1,285 victimes. C'est le parlement
de Toulouse tout entier ; ce sont des femmes de quatre-vingts
ans et des prêtres infirmes. Des rangs élevés de la société on
descend aux plus humbles. Des tailleurs, des cordonniers, des
perruquiers, des bouchers, des cultivateurs, des ouvriers, sont
condamnés pour sentiments et propos contre-révolutionnaires.
Et puis, à côté de ces noms inconnus on rencontre le nom illustre d'André Chénier [1], qui avait courageusement flétri « ces
bourreaux barbouilleurs de lois. »

1. Le poète André Chénier avait bien mérité de tomber sous les
coups des terroristes. Il a donné, dans le temps où tous cédaient à la

Cependant, ceux qu'avait menacés Robespierre, ne virent de salut pour eux que dans l'attaque. Une coalition se forma entre la Montagne et la majorité des deux comités. Les conventionnels Fréron, Barras, Tallien, Merlin de Thionville, Bourdon, de l'Oise, Rovère, Legendre, Panis, s'unirent à Billaud-Varennes, Barrère, Collot-d'Herbois, du comité de Salut public, et à Vadier, Vouland, Amar, du comité de Sûreté générale. Robespierre avait pour lui la Commune, qu'il avait réorganisée après la chute des Hébertistes, les Jacobins, les faubourgs. Une lutte décisive se préparait. Le 8 thermidor (26 juillet 1794), Robespierre paraît à la tribune et prononce un discours qui est à la fois une apologie orgueilleuse de sa personne et un réquisitoire contre ses ennemis. Ecouté avec froideur, puis attaqué avec violence, il va triompher aux Jacobins. Il espérait le lendemain (9 thermidor), ressaisir son empire sur la Convention. Mais, au milieu de la plus orageuse séance, il est décrété d'accusation et arrêté ainsi que son frère, Couthon, Saint-Just et Lebas.

Cependant, à cette nouvelle, la Commune proclamait l'insurrection et faisait ramener en triomphe à l'Hôtel-de-Ville Robespierre et ses amis délivrés. Henriot braque ses canons contre la Convention, mais il est abandonné par ses artilleurs auxquels on lit le décret de mise hors la loi de leur général. Il était minuit. Les sections demeurées fidèles, conduites par Barras, marchent sur l'Hôtel-de-Ville qu'elles envahissent sans coup férir. Lebas se brûle la cervelle ; Robespierre a la mâchoire fracassée d'un coup de pistolet ; son frère se jette par une fenêtre ; Couthon et Saint-Just restent immobiles. Au

peur, le plus bel exemple de courage civil. Il s'est élevé contre l'inertie des gens de bien. Il a bravé en face ceux qu'il flagellait. Chaque crime a vu se dresser sa protestation héroïque. Il a flétri, au 31 août 1790, la fête donnée aux soldats du régiment de Châteauvieux qui avaient massacré leurs officiers et pillé la caisse. Il l'a nommée une scandaleuse bacchanale. Il a réclamé le châtiment des assassins du général Dillon. « Rien n'est plus cruel, plus impitoyable disait-il, que la clémence pour le crime. Souvenez-vous qu'il n'est point d'autre liberté que l'asservissement aux lois. » Il a signalé les excès du club des Jacobins, « ces bandits effrontément appelés le peuple. » Il a protesté contre le 20 juin. Qui n'a lu ses beaux vers sur Charlotte Corday ?

matin, tous furent conduits à l'échafaud au milieu des cris de joie et des imprécations de la foule.

Réaction thermidorienne. — Les auteurs du 9 thermidor n'avaient été conduits que par l'égoïsme et la peur, nullement par la pensée de mettre fin à la Terreur. Mais l'horreur de ce régime sanglant opéra de suite une réaction qui les entraîna. La Convention décréta aussitôt la suspension du tribunal révolutionnaire, mit en accusation Fouquier-Tinville, annula le comité de Salut public et ouvrit les prisons.

La réaction devint une mode. La jeunesse élégante, qu'on appelait la *jeunesse dorée*, courut sus aux terroristes. On ferma le club des Jacobins (nov. 1794) ; on expulsa Marat du Panthéon. Carrier fut puni par l'échafaud de tous ses crimes. Bientôt la réaction s'en prit à Collot-d'Herbois, à Billaud-Varennes et à Barrère, bien qu'ils eussent été les instruments de la chute de Robespierre ; ils furent mis en état d'arrestation. En même temps, les 73 députés arrêtés le 3 octobre 1793 pour avoir protesté contre le 2 juin, les Girondins sortis des prisons ou des retraites où ils se cachaient, rentraient à l'Assemblée sur la motion de Siéyès (mars 1795): parmi eux, Lanjuinais, Isnard, Louvet. Ils prirent la place des Thermidoriens et donnèrent une nouvelle force à la réaction. On rétablit la liberté des cultes ; on abolit le maximum et les réquisitions ; on permit au numéraire de circuler librement, etc. L'activité et le travail, comprimés par la Terreur, commencèrent à renaître.

La Convention triomphe des insurrections jacobines. — Cependant les Jacobins n'avaient point perdu tout espoir. Ils recoururent au grand moyen révolutionnaire, l'insurrection. Le 12 germinal (1er avril 1795), une foule d'hommes et de femmes envahit l'Assemblée en criant : *Du pain ! la constitution de* 93 ! Elle se dissipa d'elle-même, et la Convention, sans se laisser intimider, décréta la déportation immédiate de Billaud-Varennes, de Collot-d'Herbois et de Barrère, l'arrestation de dix-sept députés de la *Crète* [1], et la mise de Paris en état de siége. Les révolutionnaires firent alors un

---

1, C'était le nom donné aux débris de la Montagne.

dernier effort. Le 1er prairial (20 mai), les faubourgs Saint-Antoine et Saint-Marceau, les quartiers Saint-Denis et Saint-Martin, le Temple et la Cité, se mirent en mouvement et envahirent la Convention. Le représentant Féraud s'élança à la tribune pour couvrir de son corps le président Boissy d'Anglas. Il en fut arraché; on le traîna hors de la salle et on lui coupa la tête. Boissy d'Anglas était demeuré au fauteuil, calme, couvert et opposant un courage héroïque aux violences populaires. On lui présenta la tête sanglante de Féraud ; il se découvrit respectueusement devant elle et refusa de mettre aux voix les propositions des insurgés. Ceux-ci, confondus avec les représentants, délibéraient en désordre, lorsque le conventionnel Legendre accourut à la tête des sections et les mit en fuite. Vingt-huit représentants furent arrêtés ; dix furent condamnés à mort. Les faubourgs furent cernés et désarmés ; et, à partir de ce jour, la classe moyenne reprit la conduite de la révolution.

La convention triomphe d'une insurrection royaliste. 13 vendémiaire (5 oct. 1795). — Les efforts des Jacobins pour ressaisir le gouvernement n'avaient fait que donner plus de force à la réaction. Les émigrés rentraient en foule ; une agence royaliste avait son centre à Paris ; dans le midi, des compagnies fanatiques organisèrent le meurtre. Lyon, Marseille, Nîmes, Arles, Aix, Avignon, Tarascon eurent leurs façons de massacres de septembre contre les terroristes. Le comte de Provence, qui venait de prendre le titre de roi de France, après la mort lamentable du jeune Louis XVII[1], au

1. Louis XVII (Charles de Bourbon) second fils de Louis XVI et de Marie Antoinette était né au château de Versailles le 27 mars 1785. Il devint Dauphin de France par la mort de son frère aîné le 4 juin 1789. Il fut enfermé au Temple avec la famille royale après le 10 août. Le 3 juillet 1793, quelques mois après la mort de Louis XVI, il passa des mains de sa mère, Marie Antoinette, à celles du cordonnier Simon. Simon s'était proposé de *museler le louveteau*; il lui suffit de six mois (du 3 juillet 1793 au 19 janvier 1794) pour abrutir l'enfant et le tuer plus qu'à moitié. De janvier à juillet 1794, Louis XVII fut séquestré dans une chambre dont la porte ne s'ouvrit plus ; un guichet laissait passer les aliments. Après le 9 thermidor un nouveau geôlier fit constater par enquête l'état du prisonnier. On trouva sur un lit fétide, en proie à toute sorte de vermine, un enfant dont la tête et le cou étaient rongés par des plaies purulentes, les poignets et les genoux

Temple (8 juin 1795), pressait vivement l'Angleterre de seconder l'effort des royalistes de l'intérieur ; Pitt jeta les yeux sur la Vendée, qui venait d'être pacifiée, et entreprit l'expédition de Quiberon. Sur le Rhin, Pichegru, gagné par les royalistes, fit avorter la campagne contre l'Autriche qui n'avait pas déposé les armes.

La Convention, qui avait enfin terminé la constitution nouvelle, dite de l'an III (22 août 1795), s'alarma des efforts des royalistes. Elle décida, par un décret additionnel, que le nouveau Corps législatif se composerait nécessairement, pour les deux tiers, de Conventionnels. Les assemblées primaires, à Paris, gagnées à la contre-révolution, rejetèrent la Constitution et le décret; mais les votes des départements furent favorables à l'œuvre de la Convention, et la Constitution fut solennellement adoptée (22 septembre 1795).

Les royalistes en appelèrent du vote des départements à la force. La plupart des sections se proclamèrent en insurrection et prirent les armes. Le 12 vendémiaire, toutes les chances de succès paraissaient pour elle, grâce à l'incapacité du général Menou. La Convention ayant donné le commandement à Barras, celui-ci choisit pour lieutenant le jeune Bonaparte. Alors tout changea de face ; Bonaparte n'avait guère que 8,000 hommes contre 30,000, mais il fit venir du camp des Sablons trente pièces d'artillerie, et les disposa si habilement, que les différents corps de l'insurrection, mitraillés par un feu bien nourri, prirent

---

couverts de tumeurs, les ongles des pieds et des mains d'une longueur démesurée. On adoucit un peu la captivité du jeune Louis ; on lui permit même de se promener quelquefois sur la plate-forme de la tour, mais on ne put triompher de sa tristesse, ni de son mutisme. Un jour cependant on l'entendit répondre aux propos grossiers d'un commissaire de service : « Et pourtant je n'ai fait de mal à personne ! » Le dépérissement continuait. Sur l'ordre du comité de sûreté générale le célèbre chirurgien Desault visita le malade. Il constata l'existence d'une affection scrofuleuse, aggravée par l'épuisement et le marasme, et réclama la translation de l'enfant à la campagne. Il ne fut point écouté. Sur un deuxième rapport d'un autre médecin, on transféra le prisonnier dans une chambre où l'air et la lumière arrivaient librement. Il y mourut huit jours après (8 juin 1795) Il avait dix ans. Son corps fut porté à la fosse commune du cimetière de Sainte-Marguerite. — Nous avons emprunté ces détails à l'ouvrage de M. de Beauchesne: *Louis XVII, sa vie, son agonie, sa mort.*

la fuite en toute hâte (13 vendémiaire, 5 octobre) ; la Convention était victorieuse. Le 4 brumaire an IV (26 oct. 1795), elle déclara sa mission terminée et se sépara. Elle avait siégé trois ans, un mois et quatre jours. Elle avait rendu 8366 décrets.

Créations de la Convention. — Parmi ses derniers décrets il faut remarquer ceux qui instituèrent l'école normale, le bureau des longitudes, le conservatoire des arts et métiers, l'école polytechnique, le museum d'histoire naturelle et le conservatoire de musique. Un décret adopta le système métrique qui rapportait toutes les mesures à une unité de longueur prise dans la nature. Un autre avait établi les lignes du télégraphe aérien, inauguré le 12 fructidor 1794 par l'annonce de la prise de Condé sur les Autrichiens.

La Convention avait eu la fortune de trouver d'illustres savants formés sous l'ancien régime, Lagrange, Laplace, Monge, Lalande, Haüy, Daubenton, Berthollet, Fourcroy, Lavoisier, etc.... Elle envoya Lavoisier à l'échafaud, mais elle sut employer les autres. Les sciences n'ont pas eu à se plaindre d'elle. Quant aux lettres, elles ont besoin de plus de liberté pour vivre. Après André Chénier, qui tomba victime de ses généreuses protestations, il n'y a plus un nom digne de rester dans l'histoire.

Tandis que la Convention instituait les archives nationales et rendait un décret contre ceux qui détruisaient les livres et dégradaient les monuments des arts, on brûlait les archives, on lacérait les livres ornés d'armoiries et on saccageait les églises, dont les porches mutilés portent encore aujourd'hui la trace du vandalisme révolutionnaire [1].

---

1. Le rapport de Grégoire fait à la Convention en 1794, n'a pas besoin de commentaires. « On n'exagérerait nullement en disant que, dans le domaine des arts. la seule nomenclature des objets enlevés, détruits ou dégradés, en France seulement, remplirait plusieurs volumes. La perte en livres volés ou détruits, en médailles, émaux, morceaux d'histoire naturelle, etc,... . est incalculable. A Verdun, on brûla des tapisseries, des tableaux, des livres de prix, en présence des officiers municipaux en écharpe, et ce fut l'évêque constitutionnel qui se chargea d'y mettre le feu. A Nancy, on détruisit en quelques heures, pour 100,000 écus de tableaux et de statues. On a ouvert les tombeaux de Racine, de Tournefort, de Lesueur ; on en a détruit les épitaphes. Buffon fut exhumé pour quelques livres de plomb. Au Muséum des plantes, à Paris, des barbares brisèrent le buste de Linnée, prétendant

On a dit, en cherchant à excuser les crimes de la Convention
et à résumer son histoire en un mot, qu'elle avait sauvé la
France de l'invasion. N'oublions pas que l'invasion étrangère
avait été déjà repoussée à Valmy et que ce furent les attentats
mêmes de la Convention qui, après le 21 janvier 1793, armèrent
contre nous l'Europe entière.

CHAPITRE V

LE DIRECTOIRE

(INTÉRIEUR)

(Du 27 octobre 1795 au 9 nov. 1799. — 18 brumaire.)

PRÉCIS DES FAITS

MESURES RÉPARATRICES. La Constitution de l'an III établit un régime
qui ne pouvait être que la continuation de la Convention. Cependant
le Directoire inaugure son pouvoir par des mesures réparatrices.

que c'était celui de Charles IX. On a détruit des statues par milliers.
À Strasbourg, la fameuse basilique est méconnaissable, etc , etc. »
(Rapport sur le *Vandalisme. Moniteur*, 1792 n° 87, p 354. ? 99). Dès
le commencement de 1793, Lakanal dénonçait ces destructions et osait
attaquer de front ce que le premier il a appelé le vandalisme. « Des
chefs-d'œuvre sans prix, dit-il. sont chaque jour brisés ou mutilés ;
les arts pleurent des pertes irréparables. Il est temps que la Convention arrête ces funestes excès. » Ces pertes sont irréparables en effet.
On brisa des figures de Germain Pilon, des statues de Coysevox,
d'Houdon. de Bouchardon ; on brûla le beau portrait de Louis XIII
par Philippe de Champagne Les bibliothèques ne furent point épar-
gnées. Ce fut un savant, La Harpe, révolutionnaire par peur, qui
demanda la suppression des armoiries royales sur les livres de la Bibliothèque nationale. C'était le philosoqhe Condorcet. l'auteur du *Ta-
bleau des progrès de l'esprit humain*, qui sous la Législative avait fait
décréter (19 juin 1792) la destruction de tous les titres de noblesse
existant dans les dépôts publics. La Convention ne se montra pas à
son début plus soucieuse de ces archives de notre histoire : par un
décret du 3 octobre 1792 elle les destina à servir à la confection des
gargousses de l'artillerie (*Le luxe privé et le luxe public*, par M. Bau-
drillart).

4

Coups d'état du Directoire et des Conseils. L'histoire du Directoire ne présente qu'une suite de coups d'état et de violations de la Constitution. Tandis que nos armées se couvrent de gloire, le Directoire fait, avec l'aide d'Augereau, contre les républicains modérés et les royalistes, le coup d'état du 18 fructidor (4 sept. 1797). Menacé par le parti terroriste, auquel la journée de fructidor a laissé le champ libre, le Directoire fait contre ses nouveaux ennemis le coup d'état du 22 floréal (11 mai 1798). Les Conseils font, à leur tour, le coup d'état du 30 prairial (10 juin 1799) contre le Directoire.

Coup d'état de l'armée. Enfin, Bonaparte, de retour d'Égypte, fait, contre ce gouvernement de coups d'état, le coup d'état du 18 brumaire (9 nov. 1799).

Le nouveau gouvernement. — La Constitution de l'an III avait composé le pouvoir législatif de deux Chambres, celle des *Cinq-Cents* et celle des *Anciens*, nommées par les mêmes Assemblées électorales et renouvelées annuellement par tiers. Le pouvoir exécutif était remis à un *Directoire* de cinq membres, choisis par le conseil des Anciens sur une liste de cinquante formée par le conseil des Cinq-Cents. Ce Directoire se renouvelait chaque année par l'élection d'un nouveau membre.

Un décret additionnel à la Constitution de l'an III ayant décidé que les deux tiers des conventionnels feraient nécessairement partie du Corps législatif, le régime du Directoire ne pouvait être que la continuation de celui de la Convention. On le vit bien par le choix des Directeurs. Les conventionnels des Conseils s'entendirent pour ne nommer que des hommes qui eussent voté la mort du roi; les élus furent Barras, Laréveillère-Lepaux, Rewbel, Letourneur et Siéyès ; celui-ci refusa et fut remplacé par Carnot. Le Conseil des Anciens garda la salle que la Convention avait occupée aux Tuileries, et les Cinq-Cents se réunirent dans la salle du Manége. Les Directeurs tinrent leurs séances au Luxembourg.

Premières mesures du Directoire. — La question la plus pressante qui s'imposa au nouveau gouvernement fut celle des finances. Les vingt milliards d'assignats, restés entre les mains des particuliers, ne représentaient pas plus de deux cents millions.

Le Directoire se vit forcé de substituer aux assignats les *mandats territoriaux*, et enfin de terminer le règne du papier-monnaie par une sorte de banqueroute, en déclarant que les transactions auraient lieu désormais soit en numéraire, soit en *mandats* au cours réel (16 juillet 1796).

Ce n'étaient pas là les seuls embarras. Les Jacobins d'un côté, les royalistes de l'autre, commençaient à s'agiter. Un certain Babeuf, jacobin exalté, égalait les violences de Marat dans un journal intitulé *le Tribun du peuple*, où il signait du nom de Caïus Gracchus. Il réclamait ouvertement une loi agraire pour le partage des terres et conspirait pour établir le communisme ou communauté absolue des biens. Il fut arrêté et envoyé à l'échafaud en mai 1796, et on déporta ses sectateurs et ses complices ; un seul fut épargné, Drouet, dont on favorisa l'évasion. C'était lui qui à Varennes avait livré Louis XVI.

De son côté le royaliste Puisaye organisait de nouveau la guerre civile en Vendée, mais le comte d'Artois qui venait se mettre à la tête des Vendéens avec une escadre anglaise chargée d'émigrés, d'armes et d'argent, désespéra de l'expédition, et força l'escadre de retourner en Angleterre. Le général Hoche, contint le pays et poursuivit activement Stofflet et Charrette qui furent pris et fusillés. La Bretagne fut réduite comme la Vendée.

Tandis que le Directoire était aux prises avec les embarras du dedans, Carnot, l'organisateur de la victoire, lançait contre l'Autriche les trois armées de Jourdan, de Moreau et de Bonaparte. Bonaparte accomplissait à lui seul avec l'armée d'Italie l'œuvre à laquelle devaient concourir les armées d'Allemagne et frappait sur l'Autriche, dans les campagnes de 1796 et 1797, les coups décisifs qui amenèrent le traité de Campo-Formio [1].

Le Directoire menacé par le parti modéré viole la Constitution par le coup d'État du 18 fructidor (4 sept. 1797.) — L'histoire intérieure du Directoire ne nous présente qu'une suite de coups d'État et de complots du pouvoir exécutif et du pouvoir législatif, jusqu'au coup d'État de l'armée au 18 brumaire, qui fit disparaître la Constitution de l'an III.

1. Voir au chapitre VI (p. 68) l'histoire de la première coalition.

Dès le début, le Directoire se vit menacé par une ardente minorité de républicains modérés et de royalistes. Portalis, Tronçon-Ducoudray, Tronchet, Dupont de Nemours, Lebrun dans le Conseil des Anciens ; Siméon, Boissy d'Anglas, Pastorat, Vaublanc au Conseil des Cinq-Cents, attaquèrent vivement les majorités encore conventionnelles. Fontanes, Suart et Michaud signalèrent dans leurs écrits les maux causés par la Révolution, agirent sur l'opinion aux élections de mai 1797, où se fit le premier renouvellement par tiers. Les candidats hostiles aux conventionnels des Conseils l'emportèrent, et la majorité nouvelle des Anciens et des Cinq-Cents se hâta de rapporter les lois rendues contre les familles des émigrés et contre les prêtres non assermentés. Un député, Camille Jordan, réclama pour les catholiques le libre usage des cloches des églises.

Le Directoire, ou plutôt la majorité conventionnelle, composée de trois directeurs, Barras, Lepaux et Rewbel [1], s'effraya de ces tendances contre-révolutionnaires. Elle chercha son appui dans l'armée, se fit envoyer d'Allemagne et d'Italie des adresses toutes brûlantes d'ardeur républicaine, et demanda à Bonaparte un de ses généraux pour lui donner le commandement de Paris. Augereau vint prêter son concours au coup d'État du 18 fructidor (4 sept. 1797). Barras, Lepaux et Rewbel firent voter aux Conseils la déportation de cinquante-trois de leurs membres, des directeurs Carnot et Barthélemy, et des journalistes royalistes. Les dernières élections furent cassées, les journaux mis à la discrétion du Directoire, toutes les lois contre les prêtres non assermentés et les émigrés remises en vigueur.

Le lieu de déportation avait été laissé au choix du Directoire, qui désigna Cayenne. Carnot et quelques autres proscrits s'échappèrent. La plupart de ceux qu'on transporta périrent misérablement. A quelque temps de là, trois vaisseaux débarquaient sur les plages de la Guyanne les prêtres non assermentés que le Directoire avait aussi condamnés. Ils allèrent mourir dans la plaine pestilentielle de Sinnamari. A chaque coup

---

1. Carnot et Barthélemy, successeur de Letourneur, inclinaient vers les modérés.

...appé par les partis l'Église était atteinte et comptait de nouveaux martyrs.

Ce fut une *demi-terreur*, comme on appela le temps qui suivit le 18 fructidor. Tandis que ce triste régime pesait encore sur la France, nos armées achevaient de vaincre l'Autriche. Bonaparte vint triompher à Paris. Il apportait le traité de Campo-Formio, qui assurait à la France la limite du Rhin et un protectorat au delà des Alpes. Il parut dans tout l'éclat de la double gloire du héros et du pacificateur. Mais, à quelque temps de là, reconnaissant qu'il n'y avait encore de place honorable pour lui qu'à l'armée, il accepta le commandement d'une expédition contre l'Angleterre. Il avait résolu de frapper au loin cette implacable ennemie de la France, en menaçant les Indes par la conquête de l'Égypte.

L'année 1797 se termina par la mesure financière du remboursement de la dette publique. On décida que les deux tiers seraient remboursés en bons au porteur, échangeables contre des biens nationaux, et que l'autre tiers, dit consolidé, serait inséré au grand-livre, et produirait un intérêt de 5 pour 100. Les bons au porteur se trouvèrent bientôt de nulle valeur. L'État faisait ainsi banqueroute des deux tiers.

Le Directoire, menacé par le parti terroriste, viole encore la Constitution par le coup d'État du 22 floréal (11 mai 1798). — Le Directoire eut bientôt à compter avec le parti des terroristes, auquel il avait demandé appui pour résister au parti modéré. Aux élections de l'an VI, la plupart des gens paisibles s'abstinrent de voter, et les Jacobins l'emportèrent au scrutin. Le Directoire fit alors contre ces élections le coup d'État connu sous le nom de *Révolution du 22 floréal* (11 mai 1798.) Il annula les élections de la majorité et confirma celles de la minorité. A partir de ce jour, il garda une sorte de dictature, jusqu'à ce que l'opinion, chaque jour plus hostile, se soulevât contre les fautes qui avaient fait succéder des défaites à nos victoires, contre l'immoralité et les dilapidations des directeurs. Siéyès accepta de faire partie du Directoire, mais avec l'intention et l'espoir de le renverser.

Les Conseils font à leur tour un coup d'État contre le Directoire au 30 prairial (10 juin 1799). —

En 1799 les Conseils ôtèrent au gouvernement le pouvoir abso
qui lui avait été conféré, après fructidor, sur la presse péri
dique et sur les clubs, aussi bien qu'à l'égard des prêtres n
assermentés et des émigrés. Au 30 prairial (18 juin 1799),
s'enhardirent jusqu'à exiger la retraite de trois directeu
Treilhard, Lepaux et Merlin. Barras et Siéyès demeurèr
seuls. On leur adjoignit Roger-Ducos, très-attaché à Siéyès,
jurisconsulte obscur de la Constituante, Gohier, et un géné
Moulins. Siéyès, dont l'ambition n'était point satisfaite, se p
posa secrètement de remplacer la Constitution et le gouver
ment, par une Constitution dont il serait l'auteur et par
gouvernement dont il serait le chef.

**Bonaparte avec l'armée fait le coup d'É
du 18 brumaire** (9 novembre 1799). — Cependant l'Eur
avait profité de l'anarchie de la France pour former contre
la seconde coalition (décembre 1798), et malgré les victoire
Masséna et de Brune, menaçait nos frontières [1]. Bonapa
dont la gloire avait encore grandi en Égypte, jugea que
moment de son retour était venu. Il fit préparer secrètem
deux frégates, laissa le commandement de l'armée à Klébe
s'embarqua avec ses meilleurs officiers. Il échappa aux v
seaux anglais et aborda à Fréjus, sur les côtes de Prove
« Lorsqu'arriva la grande nouvelle de son retour inatten
raconte Béranger, j'étais dans un cabinet de lecture au mi
de plus de trente personnes. Toutes se levèrent spontané
en poussant un long cri de joie. Il en fut de même, à
près, de toute la France qui se crut sauvée. Quand on pro
de pareils effets sur un peuple, on en est le maître; les
n'y peuvent rien. »

Bonaparte était, en effet, maître de la situation. Tous
partis s'empressèrent autour de lui pour le gagner à leur ca
mais son choix était déjà fait. Il avait une égale répugn
pour les Jacobins, toujours entêtés de gouvernement révolu
naire, et pour la coterie de ceux qui entouraient Barra
qu'on nommait les *Pourris*; c'est avec les modérés qu'il ré

1. Voir au chapitre VII (p. 87) le récit de la deuxième coaliti
de l'expédition d'Égypte.

de s'entendre. Talleyrand lui ramena Siéyès ; Siéyès travailla à lui gagner des partisans dans les Conseils ; Fouché, ministre de la police, consentit à fermer les yeux. Lorsqu'on fut sûr des généraux et d'une partie des Anciens, on se décida à agir. Les Anciens s'assemblèrent et rendirent un décret qui, sous prétexte d'un complot jacobin, transféra les Conseils à Saint-Cloud et chargea du commandement de toutes les troupes, le général Bonaparte. Moreau bloqua le Luxembourg, siége du Directoire qui fut désorganisé. Siéyès et Roger-Ducos donnèrent leur démission, Barras s'enfuit (18 brumaire. 9 nov. 1799.) Le lendemain, Bonaparte se présente à Saint-Cloud, au Conseil des Cinq-Cents qui était en proie à la plus vive agitation. Il est accueilli par un affreux tumulte et mis hors la loi. «Ils vous ont mis hors la loi, lui dit Siéyès, mettez-les hors la salle! » Un bataillon de grenadiers entre tambours battants et chasse les députés. La salle évacuée, une trentaine de députés complices, votent un décret qui supprime le Directoire, proroge les Conseils au 1er ventose et nomme consuls provisoires Bonaparte, Siéyès et Roger-Ducos.

La France séduite par la Constituante, livrée par la Législative à la Convention, c'est-à-dire à la Montagne et à la Commune. puis passant de la Convention aux mains du gouvernement à la fois tyrannique et impuissant du Directoire, était lasse d'excès et avide d'ordre. Elle se remettait à la discrétion d'un homme. Cet homme, qui avait reçu en partage les dons les plus rares, eut pu donner un grand exemple de respect envers la légalité, attendre que le pouvoir vint à lui et n'en user que pour sauver la patrie encore une fois menacée, rasseoir la société sur sa base, reconstituer l'état. Washington a eu cette gloire incomparable et unique. Bonaparte se saisit violemment du pouvoir et, dans ce qu'il entreprit songea plus à sa propre grandeur qu'au bien durable de la France.

CHAPITRE VI

PREMIÈRE COALITION DE L'EUROPE CONTRE LA FRANCE

(1792 — 1797.)

EXPÉDITION D'ÉGYPTE

(1796 — 1799.)

PRÉCIS DES FAITS

LA PREMIÈRE COALITION DE L'EUROPE CONTRE LA FRANCE EST D'ABORD PARTIELLE. Elle est formée de la Prusse, de l'Autriche et du Piémont (1792-1793). La *conférence de Mantoue* (20 mai 1791), la *déclaration de Pilnitz* (27 août 1791), le *manifeste du duc de Brunswick* (25 juill. 1792) en sont les préludes. Dumouriez répare nos premiers revers et arrête l'invasion des Prussiens par la victoire de VALMY (20 sept. 1792). Il prend l'offensive et conquiert la Belgique par la victoire de JEMMAPES (9 nov. 1792).

LA COALITION DEVIENT GÉNÉRALE APRÈS LA MORT DE LOUIS XVI, 1793. La Convention, aux prises avec les armées de l'Europe et les insurgés de l'intérieur, essuie partout des revers (février-septembre 1793). Nos armées repassent la frontière. Mayence est repris par l'ennemi qui s'empare de Valenciennes et de Condé ; l'insurrection fédéraliste d'une partie de la France et l'insurrection royaliste de la Vendée tiennent en échec les volontaires de la Convention. — Les armées de la Convention reprennent l'avantage sous la direction de Carnot, dans le nord, par les victoires d'HONDSCHOOTE, de WATTIGNIES, de FLEURUS ; à l'est, par celle des LIGNES DE WISSEMBOURG ; aux Alpes, par celles de SAORGIO et de LOANO; aux Pyrénées, par celle du BOULOU. A l'intérieur, elles triomphent de la Vendée et des villes insurgées. — Les *traités de Bâle et de La Haye* (mai, juillet 1795) assurent à la France la rive gauche du *Rhin*.

LA COALITION REDEVIENT PARTIELLE ; 1795-1797. Elle n'est plus formée que de l'Autriche et du Piémont, alliés de l'Angleterre. La France prend l'offensive en Allemagne et en Italie. — *En Allemagne*, Moreau, découvert sur sa gauche par la défaite de Jourdan à Wurtzbourg, ne peut que s'illustrer par une admirable retraite. — *En Italie*, Bonaparte

attire à lui et détruit successivement toutes les armées de l'Autriche.
— *Des Alpes-Maritimes au Mincio,* il remporte les victoires de MONTE-
NOTTE, DEGO, MILLESIMO, MONDOVI, LODI (avril-juin 1796). *Établi sur le
Mincio et l'Adige,* il est vainqueur à LONATO, à CASTIGLIONE, à ARCOLE,
à RIVOLI, et s'empare de Mantoue (juillet 1796, février 1797). — *De
l'Adige aux Alpes et des Alpes en Autriche,* Bonaparte culbute la der-
nière armée impériale sur LA PIAVE, LE TAGLIAMENTO, L'ISONZO, AU COL
DE TARVIS et A NEUMARK (février-avril 1797). Il s'arrête au Semmering
et signe *les préliminaires de Léoben* que ratifie le *traité de Campo-
Formio* (oct. 1797).

EXPÉDITION D'ÉGYPTE. Bonaparte, vainqueur de la première coalition, conduit une expédition en Égypte pour menacer les Indes anglaises. Il s'empare de Malte, enlève Alexandrie et est vainqueur aux
PYRAMIDES, tandis que Nelson détruit la flotte française à ABOUKIR. Il
organise sa conquête et passe d'Égypte en Syrie pour aller au devant
de l'armée turque qu'il défait au MONT-THABOR. Contraint à la retraite
par la résistance de Saint-Jean-d'Acre, il revient battre sur la plage
d'ABOUKIR une autre armée Turque et s'embarque pour la France en
laissant à Kléber le commandement de l'armée (1797-1799).

**Coup d'œil sur l'histoire militaire de 1792 à
1815.** — Les événements de la guerre ont eu une si grande
influence sur les événements de l'histoire intérieure que nous
avons dû les indiquer rapidement à leur date, mais il nous a
semblé utile d'en présenter la suite pour les faire mieux comprendre.

Dans cette longue guerre qui dura, presque sans interruption,
de 1792 jusqu'en 1815, la France lutte avec gloire contre six
coalitions de l'Europe. Cinq fois victorieuse elle imposera à ses
ennemis les traités de Campio-Formio (1797), de Lunéville et
d'Amiens (1801-1802), de Presbourg (1805), de Tilsit (1807), de
Vienne (1809). Vaincue dans une dernière lutte, elle subira les
traités de Paris (1814-1815) [1].

**La première coalition ; elle est d'abord par
tielle et formée de la Prusse, de l'Autriche et**

---

1. V. l'*Atlas militaire* de M. Gustave Hubault, accompagné de
cadres ou *tableaux* des guerres de la République et de l'Empire (1792-
1815), et d'une étude comparée des six coalitions de l'Europe contre
la France. (Belin éditeur.)

du Piémont. 1792-1793. Valmy; Jemmapes.
— La guerre de la première coalition comprend tous les événements militaires qui se sont accomplis sous la Législative, sous la Convention et pendant la première période du Directoire. Cette coalition est d'abord partielle : elle est formée de la Prusse, de l'Autriche et du Piémont (1792). Elle devient générale après la mort de Louis XVI (1793). Elle est réduite aux forces de l'Angleterre, de l'Autriche et du Piémont après les traités de Bâle (1795), et prend fin au traité de Campo-Formio (1797).

Déjà au temps de la Constituante, l'Autriche et la Prusse avaient préludé aux opérations offensives contre la France par *la Conférence de Mantoue*, entre Léopold II d'Autriche et le comte d'Artois (20 mai 1791), et par la *Déclaration de Pilnitz*, dans laquelle Léopold II et Frédéric-Guillaume II s'étaient engagés à mettre leurs troupes en état d'agir (27 août 1791).

La guerre commença en avril 1792 et ses débuts furent malheureux pour la France. L'armée autrichienne remporta deux légers avantages à Quiévrain[1] et à Tournai sur les corps de Dillon et de Biron. Une armée prussienne s'achemina sur nos frontières, et le prince de Brunswick, qui la commandait, lança un insolent *manifeste*, où il menaçait du supplice des rebelles tous les Français qui ne poseraient pas les armes, et Paris d'une subversion totale (25 juil. 1792). Brunswick franchit la frontière le 11 août, occupa Sierk[2], prit Longwy[3] et Verdun[4], et força la ligne de l'Argonne[5] par le défilé de la Croix-au-Bois (13 sept. 1792).

Le manifeste du duc de Brunswick avait servi de prétexte à la journée du 10 août; la nouvelle de la prise de Verdun avait été le signal des massacres du 2 septembre; mais ces lâches atrocités n'eussent point sauvé la France. Le salut vint de

---

1. Quiévrain, à 20 kil. O. S. O. de Mons (Hainaut).
2. Sierk, sur la Moselle, 16 kil N.-E. de Thionville.
3. Longwy, sur le Chiers, affluent de la Meuse.
4. Verdun, sur la Meuse.
5. L'Argonne occidentale est une chaîne de collines qui sépare le bassin de la Meuse du bassin de la Seine.

Dumouriez qui avait remplacé Lafayette. De Sedan, sur la Meuse, où il était, il ne craignit point de faire à peu de distance de l'ennemi une longue marche de flanc, le long des Ardennes et de l'Argonne, dont il avait voulu fermer les débouchés. *Ce seront*, avait-il dit, *les Thermopyles de la France*. Quand l'ennemi les eut forcés, il ne se laissa pas déconcerter. Il ramena à lui son armée, l'établit solidement à *Valmy*, près de Sainte-Ménéhould [1], sur la ligne même d'opérations des Prussiens, et attendit l'attaque. La journée de Valmy (20 sept. 1792), qui est la première de cent victoires, est peut-être l'exemple le plus frappant de cette vérité, qu'à la guerre *l'effet moral est tout*. Après une canonnade inoffensive, l'une des plus vieilles armées de l'Europe s'arrêta devant la contenance héroïque des soldats de Dumouriez. On comprit que si les désordres et les crimes de la Révolution pouvaient inspirer l'horreur, le terrible élan d'énergie qui entraînait nos soldats aux frontières était digne d'admiration et de respect [2].

Pendant les premiers mois de la Convention d'octobre 1792 jusqu'au 21 janvier 1793, nos armées prirent l'offensive. Au Nord, Dumouriez avec l'armée de Belgique battit les Autrichiens à *Jemmapes* [3] (9 nov. 1792), et entra à Bruxelles. Ses lieutenants prirent Namur et Anvers. Il avait en une heureuse campagne rejeté les Autrichiens derrière la Roër (affl. de la Meuse),

1. Sainte-Menehould, sur l'Aisne.

2. Il ne faut pas croire que Dumouriez n'eût à opposer aux Prussiens qu'une armée de volontaires. Une publication récente ; a rétabli sur ce point la vérité historique. « Ce fut à l'exemplaire fermeté des bataillons de ligne que les premiers volontaires de 1791 durent l'honneur qu'ils acquirent, le 20 septembre, sous la canonnade de Valmy. Ce sera à l'exemple des troupes de ligne et à la rude sévérité de leur général, que les volontaires de Jemmapes devront leur part dans l'honneur de cette seconde journée. Il est vrai que Dumouriez ne pardonnait pas au désordre. Il avait menacé des dernières peines les fédérés de Paris, s'ils ne se rangeaient point à une discipline exacte, et il écrivait : « Je leur tiendrai parole et ne les raterai pas ; si je ne prenais ce parti ils ruineraient mon armée et finiraient par me pendre, ce que je ne suis point du tout d'humeur à endurer. » C. Rousset *Les volontaires de 1791 à 1794.* « Ainsi les principes de la révolution vinrent en aide au succès de ses armes, mais ce fut en transformant des armées existantes, non en improvisant, par une vertu créatrice que personne ne possède, des armées qui n'existaient pas. » Albert de Broglie.

3. Jemmapes, près de Mons en Belgique, au confluent de la Haisne affluent de l'Escaut et de la Trouille

et s'était rendu maître de la Meuse et de l'Escaut. — Sur le Rhin, du 30 septembre au 28 octobre 1792, Custine avait pris Spire, Worms, Mayence et Francfort. — Aux Alpes, Montesquiou avait conquis la Savoie, et son lieutenant Anselme s'était emparé de Nice.

La coalition devient générale 1793. Période de revers (janvier à septembre 1793). — Mais, après cette courte période d'offensive victorieuse contre la Prusse, l'Autriche et le Piémont, la Convention devait traverser une période de revers. L'arrêt de mort de Louis XVI avait soulevé l'Europe. L'Angleterre, l'Espagne, le Portugal, Naples, la Hollande, la Russie entrèrent dans la coalition et la rendirent générale. En même temps la guerre civile commença dans la Vendée. Pour faire face à de si grands dangers, la Convention décréta l'appel de trois cent mille volontaires; on ne tarda pas, il est vrai, à reconnaître la mauvaise qualité de ces nouvelles troupes, et des officiers élus par elles. La désertion en réduisit bientôt le nombre. Les fréquentes paniques, l'indiscipline [1], le pillage, c'est toute l'histoire de ceux qui ne désertèrent pas. Les troupes qui, à la fin de 1793, rétablirent partout l'honneur de nos armes et vainquirent la coalition sur tous les champs de bataille, furent celles de la levée en masse, servant non plus en bataillons de volontaires, mais, comme on disait, *amalgamées* avec les troupes de ligne, fondues dans les régiments où elles trouvèrent de bons cadres et une discipline exacte. Il n'y a donc pas lieu de s'étonner des revers de la Convention, du mois de février au mois de septembre 1793.

Dumouriez lui-même vit ses desseins trahis par le peu de solidité de ses volontaires. Il avait envahi la Hollande, lorsqu'une attaque subite des Autrichiens sur la Roër le rap-

---

1. « Les volontaires ne veulent s'assujettir à aucune discipline.... Ils vendent leurs souliers, leurs habits, leurs fusils. Leurs sacs sont tellement pleins d'objets volés qu'ils ne peuvent plus les porter. » Carnot à la Convention et au Comité de salut public, 29 avril, 1er juin 1793. — « Ces nouvelles troupes étaient démoralisées par les émissaires du club des Cordeliers qui se faisaient gloire *de travailler fortement le soldat,* de le mettre en défiance contre les généraux et de l'initier aux vrais principes républicains, aux principes de Marat et d'Hébert par la lecture du *Père Duchêne* et du *Journal de la Montagne.* » C. Rousset. *Les volontaires* de 1791 à 1794.

pela en Belgique. Le 18 mars, à *Nerwinde*[1], il livrait et perdait, par la faute de sa gauche, pour la plus grande partie composée de volontaires, une bataille décisive. C'est après cette journée, que rassemblant toutes ses troupes sur la frontière française, il se préparait à marcher sur Paris pour chasser la Convention, rétablir la Constitution de 1791, et donner le trône à la maison d'Orléans. Mais, abandonné par ses soldats, sommé de se justifier par les commissaires de la Convention, il fut obligé de chercher un refuge dans le camp de l'ennemi (2 avril 1793.)

Tandis que les débris de l'armée du Nord se retiraient derrière la Scarpe (affl. de l'Escaut), poursuivis par l'ennemi qui s'emparait de Valenciennes et de Condé, Beauharnais, sur le Rhin, rendait Mayence aux Prussiens (1er juillet). Landau était bloquée et l'armée de l'Est se repliait derrière la Zorn et la Sarre. Aux Pyrénées, le Roussillon était envahi et Belle-Garde emportée. Nos côtes étaient bloquées par les Anglais, qui nous avaient pris Tabago aux Antilles et Pondichéry dans l'Inde.

Insurrections à l'intérieur et guerre de Vendée. — Le péril n'était pas moins grand au dedans. Victorieuse de ses adversaires dans la Convention, maîtresse de Paris, la Montagne avait contre elle soixante départements en armes. La Vendée, le Poitou, l'Anjou, la Bretagne, étaient soulevés pour venger la mort du roi et défendre leurs prêtres ; Bordeaux et Caen s'étaient déclarés pour la Gironde ; Lyon pour la Gironde et pour le roi. Mais il n'y avait pas d'accord entre toutes ces insurrections. Wimpfen et Puisaye, chefs de l'armée fédéraliste, ayant été battus à Vernon[2] (14 juil. 1793), le Nord fut promptement soumis. Bordeaux ne résista pas davantage. Marseille fut occupée, après la défaite d'un corps royaliste, par le général Cartaux. Toulon, il est vrai, se donnait aux Anglais en haine des Jacobins et Lyon bravait toutes les colères de Paris.

Mais c'était dans la Vendée que la Révolution avait ses plus énergiques ennemis. « Entre les deux grandes routes qui conduisent, l'une de Tours à Poitiers, et l'autre de Nantes à la

1. Nerwinde, près de la petite *Geete*, affl. de la Demer, qui se jette dans l'Escaut. Brabant.
2. Vernon, sur la Seine (dépt de l'Eure).

Rochelle, s'étend un espace de trente lieues de largeur, où il n'y avait alors que des chemins de traverse, aboutissant à des villages et à des hameaux. Au centre de ce pays, le département de la Vendée, foyer de l'insurrection, devait opposer aux armées conventionnelles les frontières de son *marais*, les haies touffues, les fossés profonds, les chemins tortueux de son *bocage*. Toutes les terres y étaient divisées en une multitude de petites métairies de cinq à six cent francs de revenus, confiées chacune à une seule famille, qui partageait avec le maître de la terre le produit des bestiaux. Par cette division du fermage, les seigneurs avaient à traiter avec chaque famille, et entretenaient avec toutes des rapports continuels et faciles. La vie la plus simple régnait dans les châteaux : on s'y livrait à la chasse à cause de l'abondance du gibier ; les seigneurs et les paysans la faisaient en commun, et tous étaient célèbres par leur adresse et leur vigueur. Les prêtres, d'une grande pureté de mœurs, y exerçaient un ministère tout paternel [1]. » Aussi, lorsque la Révolution atteignit ce pays, elle y causa un trouble profond. On n'y espéra rien de bon du désordre auquel toute la France était en proie. On faillit assommer Gallois et Gensonné qui vinrent prêcher la haine et la révolte au nom de la liberté et de la fraternité. Si le paysan était hostile à la Révolution, quels devaient être les sentiments des nobles ? Nombre d'entre eux, Charette, Marigny, Lescure, La Roche-jaquelein avaient assisté avec indignation aux massacres des Tuileries, le 10 août. Ils devaient être les chefs du mouvement qui souleva toute la région de l'Ouest, et dont le voiturier Cathelineau et le garde-chasse Stofflet donnèrent le signal. D'Elbée et Bonchamps commandèrent avec eux la *grande armée royale et catholique*.

La Convention n'opposa d'abord aux Vendéens que des volontaires, et ceux-ci ne tinrent pas mieux devant les *brigands*, comme ils disaient, que devant nos ennemis du dehors [2].

---

1. Thiers. *Histoire de la Révolution.*

2. « Nous le disons avec douleur, ces gardes nationales ont donné les preuves de la plus insigne lâcheté. Nous en avons vu 4,000, placés dans un poste excellent et chargés de couvrir la ville d'Angers, fuir à toutes jambes sur la seule nouvelle de l'arrivée des brigands. Un nombre plus considérable avait été mis quelques jours auparavant en

Elle n'envoya pour les commander que des généraux *sansculottes*, Rossignol, Westermann, Santerre, dont l'impéritie fut digne de la lâcheté des volontaires. Aussi les Vendéens furent-ils vainqueurs dès le début à Cholet [1] dont ils s'emparèrent, puis à Saint-Florent [2]. Quand ils se furent organisés en armée d'Anjou sous Bonchamps, en grande armée de la Loire sous d'Elbée, en armée du Marais sous Charette, ils obtinrent de nouveaux avantages. Après la victoire de Beaupréau [3] (avril 93), ils s'emparèrent de Bressuire, d'Argenton, de Thouars, de Fontenay, de Châtillon (dans le département des Deux-Sèvres) et de Saumur sur la Loire.

Les armées de la Convention reprennent partout l'avantage. Carnot a organisé la victoire. Hondschoote, Wattignies, Fleurus; lignes de Wissembourg; Saorgio, Loano, le Boulou (sept. 1793-1795). — C'est en septembre 1793 que commence une nouvelle période, celle de nos victoires sur l'Europe coalisée. La Convention avait enfin reconnu que l'indiscipline des volontaires avait été la principale cause de nos défaites. Elle décréta l'*embrigadement* des volontaires, c'est-à-dire leur incorporation dans les demi-brigades (nom qui avait remplacé celui de régiments) où ils furent régulièrement instruits et soumis à une discipline exacte [4]. Le 23 août, elle décréta la *levée en masse*.

En même temps le génie d'un homme suppléait à ce qui

déroute par deux coups de canon ; trente des révoltés ont bientôt après battu neuf cents hommes bien armés. L'armée de Vihiers, composée d'au moins 7,000 hommes, s'est débandée au bruit de quelques coups de fusil Ce qui nous afflige bien plus encore, c'est que ces hommes qui se battent si mal se livrent aux plus épouvantables désordres. » Rapport des représentants Chondieu et Richard au comité de salut public, 21 avril 1793, cité par C. Rousset.

1 Cholet, au sud du dép[t] de Maine-et-Loire.

2. Saint-Florent-sur-Loire (dép[t] de Maine-et-Loire).

3. Beaupréau (dép[t] de Maine-et-Loire).

4. Dès le 10 juin 1793, un décret avait autorisé les généraux à effectuer l'*embrigadement,* mais le décret ne fut point exécuté. Un nouveau décret du 12 août 1793, prescrivit de nouveau l'*embrigadement* et en détermina le mode uniforme. L'application en fut générale après le décret du 19 ventôse an II (8 janvier 1794). Les demi-brigades ne reprirent qu'en septembre 1803 le vieux nom de *régiments.*

nous manquait. Carnot, officier du génie, entra dans le Comité de salut public et organisa quatorze armées. Il comprit qu'il fallait opposer aux généraux allemands, habiles tacticiens, un nouveau système de guerre en rapport avec les nécessités de la situation et le caractère des troupes françaises. Porter des forces supérieures sur un point décisif et tomber tête baissée et en masse sur les lignes ennemies, tel fut le plan qu'il adopta ; il sut découvrir les hommes capables de le comprendre et de l'exécuter, même dans les rangs obscurs de l'armée ; grâce à lui et aux efforts laborieux de Robert Lindet et de Prieur de la Côte-d'Or, malgré la misère des temps, les munitions et les subsistances furent désormais assurées. Selon le mot de Napoléon, Carnot organisa la victoire.

Les succès ne se firent pas attendre. *Dans le Nord*, Houchard gagna, sur les Hessois, la bataille d'HONDSCHOOTE [1], qui délivra Dunkerque (septembre 1793); puis, sur les Hollandais, le combat de Menin [2]. Une panique, qui s'empara de ses troupes, le força de rétrograder jusqu'à Lille, et livra le malheureux général à l'échafaud. Mais Jourdan, son successeur, battit le prince de Cobourg sur le plateau de WATTIGNIES et délivra Maubeuge (sur la Sambre); (octobre). La frontière du Nord était dégagée. Les alliés ne conservaient que Condé, Valenciennes (sur l'Escaut) et le Quesnoy (entre l'Escaut et la Sambre).

A l'Est, les armées du Rhin et de la Moselle, commandées par Hoche et Pichegru, battirent les Autrichiens de Wurmser dans les LIGNES DE WISSEMBOURG [3], délivrèrent Landau (sur la Queich, aff. du Rhin) (déc. 1793) et forcèrent l'ennemi d'évacuer l'Alsace.

L'invasion était repoussée. Une offensive heureuse porta nos armées jusqu'aux Alpes et au Rhin.

Dans les Pays-Bas, Moreau, qui formait la gauche de Pichegru, battit les Autrichiens à MOUSCRON [4], à COURTRAY (sur

---

1. Hondschoote, à 20 kil. S.-E de Dunkerque (dép' du Nord).
2 Menin, sur la Lys, en Belgique.
3. Les lignes de Wissembourg longent le cours de la Lauter jusqu'au Rhin.
4. Mouscron, en Belgique, à 10 kil. S. de Courtray.

la Lys) et à TOURCOING (avril, mai 1794) ; et Pichegru, après un combat indécis à Pont à-Chin (sur l'Escaut) les défit deux fois sur le PLATEAU D'HOOGLÈDE (juin) [1]. Enfin Jourdan, qui commandait la droite de l'armée du Nord, remporta la grande victoire de FLEURUS (26 juin 1794) [2]. Cette journée détermina la retraite confuse des Autrichiens ainsi que celle des auxiliaires anglais et la seconde occupation de la Belgique. A l'automne, de nouvelles victoires sur L'OURTHE (aff. de droite de la Meuse) et à ALDENHOVEN [3] déterminèrent la retraite des armées allemande et anglaise, et ouvrirent le chemin de la Hollande à Pichegru qui poussa jusqu'à Amsterdam (janvier 1795). Tout le pays était conquis. La flotte hollandaise, engagée dans les glaces, au mouillage du Texel (à l'entrée du Zuyderzée), se rendit à quelques escadrons de cavalerie. Les États-Généraux abolirent le Stathoudérat et constituèrent la *république batave*.

Sur le Rhin, les armées de la République chassèrent les Prussiens de la rive gauche et investirent Luxembourg et Mayence, les seules places de cette rive encore au pouvoir des alliés.

Aux Alpes, l'armée française victorieuse à SAORGIO et à LOANO [4], occupait la crête des Alpes et la rivière de Gènes.

Aux Pyrénées, nous prenions l'offensive aux deux extrémités de la chaîne : aux Pyrénées Orientales, Dugommier, vainqueur AU BOULOU (sur le Tech), chassait les Espagnols de France et pénétrait en Espagne où Pérignon et Augereau prenaient Figuières (au débouché du col de Pertus) ; aux Pyrénées Occidentales , Moncey franchissait la Bidassoa et occupait le Guipuzcoa après avoir pris Fontarabie, Saint-Sébastien, Tolosa [5].

---

1. Plateau d'Hooglède, en Belgique, 22 kil. N. d'Ypres, entre l'Yser et la Lys.

2 Fleurus, en Belgique, entre la *Sambre* et les collines de Belgique Ce village est célèbre par trois victoires françaises : celle de Luxembourg sur les Impériaux en 1690, celle de Jourdan sur les Autrichiens en 1794, celle de Napoléon sur les Prussiens en 1815.

3. Aldenhoven, Prusse rhénane, non loin de la Roër, affluent de droite de la Meuse.

4 Saorgio, sur la Roya, au débouché du col de Tende ; Loano, petit port sur la rivière de Gènes.

5. Le Guipuzcoa, une des trois provinces basques. Saint-Sébastien,

Sur mer, l'Angleterre avait recouvré la suprématie que les flottes de Louis XVI lui avaient si glorieusement disputée. Elle s'était emparée des Antilles françaises, de Pondichéry, de la Corse. L'amiral Howe gagnait une bataille sur notre flotte désorganisée, mais nous ne succombions pas sans gloire. Au milieu de cette lutte acharnée du 1er juin 1794 (13 prairial) le vaisseau *le Vengeur*, démâté, à moitié détruit et près de couler, refusa d'amener son pavillon. Après avoir lâché sa dernière bordée à l'ennemi, l'équipage décimé monta sur le pont et s'abîma au cri mille fois répété de : *Vive la République !*

Au dedans, la Convention avait triomphé de toutes les résistances. En Vendée, Kléber et Marceau avec les *Mayençais* [1] avaient battu Lescure à Châtillon, à Cholet, à Beaupréau; Bonchamps et d'Elbée, au Mans et à Savenay [2]. Dans les autres provinces, les villes insurgées avaient été réduites. Lyon avait été repris après 70 jours de siége. Des armées révolutionnaires traînant la guillotine après elles avaient soumis Marseille et Caen. Enfin Toulon avait été enlevée aux Anglais. Un jeune officier d'artillerie, Bonaparte, avait déterminé sa chute par la prise du fort le *Petit-Gibraltar* qui commandait la rade.

Ainsi la Convention l'emportait sur tous ses ennemis. La Hollande, la Prusse, l'Espagne se retirèrent de la coalition. *Au traité de la Haye* (mai 1795), la Hollande nous céda la Flandre hollandaise, Maëstricht, Venloo, la libre navigation de la Meuse, de l'Escaut et du Rhin. *Au traité de Bâle* (avril 1795), la Prusse nous abandonna toutes les provinces de la rive gauche du Rhin. Enfin, par un autre traité signé *à Bâle* (juillet 1795), l'Espagne reconnaissait la République française et lui cédait la partie espagnole de Saint-Domingue.

La coalition redevient partielle; la France prend l'offensive en Allemagne et en Italie. — Mais si la coalition générale était brisée, la lutte n'avait pas

port situé au fond du golfe de Biscaye, en est la capitale. — Fontarabie, petit port à l'embouchure de la Bidassoa, rive gauche. — Tolosa ; au sud de Saint-Sébastien.

1. Les *Mayençais* étaient les soldats sortis de Mayence après la capitulation et qui ne pouvaient plus servir contre l'étranger.

2. Savenay, dans le dép' de la Loire-Inférieure.

pris fin. L'Angleterre, l'Autriche, le Piémont, la Russie, libre d'agir après avoir pour la seconde fois démembré la malheureuse Pologne, continuèrent leurs armements. Pitt, qui voyait l'Angleterre gagner à la guerre, malgré d'énormes dépenses, par l'extension de ses colonies, de son commerce et de sa marine, promit à l'Autriche de larges subsides pour un nouvel effort.

C'était donc à l'Autriche que Carnot devait porter les derniers coups. Il résolut de prendre une vigoureuse offensive et de l'attaquer à la fois en Allemagne et en Italie. Nos armées devaient descendre le cours du Danube et du Pô, se donner la main à travers les Alpes et se réunir pour marcher sur Vienne. Mais on avait commis la faute de séparer en deux armées, sous Jourdan et sous Moreau, les forces françaises en Allemagne. Cette division eût compromis le succès de la campagne si Bonaparte, général en chef de l'armée d'Italie, n'eût attiré à lui et vaincu, les unes après les autres, toutes les armées de l'Autriche.

Opérations en Allemagne en 1796 et en 1797. — Dans la campagne de 1796, Jourdan, à la tête de l'armée du Mayn, prend Mayence (sur le Rhin), Francfort et Wurtzbourg (sur le Mayn), Bamberg (sur la Regnitz, affl. du Mayn) et franchit le Jura franconien. Il demeure sur la rive gauche du Danube au lieu de se joindre à Moreau qui opère sur la rive droite du Danube. Trop faible pour résister aux forces de l'archiduc Charles qui le bat à Wurtzbourg, il est ramené sur le Rhin qu'il est obligé de repasser à Dusseldorf (3 sept. 1796).

Moreau, général en chef de l'armée du Danube, avait débouché en Allemagne par le pont de Kehl, et après avoir battu l'archiduc Charles à Rastadt (sur la Murg, affl. du Rhin) et à Neresheim [1], l'avait rejeté sur la rive droite du Danube. Mais découvert sur sa gauche par la défaite de Jourdan, il avait été contraint de rétrograder à son tour et de repasser le Rhin sur les ponts de Brisach et d'Huningue (oct. 1796). Dans cette retraite, qui est un de ses plus beaux titres de gloire, il avait encore su battre l'ennemi à Biberach [2].

---

1. Neresheim, sur l'Egge, affluent de gauche du Danube et sur la route d'Ulm à Nordlingen.
2 Biberach, sur la Riss, affluent de droite du Danube et sur la route d'Ulm à Stokach.

En 1797, Hoche (qui avait remplacé Jourdan) et Moreau avaient à peine franchi le Rhin qu'ils furent arrêtés par la nouvelle de la paix dont Bonaparte avait signé les préliminaires à Léoben.

Campagnes d'Italie en 1796 et 1797. Le général Bonaparte. 1° Des Alpes-Maritimes au Mincio (avril, juin 1796). **Montenotte; Dégo; Millésimo; Mondovi; Lodi.** — Bonaparte, en effet, avait attiré à lui en Italie et détruit successivement toutes les forces de la coalition.

Dès le début de la campagne, il sépara et battit les armées piémontaise et autrichienne. Il perça l'armée autrichienne commandée par Beaulieu et l'armée piémontaise commandée par Colli au COL DE MONTENOTTE [1], et après les avoir séparées il battit les Autrichiens à DÉGO (sur la Bormida orientale, aff. du Tanaro) et les Piémontais à MILLÉSIMO (sur la Bormida occidentale) et à MONDOVI [2] (15-22 avril 1796). Il marchait sur Turin quand le Piémont conclut avec lui l'armistice de *Cherasco* [3], qui consacrait la cession à la France de Nice et de la Savoie et nous livrait les places de Coni (sur la Stura, affl. du Tanaro), de Tortone (sur la Scrivia, affl. du Pô) et d'Alexandrie [4] (28 avril). Délivré de ce premier ennemi, Bonaparte se jeta à la poursuite du général autrichien, Beaulieu, le talonna à LODI sur l'Adda, à BORGHETTO sur le Mincio et le rejeta dans le Tyrol.

2° Entre Mincio et Adige (juillet 1796, février 1797). **Lonato; Castiglione; Arcole; Rivoli.** — Bonaparte, qui a marché avec une rapidité foudroyante des Alpes au Mincio, s'arrête dans l'étroit espace compris entre cette rivière et l'Adige. C'est là qu'est le nœud de la campagne et le théâtre

---

1. Col de Montenotte, dans les Apennins, à l'est du col de Savone.

2. Mondovi, sur l'Elero, affluent du Tanaro, qui est lui-même un affluent du Pô et sur la route de Céva à Coni.

3. Cherasco, sur le Tanaro.

4. Alexandrie, sur la rive droite du Tanaro, est défendue par une forte citadelle. C'est la plus importante place de l'Italie par sa position stratégique, au centre de toutes les routes du bassin supérieur du Pô. Elle relie entre elles les forteresses de Turin, de Milan et de Mantoue.

des efforts décisifs. Il y triomphera de toutes les armées de l'Autriche.

Il occupe Peschiera (sur le Mincio), Vérone et Legnago (sur l'Adige) et assiège Mantoue [1]. Mais l'Autriche dirige contre lui une nouvelle armée qui débouche par le Tyrol. Bonaparte repousse le premier retour offensif de l'ennemi. Il lève, sans hésiter, le siège de Mantoue prête à se rendre, se porte à l'ouest du lac de Garde, y bat Quasdanowitch, lieutenant de Wurmser, à LONATO, et revient au plus vite, vaincre Wurmser lui-même, à CASTIGLIONE [2] (3-5 août 1796). Il le rejette dans le Tyrol, et l'atteint à ROVEREDO et à CALLIANO. Il le poursuit, dans un mouvement tournant, par les gorges de la Brenta, le bat à PRIMOLANO et à BASSANO, et, s'il ne peut lui fermer le chemin de Mantoue, remporte sur lui un dernier avantage au FAUBOURG SAINT-GEORGES, sous les murs de la place.

Bonaparte ne fut pas moins heureux contre un second retour offensif des Autrichiens, commandés par Alvinzi. Cette fois, il avait à faire face à deux armées qui le menaçaient en même temps par le Tyrol et par le Frioul. Il force à la retraite Alvinzi, venu du Frioul, par les combats livrés à ARCOLE [3], tandis que Vaubois défend contre Davidovitch, les débouchés du Tyrol (15-17 novembre 1796). Puis, il vole au secours de son lieutenant et arrête, sur le PLATEAU DE RIVOLI, (entre le lac de Garde et l'Adige), Alvinzi, le vaincu d'Arcole, qui a pris le commandement de l'armée du Tyrol, tandis qu'Augereau doit contenir dans la plaine, Provera, successeur d'Alvinzi dans le commandement de l'armée du Frioul. Bonaparte avait ainsi suppléé à l'infériorité du nombre, en choisissant des champs de bataille où l'ennemi n'avait pu déployer ses forces. Sur les chaussées des marais d'Arcole, comme sur l'étroit pla-

---

1. Mantoue, au milieu d'un lac formé par le Mincio. Elle communique avec les bords du lac par cinq digues que défendent cinq forteresses. Celles de la rive droite portent les noms de la Favorite et de Saint-Georges.

2 Lonato et Castiglione sont situées sur les pentes d'un rameau du Tonal, contrefort des Alpes du Tyrol. Ce contrefort, qui sert de ceinture au lac de Garde, du côté de l'ouest, forme les collines de Solferino et de Cavriana, avant de s'abaisser dans la plaine.

3 Arcole, au milieu de marais, sur l'Alpon, affluent de gauche de l'Adige.

5.

teau de Rivoli, l'avantage était resté aux meilleures troupes.

Vainqueur dans les montagnes, Bonaparte redescend dans la plaine et frappe un dernier coup sur l'armée de Provera, qui s'est avancée jusqu'à Mantoue ; tandis que Joubert, le même jour (16 janvier 1797), acccable à LA CORONA, (au nord de Rivoli), les débris d'Alvinzi. Wurmser rend Mantoue, le 2 février. Il n'y avait plus d'armée autrichienne en Italie.

Quelques jours suffirent à Bonaparte pour vaincre l'armée pontificale, sur le SENIO et à ANCONE (4-9 février). Par le *traité de Tolentino*, le Saint-Siège renonça à Avignon et au Comtat Venaissin, aux légations de Ferrare, de Bologne et à la Romagne ; il reçut garnison dans Ancône jusqu'à la paix générale et paya une contribution de guerre de 30 millions (19 février 1797).

3° De l'Adige aux Alpes et des Alpes à Vienne (février, avril 1797). **Combats sur la Piave, le Tagliamento, l'Isonzo, au Col de Tarvis et à Neumark.** — La péninsule soumise, Bonaparte put aller au devant de la dernière armée autrichienne, qui gardait le chemin de Vienne. Ses forces venaient d'être portées à 70,000 hommes, par l'arrivée de 20.000 hommes détachés du Rhin, sous les ordres de Bernadotte et de Delmas. Il les divise, ordonne à Joubert, resté sur le Lavis, affluent de l'Adige, de déboucher par le col de Toblach, dans la vallée de la Drave, à Masséna, d'aller occuper le col de Tarvis, dans les Alpes-Carniques, tandis qu'il pousse devant lui l'archiduc Charles, le meilleur général de l'Autriche, qui lui était enfin opposé. Il le bat SUR LA PIAVE, sur LE TAGLIAMENTO, sur L'ISONZO, au COL DE TARVIS, que ferme Masséna, rallie Joubert à Klagenfurth [1], bat encore l'archiduc à NEUMARK [2], et entre à Léoben (sur la Muhr), tandis que Masséna atteint avec l'avant garde, les hauteurs du Semmering, à vingt-cinq lieues de Vienne.

Les *préliminaires de Léoben* signés le 28 avril 1797, furent ratifiés au traité de CAMPO-FORMIO (octobre). L'empereur reconnut la République française et les Républiques cisalpine et

---

1. Klagenfurth, capitale de la Carinthie, près de la Drave.
2. Neumark, dans les Alpes de Carinthie route de Klagenfurth à Léoben.

ligurienne, instituées par Bonaparte. Il abandonna la rive gauche du Rhin, et s'engagea à indemniser les princes dépossédés. Il rendit la liberté à Lafayette, prisonnier à Olmütz. De son côté, la République céda à l'Autriche le territoire de Venise sur la terre ferme, l'Istrie, la Dalmatie, les îles et les côtes de l'Adriatique jusqu'aux bords du Cattaro, mais en détacha les îles Ioniennes et les parties vénitiennes de l'Albanie. Elle promit sa médiation pour lui faire obtenir Salzbourg et un district sur l'Inn. Un congrès devait se réunir à Radstadt, pour la conclusion de la paix avec l'Empire.

L'empereur de Russie, Paul III, avait traité avec le Directoire. L'Angleterre seule resta en armes.

Ainsi, en dix-huit mois, avec la moindre des armées de la République, Bonaparte avait tenu tête à quatre armées autrichiennes, livré douze batailles, plus de soixante combats, fait plus de cent mille prisonniers, conquis l'Italie du Nord, contraint les cours de l'Italie méridionale à reconnaître la République française, et assuré la paix sur le continent. Il avait nourri son armée, envoyé des millions au Directoire et aux armées du Rhin, et les chefs-d'œuvre des villes d'Italie à nos musées.

La France acclama le vainqueur d'Italie ; mais Bonaparte, mécontent du Directoire, impuissant et divisé, pensa, comme au temps de Robespierre, qu'il n'y avait encore de place honorable, pour lui, qu'à l'armée.

Expédition d'Égypte (1797-1799). — Nommé au commandement d'une expédition contre l'Angleterre, qui n'avait point accédé à la paix du continent, il résolut de frapper, au loin, cette implacable ennemie de la France, en menaçant les Indes par la conquête de l'Égypte.

Il voulait faire de la Méditerranée un lac français ; déjà les îles ioniennes, autrefois possession de Venise, nous avaient été cédées par le traité de Campo-Formio ; Malte, qu'on pouvait prendre en passant, Alexandrie, le grand port de l'Égypte, devaient assurer notre prépondérance sur cette mer.

Il part de Toulon, le 19 mai 1798, avec une flotte montée par dix mille marins, que commandait Brueys, et trente-six mille hommes. Il emmenait avec lui Desaix, Kléber, Murat, Lannes,

Davoust, Junot, Marmont et les savants Monge, Berthollet, Conté et Denon. Il échappe à la croisière anglaise, commandée par le redoutable Nelson, prend Malte[1] en chemin et aborde à Aboukir, à quatre lieues d'Alexandrie, le 1er juillet. Nelson, qui cherchait la flotte française dans toute la Méditerranée, l'avait devancée, sans la voir, et avait quitté, la veille, les parages de l'Égypte.

Prise d'Alexandrie. Bataille des Pyramides. Désastre d'Aboukir. — Bonaparte enlève Alexandrie par un coup de main, et se prépare à marcher sur le Caire.

L'Égypte est la vallée du Nil. Partout où l'inondation couvre le sol, la fertilité est incomparable. Le désert commence là où s'arrêtent les eaux fécondantes du fleuve. Le territoire cultivé n'a, dans la moyenne et la haute Égypte, qu'une largeur moyenne de vingt kilomètres ; il s'étend dans la basse Égypte, entre les deux bouches de Rosette et de Damiette, qui forment le Delta ou triangle du Nil, large de deux cent quarante kilomètres à sa base.

Ce riche pays, qui était sous la suzeraineté nominale du sultan de Constantinople, représenté, au Caire, par un pacha impuissant, appartenait véritablement à la milice des mamelucks, d'origine étrangère, qui opprimait la race des Fellahs arabes, cultivateurs du sol. Les Bédouins parcouraient le désert et pillaient les bords du Nil.

Évitant la faute de saint Louis qui, lors de la septième croisade, s'était engagé dans le Delta, et n'avait pu franchir les canaux qui le coupent, Bonaparte traverse le petit désert de Damanhour, gagne la rive gauche de la branche de Rosette à Chebreiss, la suit jusqu'AUX PYRAMIDES, qui s'élèvent sur les confins du désert, en face du Caire, et livre bataille, avec ses cinq carrés d'infanterie, à la terrible cavalerie des mameluks commandés par Mourad-Bey. Les mameluks se brisent contre nos baïonnettes et sont décimés par le feu convergent des car-

---

1. Malte appartenait, depuis 1530, à l'ordre religieux et militaire de Saint-Jean-de-Jérusalem. Cet ordre, fondé au temps de la première croisade, avait été chassé en 1522 par Soliman de l'île de Rhodes, où il s'était réfugié en 1310. Il avait continué sur mer, contre les infidèles, la lutte qu'il ne pouvait plus soutenir en Terre-Sainte.

rés (21 juillet 1798). Nous n'avions perdu que trois cents hommes; Mourad-Bey, fuyant vers la haute Égypte, laissait dix mille cavaliers sur le champ de bataille. Desaix, lancé à sa poursuite, l'atteignit et le battit encore à SEDIMAN [1].

Malheureusement, à quelques jours de là (1er août), Nelson surprenait notre flotte, qui s'était attardée sur la rade d'ABOUKIR, et la détruisait. L'armée d'Égypte était privée de toute communication avec la France. « Nous sortirons de ces déserts grands comme les anciens », dit Bonaparte en apprenant le désastre d'Aboukir ; et il organise sa conquête, avant de s'élancer en Syrie, d'où il voulait pénétrer aux Indes et changer la face de l'Orient.

Bonaparte organise sa conquête. — Après sa victoire aux Pyramides, il avait occupé le Caire [2], dont il avait rassuré les habitants en leur promettant de respecter leur culte, leurs mœurs et leurs biens. Réduit à ne compter que sur les ressources du pays, il employa les savants à chercher les meilleurs moyens de construire des moulins, de cultiver la vigne, de remplacer le houblon dans la fabrication de la bière, de faire de la poudre, des fusils, des canons, des draps, de clarifier et de rafraîchir les eaux du Nil. Ce fut le premier office de ce fameux Institut, qui devait aussi étudier l'histoire de l'Egypte à l'aide de ses monuments.

Il avait délivré les Arabes des mameluks, il voulut les débarrasser des incursions des Bédouins, qui fondaient à l'improviste sur les terres cultivées et se réfugiaient ensuite dans les profondeurs du désert. « Un jour, voyant passer une caravane, il l'arrêta un moment, fit monter sur un chameau deux fantassins avec leurs vivres et leurs cartouches, et, cela fait, s'écria : « Maintenant nous sommes maîtres du désert. » Le lendemain il créa le régiment des dromadaires, qui portait, à toute distance, avec la rapidité des Bédouins eux-mêmes, quelques centaines de fantassins éprouvés, et qui corrigea les tribus arabes de leur goût de pillage. Un coup-d'œil, jeté sur les choses, suffisait au génie organisateur de Bonaparte pour lui

1. Sediman, dans la moyenne Égypte sur le caral du Fayoum.
2. Le Caire, capitale de l'Egypte, sur la rive gauche du Nil, non loin de la pointe du Delta.

enseigner ce qu'il fallait faire, le faire promptement et sûrement. » (Thiers.)

Expédition de Syrie. Bataille d'Aboukir. Bonaparte s'embarque pour la France. — Après avoir pourvu à la défense de sa conquête et réprimé énergiquement une révolte du Caire, Bonaparte résolut de passer en Syrie pour frapper la Turquie, qui s'était déclarée contre nous, à l'instigation de l'Angleterre (1799). Il visita Suez, se dirigea ensuite vers la côte de la Méditerranée, prit successivement les villes de la côte, El-Arisch, Gaza, Jaffa, et investit Saint-Jean d'Acre. Une armée turque, qui vint au secours de la place fut écrasée au MONT-THABOR (16 avril 1799); mais Saint-Jean d'Acre, défendue par l'émigré français Phélippeaux et par le commodore anglais Sidney Smith, résista à tous les assauts. Il fallut évacuer les lignes du siége, renoncer au rêve d'un empire à fonder en Orient, et revenir défendre l'Égypte contre une autre armée turque qui se préparait à débarquer sur les côtes. La bataille se livra à ABOUKIR (25 juillet), sur cette plage témoin du désastre de notre flotte. Les retranchements de l'ennemi furent emportés, et notre cavalerie, ayant de l'eau jusqu'au poitrail des chevaux, poussa dans la mer des milliers de Turcs. Treize mille furent tués ou noyés.

Des négociations s'établirent entre l'armée française et l'escadre anglaise pour l'échange des prisonniers. Sidney Smith fit passer, à cette occasion, les journaux de France à Bonaparte, qui n'avait reçu qu'une seule dépêche du Directoire depuis plus de dix mois. Le général lut avidement les nouvelles d'Europe. Il y apprit la triste histoire de nos revers; l'Italie était perdue; la France menacée; le Directoire tombé dans le mépris public. Il jugea qu'il était temps de partir.

Il fit préparer secrètement deux frégates, laissa le commandement de l'armée à Kléber, et s'embarqua avec ses meilleurs officiers. Il échappa aux vaisseaux anglais et débarqua à Fréjus, sur les côtes de Provence (9 octobre 1799).

A un mois de là, le 9 novembre, il s'emparait du pouvoir par le coup d'État du 18 brumaire.

CHAPITRE VII

DEUXIÈME COALITION. — INSTITU-TIONS DU CONSULAT

(1799-1803.)

PRÉCIS DES FAITS

SECONDE COALITION. La deuxième coalition est provoquée par les entreprises du Directoire ; elle est formée de l'Angleterre, de la Russie, de l'Autriche et des princes d'Italie. nos armées sont vaincues en Allemagne et en Italie, mais Masséna est vainqueur à ZURICH (déc. 1798, — nov. 1799).

Bonaparte, de retour d'Égypte, prend, comme premier Consul, après le 18 brumaire, la direction générale de la guerre. Il laisse l'Allemagne à Moreau et se précipite en Italie par le Grand Saint-Bernard. Il est vainqueur à MARENGO. Moreau, qui s'est avancé lentement dans la vallée du Danube, est aussi vainqueur à HOHENLINDEN. Bonaparte signe la paix du continent à LUNÉVILLE et celle des mers à AMIENS (novemb. 1799, 25 mars 1802).

CONSTITUTION CONSULAIRE DE L'AN VIII (13 déc. 1799). La Constitution de l'an VIII rédigée par Siéyès, corrigée par Bonaparte, concentre le pouvoir exécutif dans la main du premier Consul, et remet le pouvoir législatif au Tribunat et au Corps législatif. Le Sénat veille au maintien de la nouvelle Constitution.

ORGANISATION DE L'ADMINISTRATION. Bonaparte crée l'Administration départementale et règle sur elle l'organisation de l'ordre judiciaire et celle des finances.

INSTITUTIONS DU CONSULAT. Bonaparte préside à la rédaction définitive du Code, soumet l'éducation nationale à l'État, et règle les relations de l'Église et de l'État par le Concordat. Il crée la Légion d'Honneur.

PRÉPONDÉRANCE DE LA FRANCE. Au-dehors Bonaparte, nommé consul à vie, recueille les fruits d'une paix glorieuse. Il envoie une expédition à Saint-Domingue. Il accroît le territoire français. Il est le médiateur de la Suisse et de l'Allemagne.

Deuxième coalition (1799-1802). Retour sur ses commencements. Masséna à Zurich. — Après avoir renversé le Directoire par le coup d'État de brumaire (9 novembre 1799), et établi à sa place le Consulat, Bonaparte, élu premier Consul pour dix ans, avait à vaincre la deuxième coalition au dehors et à organiser la France à l'intérieur.

Cette coalition avait été provoquée par les entreprises du Directoire, qui avait envahi Rome, la Suisse et Naples, pour y établir les républiques Romaine, Helvétique et Parthénopéenne, incorporé à la France Mulhouse et Genève, et occupé le Piémont. L'Angleterre n'avait pas eu de peine à entraîner dans une nouvelle guerre la Russie et l'Autriche (décembre 1798) ; les circonstances semblaient favorables : le Directoire était faible et divisé ; la meilleure armée et le plus grand général de la République étaient bloqués en Égypte par les flottes britanniques.

La France et les États rattachés à son système politique s'étaient trouvés menacés par 340,000 hommes. La République avait dû faire face sur une ligne immense qui s'étendait, du Zuiderzée, en Hollande, au détroit de Messine. La coalition avait dirigé son principal effort au centre sur le Rhin et sur l'Adige. Deux expéditions maritimes menaçaient en même temps les extrémités, la Hollande et Naples.

La France avait été malheureuse en Allemagne et en Italie. Jourdan, vaincu à STOKACK (entre le lac et les alpes de Constance), avait été rejeté sur la rive gauche du Rhin [1]. En Italie, Schérer avait été battu par Kray à MAGNANO (au sud de Vérone) ; il avait abandonné la ligne de l'Adige et celle de l'Adda. Moreau, son successeur, battu à CASSANO (sur l'Adda) par Souvarow, avait reculé jusqu'à Alexandrie. Macdonald, qui avait remplacé Championnet à la tête de l'armée de Naples, et traversé toute l'Italie péninsulaire pour se réunir à l'armée du Pô, avait été battu SUR LA TRÉBIE par Souvarow. Joubert, successeur de Moreau, avait rallié les débris de Macdonald ; mais, il

---

1. L'Empire entra dans la coalition, après la défaite de Jourdan. Les négociations de Radstadt, qui avaient eu pour objet la cession à la France de la rive gauche du Rhin et l'attribution d'indemnités sur la rive droite aux princes dépossédés, furent rompues; nos plénipotentiaires avaient à peine quitté Radstadt qu'ils fussent assaillis et massacrés par des hussards autrichiens.

avait été tué à Novi [1], où Souvarow nous avait encore vaincus
(avril 1799). L'Italie était perdue pour nous. Nous n'occupions
plus que Gênes et les pentes méridionales des Alpes maritimes.

La France avait été plus heureuse en Hollande et en Suisse.
Brune et Masséna y avaient défendu, avec succès, notre ligne
d'opérations. Brune avait battu, à BERGEN et à CASTRICUM
(Hollande nord), les Anglo-Russes et imposé au duc d'York la
capitulation d'*Alkmaër*. En Suisse, Masséna, dans une admirable campagne, avait battu les Austro-Russes de Khorsakow
sur la chaîne de l'Albis, près de ZURICH (26 sept. 1799), et
les Russes de Souvarow, vainqueur de nos armées d'Italie,
au débouché du SAINT-GOTHARD. Il nous avait ainsi assuré la
possession du massif montagneux qui couvrait notre flanc.

**Bonaparte, premier consul, prend en main la
direction de la guerre. Il est vainqueur à Marengo, en Italie. Moreau, en Allemagne, est
vainqueur à Hohenlinden** (1800). — Bonaparte vit de
suite l'importance de cette position, qui permettait à nos
armées de descendre à gauche dans la vallée du Danube, à
droite dans celle du Pô, sur les derrières des armées ennemies.
Il proposa au général Moreau, auquel il avait confié le commandement de l'armée d'Allemagne, de déboucher par Constance sur Ulm, tandis qu'il descendrait lui-même par le Grand-
Saint-Bernard sur Milan. Moreau hésita à se jeter ainsi en
pleine Allemagne, au milieu des masses ennemies ; il opéra
à sa manière, qui était méthodique et lente, et, poussant devant
lui les armées autrichiennes, il mit six mois à s'approcher de
Vienne.

« Que de gloire il m'abandonne, » dit alors Bonaparte, et il
prépara secrètement la campagne foudroyante qu'il allait conduire en Italie. Il avait réuni, à Dijon, sept à huit mille conscrits exercés par des invalides et leur avait donné le nom pom-
peux d'armée de réserve. Tandis que les coalisés se répandaient
en railleries sur cette armée, il avait fait filer secrètement des
colonnes françaises de l'intérieur sur les cols des Alpes, et lui-

1. Novi, au N. des Apennins, sur la route de Gênes à Alexandrie.

même, se mettant à la tête de la masse principale, forte de quarante mille hommes, avait franchi le Grand-Saint-Bernard (du 16 au 20 mai 1800) en suivant un sentier, rompu par des rochers, bordé d'affreux précipices, sous la menace des avalanches. Rien n'avait pu déconcerter son génie. L'artillerie démontée avait été portée à dos de mulets; les pièces, enfermées dans des troncs d'arbres, avaient été traînées par les soldats. L'armée avait été digne de son chef. Le 20 mai elle débouchait dans la vallée d'Aoste.

Masséna [1] tenait encore dans Gênes contre l'armée autrichienne du général Mélas, contre les Anglais qui bombardaient la ville et contre une épouvantable disette. « Avant de se rendre, disaient les soldats, il nous fera manger jusqu'à ses bottes. » Il ne put cependant attendre la délivrance ; il fallut capituler (5 juin). Mais la prise de Gênes ne rendit pas la position de Mélas moins critique ; la retraite lui était fermée.

Bonaparte, maître de Milan, marchait sur lui et avait à l'avance marqué sur la carte le champ de bataille où il le rencontrerait. « Je le battrai là, » avait-il dit en plantant une épingle sur le nom de Marengo, près d'Alexandrie.

Après une affaire d'avant-garde, à Montebello, dont Lannes eut tout l'honneur, ce fut à MARENGO, en effet, que se rencontrèrent l'armée française venant de Milan et l'armée autrichienne venant de Gênes. Le choc fut terrible. Mélas fit les plus grands efforts pour percer. Après avoir combattu depuis le matin, il croyait y avoir réussi et était rentré dans Alexandrie pour dépêcher à l'Europe la nouvelle de sa victoire. L'armée autrichienne, maîtresse de la route, s'avançait en colonne profonde au milieu de nos divisions décimées. La bataille semblait perdue pour nous. Il était trois heures. A ce moment, Bonaparte fut rejoint par Desaix, lieutenant aussi intelligent que dévoué. Il recommença la lutte. La colonne autrichienne fut arrêtée par des troupes fraîches, mitraillée par une batterie de Marmont démasquée à l'improviste, chargée en flanc par les dragons de Kellerman et la garde consulaire. Elle laissa échap-

1. Masséna avait passé du commandement de l'armée de Suisse à celui de nos débris d'Italie.

per de ses mains la victoire, et Mélas, revenu en toute hâte d'Alexandrie, vit avec désespoir son triomphe du matin changé en un désastre irréparable. Malheureusement nous avions payé cette glorieuse journée de la mort de Desaix (14 juin 1800).

L'Autriche semblait résignée à traiter, mais les manœuvres de l'Angleterre empêchèrent les négociations d'aboutir. Il fallut encore combattre. Cette fois ce fut Moreau qui porta le dernier coup en Allemagne. Tandis que Bonaparte avait fondu comme un aigle sur sa proie et conquis l'Italie en une journée, Moreau s'était avancé lentement, mais invinciblement en suivant le cours du Danube. L'armistice qui avait suivi Marengo l'avait trouvé maître de Ratisbonne. Quand les négociations furent rompues, il franchit l'Iser, affluent du Danube, et s'établit solidement à HOHENLINDEN, dans un pays montueux et boisé dont il occupait les deux seules routes. Il y battit complétement le jeune archiduc Jean qui avait osé venir l'attaquer (3 déc. 1800).

Traité de Lunéville et paix d'Amiens (1801-1802). — Hohenlinden achevait Marengo. L'Autriche se détermina enfin à rompre avec l'Angleterre. LA PAIX DE LUNÉVILLE (9 fév. 1801) fut conclue sur les bases du traité de Campo-Formio.

L'Angleterre seule restait en armes. Elle se vengea cruellement du Danemark, qui s'était allié à la France, en envoyant Parker et Nelson détruire la flotte danoise et bombarder Copenhague. Elle nous força d'évacuer l'Egypte, quand Kléber, assassiné par un fanatique (le jour même de la bataille de Marengo et de la mort de Desaix), ne fut plus là pour y défendre notre établissement. Mais ces succès ne lui donnèrent ni le courage, ni les moyens de continuer la guerre. Elle n'avait plus d'alliés sur le continent. Saisie de crainte et d'admiration en présence de la prodigieuse destinée du général Bonaparte, elle se résolut aussi à traiter et signa LA PAIX D'AMIENS (25 mars 1802).

Par ce traité elle reconnaissait à la France la rive gauche du Rhin et les provinces belges. Elle restituait à la république et à ses alliés les colonies conquises et s'engageait à rendre l'île de Malte à l'ordre des Chevaliers de Saint-Jean de Jérusalem.

Elle accédait à la déclaration du principe de la liberté des mers et obtenait en retour la restitution de l'Égypte à la Turquie, la reconnaissance de la république des Sept-Iles (Iles Ioniennes), organisée par les Russes et les Turcs, enfin l'évacuation des États romains et des ports du royaume de Naples.

Bonaparte avait eu la gloire de vaincre la seconde coalition et de signer à la fois la paix du continent à Lunéville et celle des mers à Amiens.

Constitution consulaire de l'an VIII. — La constitution consulaire, dite de l'an VIII, rédigée par Siéyès et corrigée par Bonaparte, concentra dans une seule main le pouvoir exécutif que les constitutions de 1791 et de l'an III avaient affaibli et divisé. Ce pouvoir était remis à trois consuls, mais le premier seul l'exerçait dans toute sa plénitude ; les deux autres n'avaient que voix consultative.

Le *Conseil d'État,* dont le premier consul nommait les membres, rédigeait les projets de loi, prononçait sur le contentieux administratif et décidait les conflits de compétence entre l'administration et les tribunaux. Des membres du Conseil d'État étaient chargés de soutenir les projets de loi devant le Corps législatif.

Le *Sénat* composé d'abord de soixante membres, inamovibles et à vie, âgés de quarante ans au moins, fut le premier corps de l'État. Siéyés et Roger-Ducos, qui allaient cesser d'être consuls, se réunirent à Cambacérès et à Lebrun, qui allaient le devenir, et désignèrent vingt-neuf sénateurs (Berthollet, Monge, Tracy, Volney, Cabanis, Kellermann, Garat, Lacépède, Ducis qui n'accepta pas, etc.....). Ces vingt-neuf sénateurs formèrent avec les consuls sortants une majorité de trente et un membres, qui compléta le Sénat par l'élection de vingt-neuf membres nouveaux. Le nombre total des sénateurs, fixé alors à soixante membres, devait être élevé plus tard à quatre-vingt.

Le Sénat, ainsi composé, eut pour attribution de veiller au maintien de la Constitution et d'élire les législateurs, les tribuns, les consuls et les juges du tribunal de cassation sur une liste nationale formée par le suffrage à trois degrés.

« Le *Corps législatif* et le *Tribunat* se partagèrent le pouvoir législatif. Le Corps législatif, composé de trois cents membres, devait entendre contradictoirement trois conseillers d'État, trois tribuns, et voter ensuite sans discussion sur les propositions du gouvernement.

« Le *Tribunat* eut seul la faculté de discuter publiquement les lois; mais il ne dut les voter que pour savoir quel avis il soutiendrait auprès du Corps législatif. Son vote, même négatif, n'empêchait pas que la loi fut loi, si le Corps législatif l'avait adoptée. Le Tribunat n'avait pas l'initiative des propositions légales, mais il pouvait émettre des vœux, il recevait des pétitions et les renvoyait aux diverses autorités qu'elles concernaient [1]. » Marie-Joseph Chénier, Andrieux, Chauvelin, Benjamin Constant, Daunou, Ginguené, Laromiguière, Jean-Baptiste Say, etc., furent nommés membres du Tribunat.

La Constitution nouvelle fut approuvée par les suffrages de 3,011,700 citoyens. Le général Bonaparte, nommé premier Consul, s'adjoignit pour second et troisième consuls Cambacérès, jurisconsulte éminent, ancien membre de la Plaine de la Convention, et Lebrun, ancien coopérateur du chancelier Maupeou. Il avait offert la seconde place à Siéyès qui lui avait répondu : « Il ne s'agit pas de consuls, et je ne veux pas être votre aide de camp. »

Bonaparte voulut, par la composition de son ministère, se concilier à la fois les révolutionnaires et les royalistes modérés. L'ex-grand seigneur Talleyrand et l'ex-montagnard Fouché furent placés, l'un au ministère des relations extérieures, l'autre à celui de la police.

Organisation de l'administration. — Tout puissant par l'admiration qu'il inspirait à la France entière, bien servi par les hommes intelligents et laborieux qu'il sut choisir, il mit ses soins à créer l'administration et à fonder la société nouvelle.

A la tête de chaque département fut placé un préfet, représentant du pouvoir exécutif, assisté d'un conseil général et d'un conseil de préfecture. Le conseil général composé d'autant de membres élus qu'il y avait de cantons dans le département, dut délibérer et voter sur toutes les affaires qui intéressent le

1. Thiers. *Histoire du Consulat et de l'Empire.*

département. Le conseil de préfecture, composé de membres
élus par le pouvoir exécutif, fut un tribunal de justice administrative, chargé de prononcer sur les affaires contentieuses.
Dans chaque arrondissement, il y eut un sous-préfet assisté
d'un conseil d'arrondissement; dans chaque commune un
maire assisté d'un conseil municipal. Tout se trouva ainsi dans
la main du premier Consul, qui nomma les préfets, les sous-
préfets et les maires, ainsi que les membres des divers conseils. Ce vaste mécanisme administratif, qu'on appelle la
centralisation et dont on reconnaît aujourd'hui les abus,
permit au pouvoir exécutif de faire mouvoir, comme un
régiment, une nation de trente millions d'hommes. Ce système
entier fut comme une hiérarchie de dictatures superposées qui
se résumaient toutes en une seule, celle du premier Consul.
Ainsi, dans cette voie de la centralisation, la Révolution avait
dépassé l'ancien régime et rendu presque impossible la liberté
qu'elle voulait fonder.

Justice. — « L'organisation judiciaire eut pour double
but de placer la justice plus près des justiciables, et de leur
assurer au-dessus de la justice locale, s'ils voulaient y recourir,
une justice d'appel, éloignée, mais haut placée, et ayant des
lumières, de l'impartialité, en raison de sa haute position. »
(Thiers). On établit des juges de paix aux chefs-lieux de canton, un tribunal civil ou de première instance au chef-lieu
d'arrondissement, un tribunal civil au chef-lieu du département. Des tribunaux d'appel, un tribunal de cassation et une
haute cour de justice complétèrent le système. Par la déclaration de l'inamovibilité des juges, seule garantie d'une justice
indépendante, le premier Consul fit cesser la confusion des
pouvoirs politiques et du pouvoir judiciaire. Il nomma les
juges, mais il s'ôta le droit de les révoquer.

Finances. — L'organisation des finances, confiée au ministre Gaudin, fut aussi réglée sur l'administration départementale. Il y eut dans chaque arrondissement un receveur particulier, chargé de réunir toutes les sommes recueillies par les
percepteurs des impôts directs et indirects, et dans chaque
département un receveur général qui réunissait toutes les
sommes perçues par les receveurs particuliers.

Pour assurer la perception, Gaudin établit une *direction générale des contributions directes* avec un directeur et un inspecteur par département. Huit cent quarante contrôleurs répandus dans les arrondissements furent chargés de répartir l'impôt et de modifier cette répartition suivant les changements survenus chaque année dans l'état des propriétés et des personnes. Pour rendre plus vite disponible le produit des recettes on supposa chaque douzième des contributions directes acquitté par les contribuables quatre mois après l'époque où il était dû, et on exigea des receveurs généraux des *obligations* souscrites à une échéance de quatre mois et garanties par un cautionnement. Ces obligations étant de véritables lettres de change d'un escompte facile, le trésor eut, dès le premier jour de l'année, des ressources assurées.

Les cautionnements des receveurs généraux furent déposés à la *caisse d'amortissement*, établie en 1799, pour opérer par un rachat graduel le remboursement de la dette publique.

Mesures réparatrices. Machine infernale. — En même temps qu'il constituait le pouvoir et organisait l'administration, Bonaparte s'efforçait de réconcilier les partis et d'apaiser les passions. Il rappelait les proscrits du 18 fructidor, il abolissait la loi des ôtages qui rendait les parents des Vendéens et des Chouans responsables des actes commis dans les provinces révoltées ; il restituait les églises au culte et rappelait les prêtres non assermentés en modifiant la formule du serment. Il faisait rendre des honneurs funèbres au pape Pie VI qui, prisonnier du Directoire, avait été enlevé de Rome, malgré son grand âge et ses infirmités, et successivement conduit à Sienne, à Florence, à Grenoble, à Valence, où il était mort à 81 ans (août 1799). Il interdisait la fête du 21 janvier qui ne rappelait à la France qu'un lamentable souvenir. En même temps il fermait la liste des émigrés auxquels un sénatus-consulte de 1802 devait accorder une pleine amnistie. Il rétablissait enfin le droit de tester, que les lois avaient presque supprimé.

Le premier Consul, fort de la sagesse de ces premières mesures, semblait à l'abri des entreprises des partis. Ceux-ci recoururent à l'assassinat. Un complot républicain fut découvert le 10 octobre 1800. Un complot royaliste, dont le chef, Georges Cadoudal, avait conduit les dernières bandes de Vendée, n'eut pas un meilleur succès ; la *machine infernale* épargna le premier Consul (24 déc. 1800).

Travaux publics. Code civil. Instruction publique. — Rendu plus fort par l'impuissance de ses ennemis, le premier Consul acheva librement son œuvre. Il tourna toute son attention vers la prospérité intérieure de la République. Il parcourut les départements, fit creuser des canaux et des ports, construire des ponts, réparer les routes, élever des monuments, multiplier les communications. Il encouragea l'industrie et favorisa le commerce, dont les opérations furent aidées par une puissante institution de crédit : la *Banque de France*.

Il appartenait à celui qui avait réorganisé l'administration judiciaire de présider à la rédaction d'un code définitif de lois. Une commission composée de Trcnchet, de Bigot de Préameneu, de Portalis et de Malleville en prépara le projet. Ce projet fut soumis au tribunal de cassation et à tous les tribunaux d'appel, puis renvoyé à l'examen du conseil d'État, dont le premier Consul présida souvent les délibérations. Le Code civil, qui ne devait être publié qu'en 1804, prit bientôt après le nom de Code Napoléon. Il consacrait l'égalité des citoyens devant la loi, le respect de la propriété et de la famille.

C'est sous le Consulat qu'aboutit l'organisation de tout ce qui avait été entrevu et essayé pendant la Révolution. Les différentes assemblées avaient rendu un grand nombre de décrets sur l'instruction publique. Le premier Consul en conserva l'esprit en soumettant l'éducation nationale à l'État. En 1802, une loi fonda des *écoles primaires* et quarante *lycées*, et l'Institut reforma ses académies.

Concordat. — A cette date de 1802, après la prise d'Amiens, Bonaparte pensa que pour rétablir les bases de la société il devait régler, de concert avec la papauté, les relations de l'Église et et de l'État. « Déjà de pieuses mains avaient relevé les autels renversés, la généreuse ardeur de quelques simples prêtres n'avait pas attendu la protection du premier Consul ; par leur zèle, les églises de Paris et des départements s'étaient ouvertes à de nombreux fidèles longtemps avant que le chef de l'État eût songé à mettre le pied à Notre-Dame. Il n'avait pas encore offert sa protection que, sans l'attendre, ce vieux culte renaissait de lui-même, par ses propres forces » [1]. Cette protection, Bonaparte l'offrit parce qu'il sentait que la société avait besoin de la paix religieuse, et aussi parce qu'il espérait se faire de la religion un instrument de pouvoir. Ses représentants se rencontrèrent à Paris avec les envoyés de Pie VII. Ses menaces et ses ruses [2] ne purent ni déconcerter ni tromper le cardinal Consalvi, qui opposa aux exigences du premier Consul une résistance douce et invincible. Le Concordat fut enfin conclu avec la cour de Rome le 15 juillet 1801.

Il décrétait une nouvelle circonscription des diocèses. Les siéges épiscopaux étaient réduits à soixante, dont dix archevêchés et cinquante évêchés. Il laissait au gouvernement la nomination des évêques, qui eux-mêmes nommeraient les curés avec l'agrément du premier Consul; mais les prélats recevraient du Pape l'institution canonique. Un traitement était substitué à l'ancienne dotation territoriale du clergé, et on garantissait aux acquéreurs de biens ecclésiastiques leur droit de propriété.

Une solennité religieuse, à laquelle assistèrent le premier

---

1. *L'Église romaine et le premier Empire*, par M. d'Haussonville. Il résulte des statistiques officielles du temps, qu'au moment du Concordat le culte était rétabli dans 40,000 communes.

2 On ne comprendrait point la suite de l'histoire des démelés de Napoléon et du Pape, si on n'étudiait, à cette date du Concordat, la conduite du premier Consul. Après de longs débats, les négociations allaient aboutir, lorsqu'au jour de la signature, le cardinal Consalvi ne reconnut plus, dans la copie officielle, le texte convenu. En présence d'une pareille falsification, l'envoyé du Saint-Père protesta contre un procédé sans exemple en diplomatie. Le soir même il se rendit cependant a un grand dîner, dans lequel le premier Consul se proposait d'annoncer à la France la conclusion des arrangements signés le matin avec le Saint-Siège. A peine Bonaparte l'eut-il aperçu, que se dirigeant vers lui, il lui dit avec colère : « Eh bien ! Monsieur le cardinal, vous avez voulu rompre ! Soit, je n'ai pas besoin de Rome, je n'ai pas besoin du Pape....... Vous pouvez partir, c'est ce qui vous reste de mieux à faire ; quand partez-vous ? — Après dîner, général, » répondit Consalvi d'un ton calme. Mais, le soir, Bonaparte, se ravisant, laissa l'un des convives obtenir de lui que les plénipotentiaires se réuniraient encore une fois le lendemain. C'est dans cette dernière conférence que Consalvi contraignit les négociateurs à tenir compte de ses justes représentations.

6

Consul et les grands Corps de l'État, fut célébrée à Notre-Dame le 18 avril 1802 à l'occasion du Concordat, qui fut promulgué le 19 mai.

Légion d'honneur. — Quelques jours avant (15 mai), Bonaparte avait institué l'ordre de la Légion d'honneur, pour récompenser les services civils et militaires. « C'était une grande et nouvelle institution que celle qui tendait à placer sur la poitrine du simple soldat, ou du savant modeste, la même décoration qui devait figurer sur la poitrine des chefs d'armée, des princes et des rois. Si, pour les grands de l'ordre civil et militaire, elle pouvait bien n'être qu'une satifaction de vanité, elle était pour le simple soldat de retour dans ses champs l'aisance du paysan, en même temps que la preuve visible de l'héroïsme » [1].

Consulat à vie. — La France applaudissait à ces institutions, à sa prospérité renaissante, à la gloire du premier consul vainqueur et pacificateur de l'Europe. Bonaparte pouvait prétendre à tout. Déjà, en mai 1802, ses pouvoirs avaient été prorogés pour dix ans. On s'achemina chaque jour davantage vers la monarchie. Le Tribunat fut réduit à cinquante membres, le Conseil d'État réorganisé et le Corps législatif subordonné au sénat par la constitution de l'an x ; puis, sur la décision du Tribunat et du Corps législatif renouvelé et avec l'assentiment du peuple consulté, le Sénat donna à Bonaparte le consulat à vie (4 août 1802).

La constitution de l'an X, en portant le Sénat à cent vingt membres, l'investissait du droit de dissoudre le Corps législatif et le Tribunat, et de *changer les institutions*. C'était un nouveau pas vers l'empire.

Bonaparte établit la prépondérance de la France en Europe. — Tandis qu'il usait de son pouvoir à l'intérieur pour raffermir les bases de l'état social et politique, le premier Consul s'efforçait au dehors de recueillir tous les fruits d'une paix glorieuse. Plût à Dieu qu'il n'eût pas, en

---

1. Thiers. *Histoire du Consulat et de l'Empire.* Une dotation était attachée à chaque grade. Il était alloué aux grands officiers cinq mille francs de traitement, aux commandeurs deux mille, aux officiers mille, aux simples légionnaires deux cent cinquante francs.

rendant excessive la prépondérance de la France, alarmé de nouveau l'Europe et provoqué de nouvelles guerres !

Dès que la mer fut libre, il chercha à rendre à la France sa puissance coloniale et à tenir partout l'Angleterre en échec. En Asie, dans l'Inde il voyait les Anglais maîtres de la péninsule depuis la chute du royaume de Mysore et la mort de Tippoo-Saëb (1799) ; il nomma le général Decaen gouverneur de Pondichéry et lui recommanda en cas de guerre avec l'Angleterre de soulever contre nos ennemis les princes indigènes. En Amérique, il avait obtenu de l'Espagne, par le traité de *Saint-Ildefonse* (1801), la restitution de la Louisiane ; aux Antilles, il tenta de reconquérir Saint-Domingue, que les fautes de la Constituante et de la Législative nous avaient fait perdre. Les blancs avaient été massacrés, les plantations ravagées, Port au Prince incendié. En 1801, le général nègre, Toussaint-Louverture, avait envahi la partie espagnole de Saint-Domingue, cédée à la France par le traité de Bâle (1795). Bonaparte organisa une expédition à la tête de laquelle il mit le général Leclerc, son beau-frère. Les noirs ne purent tenir contre les vieux soldats d'Allemagne, mais le climat tua le général Leclerc et décima l'armée, qui dut capituler (1802-1803). Les noirs, vainqueurs, rendirent à l'île le nom d'Haïti et proclamèrent son indépendance (1er janvier 1804).

En Europe, Bonaparte pouvait tout ; et déjà son ambition n'avait d'autres limites que celles de sa puissance. Il accrut le territoire français en y réunissant par décret l'île d'Elbe, le Piémont et le duché de Parme. Il ramena à la nouvelle forme du gouvernement français les républiques batave, cisalpine et ligurienne qui modifièrent leurs constitutions. Par l'*acte de médiation* (19 février 1803), il donna à la Suisse une constitution fédérale. Le Valais, détaché de la confédération, était en même temps érigé en État indépendant, et la route du Simplon remise à la garde de la France.

Ce fut aussi comme médiateur, comme arbitre tout-puissant que le premier Consul procéda à la nouvelle organisation de l'Allemagne et au partage des indemnités. Les princes allemands dépossédés obtinrent, au *Congrès de Ratisbonne* (25 fév. 1803), une partie des biens des États ecclésiastiques, qui furent sécularisés et des territoires des villes impériales. Le souverain de l'Autriche gardait le vain titre d'empereur d'Allemagne ; l'Allemagne était véritablement sous la main du premier Consul, qui avait obtenu de la Russie la ratification des partages.

CHAPITRE VIII

FIN DU CONSULAT. — ÉTABLISSEMENT DE L'EMPIRE. — TROISIÈME COALITION.

(1803-1805.)

PRÉCIS DES FAITS

FIN DU CONSULAT ET ÉTABLISSEMENT DE L'EMPIRE. L'Angleterre se plaint de l accroissement de notre territoire, de l extension de notre système politique, et refuse de rendre Malte. La PAIX D'AMIENS est rompue le 22 mai 1803.

Échappé à la conspiration royaliste de Cadoudal. Bonaparte fait arrêter par représailles sur le territoire étranger, conduire à Vincennes et fusiller le duc d'Enghien. 20 mars 1804.

L'EMPIRE est proclamé et le système impérial inauguré le 18 mai 1804. Napoléon prépare la descente en Angleterre et donne rendez vous dans la Manche aux flottes de Toulon, de Rochefort et de Brest.

TROISIÈME COALITION. ULM ET TRAFALGAR. L'Angletere entraîne dans la guerre l'Autriche et la Russie. Napoléon lève le camp de Boulogne, dirige sur le Danube les sept corps de son armée, investit dans ULM l'armée autrichienne de Mack et la contraint à capituler (20 oct. 1805). Le même jour Villeneuve engageait inutilement et perdait la bataille de TRAFALGAR qui donnait à l'Angleterre la domination des mers.

AUSTERLITZ (2 décembre 1805). Napoléon poursuit sa marche dans la vallée du Danube, traverse Vienne et bat à AUSTERLITZ (bataille des trois empereurs) les dernières troupes de François II et l'armée d'Alexandre de Russie.

PAIX DE PRESBOURG (26 décembre 1805). La paix de Presbourg

éloigne l'Autriche de l'Adriatique et entame ses possessions d'Allemagne que surveilleront les deux nouveaux royaumes de Bavière et de Wurtemberg, alliés de la France.

Rupture de la paix d'Amiens (mai 1803). — C'est à ce moment, le plus beau de la vie de Napoléon Bonaparte, le plus glorieux et le plus heureux de l'histoire de la France depuis 1789, que la paix générale, si récente encore, allait être rompue.

L'Angleterre n'avait point évacué Malte qui lui assurait l'empire de la Méditerranée. Aux sommations du gouvernement Français qui résumait sa politique dans ces mots : *Tout le traité d'Amiens, rien que le traité d'Amiens*, elle répondait : *l'état du continent à l'époque du traité d'Amiens, rien que cet état*. Elle rappelait l'accroissement de notre territoire et l'extension de notre système politique. Il lui semblait que « cette grandeur de la France, qu'elle avait admise au traité d'Amiens, lui était devenue plus sensible dans le calme de la paix et au milieu de négociations que l'influence et l'habileté du premier Consul décidaient d'une manière irrésistible. » (Thiers). Le haut commerce anglais voyait avec méfiance et jalousie le développement de notre marine, l'essor de notre industrie et de notre commerce intérieur. Bonaparte de son côté supportait impatiemment les injures de la presse anglaise, la licence permise aux gazettes des émigrés, l'accueil fait aux princes français et aux conspirateurs royalistes. Dans un entretien avec lord Whitworth, l'ambassadeur d'Angleterre, il s'écria : « Pour moi, mon parti est pris : j'aime mieux vous voir en possession des hauteurs de Montmartre que de Malte! » — « Effroyable parole, qui s'est trop réalisée pour le malheur de notre patrie! » (Thiers).

A quelques jours de là (21 fév. 1803), dans l'exposé de la situation de la France, lu à l'ouverture du Corps législatif, il disait : « Quel que soit à Londres le succès de l'intrigue, elle n'entraînera point d'autres peuples dans des ligues nouvelles ; et le Gouvernement le dit avec un juste orgueil, seule, l'Angleterre ne saurait aujourd'hui lutter contre la France. » Ces

6.

mots soulevèrent tous les cœurs anglais. Le 8 mars le roi Georges envoya au Parlement un message hostile à la France. Le 11 le premier Consul apostrophait l'ambassadeur d'Angleterre dans une réception officielle et, se laissant emporter par la colère, s'écriait : « Malheur à qui ne respecte pas les traités. »

M. de Talleyrand s'entremit en vain pour prévenir la rupture. « Une révolution subite s'était faite dans l'âme mobile et passionnée de Napoléon. De ces perspectives d'une paix laborieuse et féconde dont récemment encore il aimait à repaître son active imagination, il passa tout de suite à ces perspectives de guerre, de grandeur prodigieuse par la victoire, de renouvellement de la face de l'Europe, de rétablissement de l'empire d'Occident, qui se présentaient trop souvent à son esprit. Il se jeta brusquement de l'une de ces routes vers l'autre. De bienfaiteur de la France et du monde, qu'il se flattait d'être, il voulut en devenir l'étonnement. Une colère à la fois personnelle et patriotique s'empara de lui; et vaincre l'Angleterre, l'humilier, l'abaisser, la détruire, devint, à partir de ce jour, la passion de sa vie. Persuadé que tout est possible à l'homme, à condition de beaucoup d'intelligence, de suite et de volonté, il s'attacha tout-à-coup à l'idée de franchir le détroit de Calais, et de porter en Angleterre l'une de ces armées qui avaient vaincu l'Europe. Il s'était dit, trois ans auparavant, que le Saint-Bernard et les glaces de l'hiver, réputés des obstacles invincibles pour le commun des hommes, n'en étaient pas pour lui; il se dit la même chose pour le bras de mer qui est entre Douvres et Calais, et il s'appliqua depuis à le traverser, avec une profonde conviction qu'il y réussirait. C'est de ce moment, c'est-à-dire du jour où fut connu le message du roi d'Angleterre, que datent ses premiers ordres; et c'est alors que cet esprit, que le sentiment de sa puissance égarait en politique, redevenait le prodige de la nature humaine, quand il s'agissait de prévoir et de surmonter toutes les difficultés d'une vaste entreprise. » [1].

Le 17 mai, le général Andréossy et lord Whilworth ambassadeurs de France et d'Angleterre franchissaient le détroit. Le

---

1. Thiers. *Histoire du Consulat et de l'Empire.*

22 mai 1803 la rupture de la paix d'Amiens, qui avait été signée le 25 mars 1802, était consommée; les deux nations ne devaient plus se tendre la main qu'après une effroyable guerre de douze ans et le bouleversement du monde.

Arrestation et exécution du duc d'Enghien

(mars 1804). — Bonaparte répondit aux premiers coups de l'Angleterre qui attaqua nos vaisseaux et insulta nos côtes en occupant le Hanovre. En même temps il reprenait possession des ports du royaume de Naples, entraînait dans son alliance l'Espagne et le Portugal, vendait la Louisiane aux États-Unis au prix de 70 millions, mettait nos côtes en état de défense, rassemblait son armée qu'il dirigeait sur la Manche et armait dans les ports de Hollande et de France une immense flottille.

Tandis qu'il combinait ses plans de descente, une conspiration royaliste, dans laquelle étaient entrés Pichegru et Moreau lui-même, le vainqueur de Hohenlinden, menaçait sa vie. Elle fut découverte et réprimée. Mais Bonaparte en garda une irritation profonde. « L'idée de terrifier les royalistes, de leur apprendre qu'on ne s'attaquait pas impunément à un homme comme lui, de leur faire connaître que le sang sacré des Bourbons n'avait pas à ses yeux plus de valeur que celui de tout autre personnage illustre de la République, cette idée et d'autres dans lesquelles le calcul, la vengeance, l'orgueil de sa puissance avaient une part égale, le dominaient violemment [1]. » Il ne se laissa point arrêter par les sages conseils de Lebrun et de Cambacérès; il fit saisir, contre le droit des gens, sur le territoire badois, au château d'Ettenheim, le jeune duc d'Enghien, le seul prince français qu'il pût atteindre. Retiré à la Malmaison, il y fut en proie à une agitation « dont la preuve est dans son oisiveté même, car il ne dicta presque pas une lettre pendant les huit jours qu'il y passa, exemple d'oisiveté unique dans sa vie [2]. » Il résista aux supplications et aux larmes de Joséphine. Sur le refus courageux de Murat, commandant de Paris et de la division militaire, il signa lui-même les ordres relatifs à la composition du conseil de guerre et à l'exécution

1. Thiers. *Histoire du Consulat et de l'Empire.*
2. Thiers. *Histoire du Consulat et de l'Empire*

immédiate de la sentence. Le 20 mars, dans la nuit, le duc d'Enghien, qui avait repoussé avec indignation devant ses juges toute participation au complot et avoué hautement qu'il avait porté les armes contre la République, fut fusillé dans un fossé de Vincennes (20 mars 1804).

Le soir même Bonaparte disait au milieu d'un cercle que la déplorable nouvelle rendait muet : « On y regardera à partir d'aujourd'hui, car on saura de quoi nous sommes capables. » Ainsi parlait « celui qui reprochait amèrement aux révolutionnaires d'avoir versé le sang de Louis XVI, déshonoré la Révolution, rendu la France inconciliable avec l'Europe! Il jugeait ainsi dans le calme de sa raison ; et tout-à-coup, quand ses passions avaient été excitées, il avait égalé, en un instant, l'acte commis sur la personne de Louis XVI, qu'il reprochait si amèrement à ses devanciers, et s'était placé à l'égard de l'Europe dans un état d'opposition morale qui rendit bientôt la guerre générale inévitable, et l'obligea d'aller chercher la paix aux extrémités de l'Europe, à Tilsit. »

« Combien de tels spectacles sont propres à confondre l'orgueil de la raison humaine, et à enseigner que le plus transcendant génie ne sauve pas des fautes les plus vulgaires, quand on abandonne aux passions, même pour un seul instant, le gouvernement de soi-même [1] ! »

Napoléon empereur, (18 mai 1804). **Coup d'œil sur les quatre dernières coalitions.** — La conspiration de Cadoudal servit de prétexte à l'établissement de l'Empire. Le Tribunat, à l'exception de Carnot et de quelques autres, émit le vœu que Bonaparte fut nommé Empereur héréditaire. Le Sénat proclama Napoléon empereur et le peuple ratifia l'acte par 3,572,329 suffrages contre 2,569.

Le système impérial fut inauguré par la création de six grands dignitaires inamovibles, des grands officiers de l'Empire, des maréchaux. Le Sénat reçut quelques prérogatives nouvelles. La parole fut rendue, en comité secret, au Corps législatif. Quant au Tribunat, devenu depuis l'institution du Consulat à vie une sorte de Conseil d'État divisé en trois sec-

---

1. Thiers. *Histoire du Consulat et de l'Empire.*

tions (la première de législation, la seconde de l'intérieur, la troisième des finances) il ne dut plus discuter les projets de loi qu'en assemblée de sections, jamais en assemblée générale.

Nous entrons dans une nouvelle période de notre histoire. Cette période de l'Empire, qui s'étend de la rupture de la paix d'Amiens à la deuxième invasion de la France par les armées de l'Europe, se divise en deux phases. Dans la première qui nous conduit jusqu'à Tilsit (1804-1807), Napoléon empereur impose sa domination au continent par les victoires d'Austerlitz, d'Iéna et de Friedland sur les troisième et quatrième coalitions et atteint l'Angleterre par le blocus continental. Tilsit est l'apogée de l'Empire. — Dans la seconde qui commence aux affaires d'Espagne et finit au deuxième traité de Paris (1808-1815), la France entraînée dans de nouvelles entreprises par l'ambition sans mesure de Napoléon, résiste encore à Wagram à l'effort d'une cinquième coalition, mais après l'expédition de Russie, dernier défi à l'Europe, elle finit par succomber à Leipsig, sous Paris, et à Waterloo sous les coups de la sixième coalition et perd, avec l'empire du continent, ses frontières naturelles au deuxième traité de Paris.

Préparatifs de descente en Angleterre (1804-1805). — Napoléon s'empressa de constituer les États voisins sur le modèle de l'Empire et reprit avec ardeur « sa grande affaire » l'expédition maritime contre l'Angleterre. Quand il eut achevé le chef d'œuvre de la flottille dans les ports de la Manche et de la mer du Nord et rassemblé sept corps d'armée, il mit tous ses soins *à être maître de la mer pendant six heures.* Il donna l'ordre aux amiraux Villeneuve [1], Missiessy et Gantheaume de sortir de Toulon, de Rochefort et de Brest, d'aller se réunir aux Antilles en entraînant à leur suite les flottes anglaises et de revenir occuper la Manche pour assurer le passage de la flottille. Mais il vit son plan déconcerté. Missiessy parti de Rochefort, toucha aux Antilles et revint après une heureuse croisière sans avoir rallié les flottes de Brest et

---

1. Latouche-Tréville, qui eût peut-être été l'homme de mer que Napoléon cherchait en vain, avait été désigné pour le commandement de la flotte de Toulon. Il mourut au moment de mettre à la voile et fut remplacé par Villeneuve.

de Toulon. Gantheaume n'avait pu forcer le blocus de Brest. Villeneuve. attardé à Toulon, était arrivé aux Antilles après le départ de Missiessy, y avait reçu l'ordre de revenir au plus vite en Europe, de débloquer la flotte espagnole à la Corogne, celle de Missiessy rentrée à Rochefort et celle de Gantheaume enfermée dans Brest. Il revint, livra bataille près du FERROL, au cap Finistère, à l'amiral anglais Calder, lieutenant de Nelson ; mais quand il se sut serré de près par Nelson, au lieu d'obéir à tout prix, il ramena la flotte en arrière et se laissa bloquer dans Cadix. L'Angleterre était sauvée et le plan de Napoléon déconcerté faute d'un homme. « Ah! si j'avais eu Suffren! » disait l'Empereur, contraint de renoncer, non sans un amer regret, à cette lutte corps à corps avec l'Angleterre.

Troisième Coalition : Ulm et Trafalgar (20 oct. 1805). — A ce moment même le continent lui offrait une proie plus facile à atteindre. Pitt, que la guerre avait ramené aux affaires, avait armé l'Autriche et la Russie qui protestaient contre la violation du territoire badois, l'établissement du royaume d'Italie, la réunion du Piémont et de Gênes. Une armée autrichienne vint prendre position au camp fortifié d'Ulm, dans le bassin supérieur du Danube. Une armée russe se rassembla près d'Olmutz, en Moravie.

Napoléon leva le camp de Boulogne, détourna sur l'Allemagne les sept corps d'armée [1] qui bivouaquaient sur les côtes de la Manche et de la mer du Nord et les porta en vingt jours sur le Rhin et le Mayn, de Kehl à Wurtzbourg. Alors par d'in-

---

1. C'est avec la *grande armée* au temps de sa plus grande solidité et de sa complète instruction que Napoléon recommence la guerre contre l'Autriche sur un terrain déjà reconnu et marqué par des victoires. « Dans les campagnes de 1805 et de 1806, disait le maréchal Bugeaud, qui portait à Austerlitz le sac de grenadier, l'armée était magnifique et d'une rare solidité ; les éléments de force et d'action y abondaient. Quelques années de paix avaient été mises à profit pour y introduire la discipline et la regle qui succédaient aux habitudes de laisser-aller et de décousu des troupes de la République et du Directoire. L'effectif de cette armée ne dépassait pas une juste mesure. De vieux soldats, vieux bien plus par l'expérience de la guerre que par l'âge (c'était généralement des hommes de vingt-cinq à trente ans, choisis avec un soin éclairé), formaient des corps d'élite très-peu nombreux, rarement engagés, entourés par conséquent d'un haut prestige et portant avec eux dans l'action un effet moral considérable et toujours décisif. »

comparables manœuvres il enveloppa le général Mack dans Ulm [1]. Augereau déboucha dans la vallée du Danube par le val d'Enfer [2]. Lannes, Murat, Ney, qui avaient remonté le Necker et franchi les Alpes de Souabe, Soult, Davout, Marmont qui avaient remonté le Mayn et son affluent la Regnitz, pivotèrent sur Augereau, franchirent le Danube et resserrèrent les Autrichiens par les brillants combats de *Donauverth* (sur le Danube), *Wertingen* (sur le Zusam), Gunzbourg (sur le Gunz), Memmingen (près de I l ler). Ce grand mouvement tournant est un des plus intéressants de l'histoire de ces longues guerres. Tout y est merveilleux de prévoyance et d'exécution exacte. Une faute cependant a été commise ; un passage est demeuré ouvert et Mack va peut-être rompre le cercle qui l'enserre. Ney à Elchingen [3] sauve le plan de l'Empereur ; la rive gauche du Danube et la route de Bohême, un instant dégarnies, sont fermées aux Autrichiens, comme le Tyrol et la route de Vienne. Mack est contraint de capituler avec les trente mille soldats, qui lui restaient, dans ULM (20 oct. 1805).

Le jour même où Napoléon frappait sur la coalition le premier coup de cette guerre qui allait le rendre maître du continent, l'Angleterre achevait d'établir son empire sur la mer en détruisant notre marine à TRAFALGAR Villeneuve, qui n'avait point su agir à temps et qui devait réserver sa flotte pour des temps meilleurs, avait cru racheter sa faute en livrant bataille. Il avait à faire au plus grand homme de mer qu'ait eu l'Angleterre, à l'amiral Nelson. Nelson, changeant l'ordre accoutumé des batailles navales, partagea sa flotte en deux colonnes et se porta à toutes voiles sur la ligne Franco-Espagnole dont les trois tronçons ne purent se porter secours. Mais lui-même montant le premier bâtiment d'une de ces colonnes fut atteint mortellement [4]. Avant le combat il avait signalé à ses vaisseaux

1. **Ulm** est située sur la rive gauche du Danube, au point où ce fleuve devenu navigable, a déjà 100 mètres de large. Elle est défendue par les hauteurs du Michelsberg, dernière terrasse des Alpes de Souabe. On la considère comme la porte du bassin du Danube.

2. Le Val d'Enfer traverse la forêt Noire et met en communication le bassin du Danube et le bassin du Rhin

3. Elchingen, sur la dernière terrasse du Michelsberg, près du Danube.

4. Les officiers de l'état-major anglais, s'attendant à voir leur premier

cette simple exhortation : « L'Angleterre compte que chacun fera son devoir. » Il mourut avec cette satisfaction d'avoir fait le sien, en rendant sa patrie la maîtresse incontestée des mers. Nous aussi nous avions fait le nôtre, avec des forces inférieures. « Les Anglais avaient la gloire de l'habileté, de l'expérience, unies à une incontestable bravoure. Nous avions la gloire d'une défaite héroïque, sans égale peut-être dans l'histoire, par le dévouement des vaincus [1]. «

Austerlitz (2 déc. 1805). — Napoléon cependant achevait de prendre sur terre la revanche de notre impuissance sur mer. Il précipita sa marche sur Vienne. Il détacha sur la rive gauche du Danube : 1° Bernadotte (avec les Bavarois) qui eut ordre de contenir en Bohême et de séparer des Russes l'archiduc Ferdinand, fugitif d'Ulm, et de prendre position à Iglau [2]; 2° Mortier (avec le 8° corps) qui dut descendre le Danube et fermer la retraite à Kutusof qui s'était aventuré jusqu'à Lintz [3] avec une avant-garde russe. (Kutusof parvint à passer au pont de Mautern, mais en laissant nombre de morts sur le champ de bataille de *Diernstein*. Sur sa droite Napoléon détacha Marmont, Ney, Augereau, pour écarter de Vienne les archiducs Jean et Charles qui ne purent rallier les Russes avant la bataille. Lui-même il suivit, avec le centre, la rive droite du Danube, poussa devant lui Kutusof et Kienmayer (combat d'*Amstetten*, sur l'Ips, affluent du Danube), emporta la situation de *Saint-Pœlten* (sur la Trasen) et prit possession de Vienne.

Maître de Vienne, il alla chercher à AUSTERLITZ, en Moravie, l'armée russe grossie des débris de l'armée autrichienne. Ce fut la bataille des trois empereurs. Quand il eut reconnu les dispositions de l'ennemi : « Cette armée est à moi » s'écria

vaisseau foudroyé, avaient supplié Nelson de permettre que le *Témé-raire* devançât le vaisseau amiral le *Victory*. — Je le veux bien, avait répondu Nelson; que le *Téméraire* passe le premier, s'il le peut. — Puis il avait couvert le *Victory* de toutes ses voiles et il était ainsi resté en tête de colonne.

1 Thiers. *Histoire du Consulat et de l'Empire*

2 Iglau, sur l'Iglava, affluent de la Thaya, en Moravie, au débouché du col d'Iglau, dans les monts de Moravie

3. Lintz, sur la rive gauche du Danube, non loin du confluent de la Traun.

l'Empereur, et, en effet, prévoyant les fausses manœuvres dans lesquelles elle allait s'engager, il la coupa en deux parties, mit en fuite celle de gauche et rassembla toutes ses forces contre celle de droite qu'il accula aux étangs de Menitz. Ces étangs glacés semblaient devoir être un refuge pour les Russes en déroute, mais notre canon brisa la glace et acheva la perte des vaincus. Les deux souverains s'enfuirent désespérés, laissant quinze mille hommes tués, noyés ou blessés, vingt mille prisonniers, et cent quatre-vingts canons qui devaient servir à élever la colonne de la place Vendôme; nous avions perdu sept mille hommes tués ou blessés. « Soldats, disait l'Empereur dans sa proclamation, je suis content de vous, vous avez couvert vos aigles d'une gloire immortelle! »

La paix de Presbourg (26 décemb. 1805) suivit les victoires d'Ulm et d'Austerlitz. Alexandre de Russie, qui s'était dégagé de la coalition (aux conférences préliminaires de Brünn). obtint de se retirer sans être poursuivi. L'Autriche fut durement traitée : 1º elle fut éloignée de l'Adriatique et dut céder à l'Empire français l'Istrie avec Trieste. la Dalmatie, les Bouches du Cattaro; 2º elle fut exclue de la Péninsule italienne par l'abandon au royaume d'Italie des Etats vénitiens de terre ferme; 3º elle fut entamée en Allemagne : elle cédait à la Bavière le Tyrol, le Vorarlberg, les évêchés de Brixen et de Trente, la ville et l'évêché d'Augsbourg, — aux maisons de Bade et de Wurtemberg ses domaines de Souabe. En même temps Napoléon transformait en royaumes les deux électorats de Bavière et de Wurtemberg qui devaient surveiller et contenir l'Autriche vaincue.

L'Angleterre perdait ainsi tous ses alliés du continent. La nouvelle de la capitulation d'Ulm avait frappé au cœur le ministre anglais William Pitt, l'ardent promoteur de la guerre contre la France. La victoire d'Austerlitz et la paix de Presbourg le tuèrent. Il mourut « de cœur brisé » comme disent les Anglais

---

CHAPITRE IX

QUATRIÈME COALITION. — TRAVAUX D'UTILITÉ PUBLIQUE

PRÉCIS DES FAITS

ÉTATS FÉDÉRATIFS. Napoléon appuie son empire militaire sur deux états fédératifs, le royaume de Naples et le royaume de Hollande, et sur la confédération du Rhin.

QUATRIÈME COALITION (entre la Prusse, l'Angleterre et la Russsie). BLOCUS CONTINENTAL. Il triomphe de la monarchie prussienne par la victoire d'IÉNA dans la campagne de Saxe et par l'occupation de tout le pays de l'Elbe à l'Oder. Afin d'atteindre l'Angleterre et de *vaincre la mer par la terre*, il signe le décret de Berlin (6 novembre 1806) qui établit le blocus continental et met la Grande-Bretagne hors des relations européennes.

Restait la Russie; Napoléon l'atteint et la frappe à son tour, malgré la distance et le climat, dans la campagne d'hiver de 1806-1807, à EYLAU, et dans la campagne d'été de 1807, à FRIEDLAND.

Il établit la domination française sur le continent par le TRAITÉ DE TILSIT (juill. 1807), qui réduit de moitié la Prusse, et la soumet au régime du blocus continental auquel adhère la Russie. Les deux empires de France et de Russie semblent s'entendre pour se partager l'Europe.

GRANDS TRAVAUX D'UTILITÉ PUBLIQUE. Des routes, des ponts, des canaux mettent en communication toutes les parties de l'empire. Paris s'embellit de monuments dont plusieurs rappellent les victoires de la grande armée.

États fédératifs de l'Empire. Confédération du Rhin. — Après la paix de Presbourg la création de royautés vassales, distribuées aux membres de la famille impériale, inaugura le système dynastique et continental.

La cour de Naples avait dans la dernière guerre, malgré l'alliance, ouvert ses portes aux Anglo-Russes. L'Empereur inscrivit dans le trente-septième bulletin de la grande armée cette condamnation laconique : « La dynastie de Naples a cessé de régner. » Quarante-cinq mille soldats exécutèrent l'arrêt. Le 30 mars 1806, Joseph Bonaparte fut déclaré roi des Deux-Siciles. Le 5 juin, la Hollande fut érigée en royaume et donnée à Louis Bonaparte. Les deux extrémités de l'Empire étaient ainsi assurées contre l'Angleterre.

Puis « pour donner des centres de correspondance et d'appui au grand Empire, » il rétablit le régime militaire hiérarchique et les titres du moyen âge. Il érigea la Dalmatie (Soult), l'Istrie (Bessières), le Frioul (Duroc), Bellune (Victor), Conegliano (Moncey), Trévise (Mortier), Vicence (Caulaincourt), Padoue (Arrighi), Rovigo (Savary), en duchés grands fiefs de l'Empire [1]. Il donna à sa sœur Elisa Bacciochi, déjà investie des principautés de Piombino et de Lucca, Massa et Carrara ; à Pauline Borghèse Guastalla ; à Murat la souveraineté héréditaire de Berg et de Clèves ; à Berthier la principauté de Neufchâtel ; à Talleyrand et à Bernadotte, les principautés de Bénévent et de Ponte-Corvo.

Les premiers symptômes d'hostilité de la Prusse, dont il avait voulu faire « le contre-poids du Nord et du Midi de l'Europe », le décidèrent à chercher en dehors d'elle l'appui de son empire militaire. Il organisa sous sa dépendance l'ancien corps germanique : quatorze princes du Midi et de l'Ouest de l'Empire (rois de Bavière et de Wurtemberg, électeurs de Ratisbonne et de Bade, grand-duc de Berg, landgrave de Hesse-Darmstadt, etc.) se réunirent en *Confédération du Rhin* et reconnurent Napoléon pour protecteur (12 juillet 1806).

Quatrième coalition. Campagne de Prusse; Iéna et Awerdstaedt (octobre 1806). — La guerre à outrance semblait être la destinée de l'Empereur. L'extension de la domination française sur le continent, qui le rendait plus fort au cas d'une guerre nouvelle, devait provoquer cette guerre même parce qu'elle était une menace incessante. La

1. Dans les dix-huit titres de duchés, les neuf ci-dessus sont des noms de terres vénitiennes. Neuf sont des souvenirs de gloire personnelle : Valmy, 1792, Kellermann ; Castiglione, 1796, Augereau ; Rivoli, 1797, Masséna ; Montebello, 1800, Lannes ; Elchingen, 1805, Ney ; Awerdstaedt, 1806, Davoust ; Dantzick, 1807, Lefebvre ; Raguse, 1807, Marmont ; Abrantès, 1807, Junot.

Prusse effrayée de la confédération nouvelle, dont elle était comme investie, essaya d'y opposer une confédération du Nord et se jeta dans la guerre, emportée par sa haine et sa folle confiance; elle y entraîna la Russie.

Napoléon manœuvra comme à Ulm. Il tourna l'armée prussienne qui avait pris position derrière la forêt montagneuse de Thuringe, en débouchant à travers le Frankenwald par les cols de Bayreuth, de Cronach et de Cobourg, qu'il força par les combats de *Schleitz* et de *Saalfeld*. Après avoir concentré ses corps d'armée à Géra, (sur l'Elster), il se saisit rapidement des passages de la Saale. Il avait ainsi coupé les Prussiens de Berlin et leur avait fermé la retraite vers l'armée russe qui se rassemblait dans la Prusse orientale. « Si un corps se laissait percer, il serait perdu d'honneur, » disait la proclamation. Le même jour, (14 oct. 1806), il gagnait sur le prince de Hohenlohe la bataille d'IÉNA, et son lieutenant Davoust battait avec 26,000 hommes à AWERDSTAEDT les 70,000 hommes du duc de Brunswick. Puis, gagnant de vitesse les divers corps de l'armée prussienne en retraite, il les contraignit à capituler à *Greussen* (Haute-Saxe), à *Halle*, sur la Saale, à *Prentzlow* [1], à *Lubeck* [2], tandis qu'il s'emparait de Berlin et des principales places fortes, *Magdebourg*, qui lui donnait le cours de l'Elbe, *Spandau*, au confluent du Havel et de la Sprée, *Stettin* et *Custrin* qui le rendaient maître du cours de l'Oder. « La campagne d'Iéna, comme celle d'Ulm, dit Jomini, devait servir de modèle un jour pour apprendre aux généraux l'art de réunir à propos leurs forces et de les diviser ensuite quand elles ont frappé. » Il n'y avait plus de monarchie prussienne ; l'œuvre du grand Frédéric paraissait détruite.

Blocus continental (21 nov. 1806). — La Prusse abattue, restaient l'Angleterre et la Russie. L'Angleterre outrepassant les limites du blocus réel, avait déclaré en état de blocus tous les ports de Brest à Hambourg. Elle défendait ainsi tout commerce aux neutres sur les côtes de France et d'Allemagne.

---

1 Prentzlow, sur l'Ucker qui se jette dans la lagune de Stettin, aux bouches de l'Oder,

2. Lubeck, sur la Trave, qui se jette dans le golfe de Lubeck.

C'était l'abus de la force poussé au dernier excès, et dès lors il suffisait d'un simple décret britannique pour frapper d'interdit toutes les parties du globe qu'il plairait à l'Angleterre de priver de commerce. Napoléon répondit à cette notification par le décret de Berlin (21 novembre 1806) qui déclarait : 1° en état de blocus les îles Britanniques ; 2° prohibé tout commerce de marchandises anglaises et confisqués tous les produits des fabriques et des colonies de la Grande-Bretagne ; 3° exclu tout bâtiment sortant de ses ports ou de ses colonies ; 4° prisonniers de guerre tous les sujets anglais saisis en France ou dans les pays soumis. Puis, afin de « *vaincre la mer par la terre* », il prit toutes les mesures nécessaires pour opposer rigoureusement ce *blocus continental* au *blocus de papier*. Il ferma aux produits anglais tous les pays enchaînés à notre système politique. Il s'empara de Brême, sur le Wéser, de Hambourg, sur l'Elbe, de Lubeck sur la Trave (Baltique), et de Stettin sur l'Oder, pour tenir l'entrée de tous les grands fleuves du Wéser à la Vistule. Il était ainsi entraîné à dominer le continent tout entier pour le fermer à l'Angleterre, comme l'Angleterre devait s'acharner de son côté à arracher le continent à la domination française. C'était le duel à outrance ou la guerre viagère, comme avait dit Pitt, entre la Grande-Bretagne et Napoléon.

Campagne de Pologne et de Prusse orientale, Eylau et Friedland (décembre 1806, — juin 1807). — Après avoir mis l'Angleterre hors des relations européennes, Napoléon marcha contre les Russes qui devaient se défendre avec opiniâtreté au milieu des forêts et des marais de la Pologne et de la Prusse orientale. Ce ne fut plus la guerre méthodique et exacte des campagnes d'Allemagne. Les distances, les boues, les glaces, les neiges, la difficulté de reconnaître un pays coupé et couvert, de sonder ces immenses marais qui semblaient une barrière et que l'ennemi franchissait tout à coup à l'aide d'une gelée ou d'un gué inconnu, tout cela pouvait avoir raison des plus belles combinaisons [1]. On le vit bien dans la campagne

---

1. Aussi bien les instruments commençaient à s'user, l'armée s'affaiblissait. « Dans l'esprit du gouvernement et devant les nécessités de la situation, dit le maréchal Bugeaud, les préoccupations de *quantité* pour la formation des effectifs durent l'emporter sur les préoccupations de

d'hiver de 1806-1807, quand le général russe Benningsen, après avoir été vaincu à *Soldau* (sur l'Ukra, affl. du Bug), à *Golymin* (entre l'Ukra et la Narrew), à *Czarnowo* (sur le Bug), à *Pulstuck* (sur la Narrew), échappa à Napoléon et transporta subitement la guerre de la Pologne dans la Prusse Orientale. L'empereur l'y suivit et l'atteignit à EYLAU (8 fév. 1807). Mais la bataille comme la campagne tout entière fut pleine d'imprévu et longtemps incertaine. Un corps, celui d'Augereau, fut presque anéanti. Pour rompre les lignes solides de l'infanterie russe il fallut une action de cavalerie, la plus extraordinaire peut-être de nos grandes guerres. Murat dut charger avec quatre-vingts escadrons, et bien qu'il eût percé il ne put déterminer la retraite de l'ennemi. Ce fut l'arrivée tardive de Ney [1] sur la droite de Benningsen qui contraignit enfin les Russes à nous céder cet affreux champ de bataille dont l'horreur émut Napoléon lui-même. « Sur cette plaine glacée, des milliers de morts et de mourants cruellement mutilés, des milliers de chevaux abattus, une innombrable quantité de canons démontés, de voitures brisées, de projectiles épars, des hameaux en flammes, *tout cela se détachant sur un fond de neige* [2] présentait un spectacle saisissant et terrible. « Ce spectacle, s'écriait Napoléon, est fait pour inspirer aux princes l'a-

qualité ; on fit de grands efforts pour retenir sous les drapeaux les vieux soldats qui devinrent trop vieux, et pour multiplier les jeunes soldats, qui furent, trop jeunes et à peine formés, acheminés vers les armées actives

« On vit alors se produire de graves désordres donnant lieu, le jour du combat, aux plus douloureux mécomptes. Toute armée de 100 000 hommes, censée en ligne et disponible pour l'action, laissait derrière elle en cheminant une deuxième armée de 20 à 25,000 hommes formée de vieux soldats usés et indiciplinés, de conscrits affaiblis qui ne rejoignaient plus, vivant sur l'habitant, et constituant ce que nous appelions *l'armée des fricoteurs,* mal désormais inévitable, incurable et qui allait s'aggravant chaque jour. » Le général de Fezensac confirme cette assertion dans ses mémoires: « Après Eylau, dit il, il y avait 60,000 absents, presque tous maraudeurs. »

1. Il faut lire dans les mémoires de Fezensac cet épisode de la mission de l'officier qui portait à Ney l'ordre de rabattre sur Eylau. On y voit à quoi peut tenir le gain d'une bataille. Cela complète le récit de la sombre journée et montre assez que le génie ne suffit pas à maîtriser la fortune.

2 Expression de Napoléon dans un de ses bulletins.

mour de la paix et l'horreur de la guerre ! » Singulière réflexion dans sa bouche et sincère au moment où il la laissait échapper [1]. »

Campagne d'été de 1807. Friedland. — La journée d'Eylau n'avait point été assez décisive pour amener la paix ; l'empereur dut reprendre ses quartiers d'hiver, et mettre ses soins à nourrir et à recruter son armée à des distances où toute administration succombe. Il les établit cette fois en Prusse orientale, derrière le Passarge, et consolida sa position par la prise de DANTZIG (24 mai 1807). Attaqué par Benningsen, il le ramena vivement et se posta en avant. Il déborda la droite des Russes, la coupa de la mer et du petit corps prussien de Lestocq (le seul qui eût pu rallier les Russes), les jeta sur l'Alle, affluent de la Prégel, et les atteignit à *Heilsberg* (sur l'Alle). Puis, les gagnant de vitesse pour leur fermer la route de Kœnigsberg, il les surprit à FRIEDLAND sur l'Alle le 14 juin 1807. « C'est un jour de bonheur, dit-il, c'est l'anniversaire de Marengo. » Par une habile manœuvre, il encouragea l'armée ennemie à passer la rivière, puis il l'y refoula comme dans un gouffre et la noya ou la prit presque tout entière ; c'était la dernière que l'Europe pût lui opposer.

Cette bataille « la plus belle de tous les siècles, par la promptitude et la profondeur des combinaisons, par la grandeur des conséquences, » amena la paix de Tilsit. Mais ce n'est point sans nous montrer des signes redoutables que la campagne d'Eylau et de Friedland nous a conduits au point culminant de l'empire. « L'Empereur a fait la première expérience de ce climat du Nord et de ce désespoir des peuples sous lequel il devait succomber plus tard [2]. »

Traité de Tilsit (juillet 1807). — La Russie vaincue traita à Tilsit (7 juillet 1807). Elle promit d'adhérer au *blocus continental*. A ce prix Napoléon, tout à l'idée de ruiner l'Angleterre, s'engagea secrètement à ne pas restaurer la Pologne, autorisa Alexandre à conquérir la Finlande sur la Suède et promit de fermer les yeux sur les empiètements des Russes

---

1. Thiers. *Histoire du Consulat et de l'Empire.*
2. Thiers. *Histoire du Consulat et de l'Empire.*

dans les provinces turques de Moldavie et de Valachie.

Ce fut la Prusse qui paya les compensations de la guerre. Le traité lui ôta ses provinces polonaises, Dantzig, tous ses territoires compris entre l'Elbe et le Rhin. De six milliers de milles carrés il ne lui en resta plus que trois mille. De dix millions de sujets elle fut réduite à cinq ; elle eut à payer d'écrasantes contributions et à subir l'occupation militaire. On verra comment le malheur donna à la Prusse les vertus civiques qui devaient préparer son relèvement. Deux royaumes feudataires, destinés à lui faire contre-poids, furent créés sur ses flancs : celui de Saxe, donné à l'électeur de Saxe et formé de l'électorat de Saxe et de la Pologne prussienne érigée en grand duché de Varsovie ; celui de Westphalie donné à Jérôme, frère de Napoléon, et formé des états de Hesse-Cassel, de Brunswick, de Fulde, de Munster et de la plus grande partie du Hanovre. Il assignait ainsi pour limite à la Confédération du Rhin, l'Elbe à l'égard de la Prusse, comme le traité de Presbourg lui avait donné celle de l'Inn à l'égard de l'Autriche. Ce traité était « l'entente des deux ambitions russe et française pour se permettre tout dans ce monde, entente funeste, car il importait à la France de ne pas tout permettre à la Russie, et bien plus encore de ne pas se permettre tout à soi-même [1]. »

Tilsit est l'apogée de l'Empire. « *Le grand Empire* s'éleva au dedans avec son système d'administration, qui remplaça le gouvernement des assemblées, ses cours spéciales, ses lycées[2]

---

1. Thiers *Histoire du Consulat et de l'Empire.*

2. La loi du 10 mai 1806 avait créé l'*Université*, mais l'organisation en fut réglée par les décrets du 17 mars 1808 et du 15 novembre 1811. Un grand maître de l'Université, assisté d'un Conseil, dirigeait l'ensemble de l'Instruction publique, surveillait tous les établissements par le corps des inspecteurs généraux, conférait les grades sur la proposition des facultés et nommait à la plupart des fonctions universitaires. L'empire français était divisé en autant d'académies qu'il y avait de circonscriptions de cours impériales. Un recteur était placé à la tête de chaque académie avec des inspecteurs chargés de surveiller tous les établissements d'instruction du ressort académique, et assisté d'un conseil académique qui prononçait sur les questions disciplinaires.

L'Université, ainsi constituée, distribuait l'enseignement supérieur par les facultés, l'enseignement secondaire par les lycées et les colléges, enfin l'instruction primaire par les écoles communales. Les désastres des dernières années de l'empire ne permirent pas de réaliser sa noblesse héréditaire ; au dehors avec ses royaumes secondaires, ses États confédérés, ses grands fiefs et son chef suprême. Napoléon, n'éprouvant plus de résistance nulle part, put courir et commander d'un bout du continent à l'autre [1]. »

« Il paraissait solidement assis et inébranlable. L'action libre, régulière du gouvernement inspirait la sécurité et la confiance ; l'éclat de la cour, où l'on voyait se succéder les grands, les princes, les rois de l'Europe, éblouissait ; les souffrances intérieures se taisaient ou disparaissaient devant la gloire ; l'absence de la liberté semblait compensée par la grandeur et la suprématie de la nation ; on s'enorgueillissait du respect ou de la crainte qu'inspirait le nom de Français. Tout se façonnait de plus en plus à un despotisme qui soumettait les rois comme les peuples [2]. »

Grands travaux d'utilité publique. — Les soins de la guerre n'avaient point détourné l'Empereur des travaux de la paix. Treize mille quatre cents lieues de grandes routes, formant le vaste réseau des communications de l'empire, avaient été ou réparées ou entretenues aux frais du trésor public. Deux routes monumentales, celles du Simplon et du Mont-Cenis [3], venaient d'être achevées. Napoléon fit allouer des fonds pour entreprendre enfin celle du mont Genèvre. Il ouvrit les crédits nécessaires pour mener à bonne fin les travaux de la route de Lyon au pied du Mont-Cenis, de celle de Savone à Alexandrie, destinée à relier la Ligurie au Piémont, de celle de Mayence à Paris. Il décréta en outre l'ouverture de la route de Paris à Wesel. Il hâta la construction des ponts de Roanne et de Tours sur la Loire, de Strasbourg sur le Rhin, d'Avignon sur le Rhône. Il fit commencer les travaux du pont de Sèvres sur la Seine et achever le pont de Saint-Cloud, sur la même

complètement le plan de Napoléon. Ni les facultés, ni les écoles communales ne furent entièrement organisées. Les lycées seuls reçurent tout leur développement (Chéruel, *Dict. historique*).

1. Mignet. *Histoire de la Révolution.*
2. Thibaudeau. *Histoire du Consulat et de l'Empire.*
3. Le col du Simplon traverse les Alpes pennines. C'est la grande route de Genève à Milan.
Le col du mont Cenis, entre les Alpes Grées et Cottiennes, sert de passage entre Chambéry et Turin.

7.

rivière, celui de la Scrévia entre Tortone et Alexandrie, celui enfin de la Gironde devant Bordeaux.

« Les canaux, moyen alors le seul connu de procurer aux transports par terre la facilité et le bas prix des transports par mer, n'avaient cessé d'attirer l'attention de Napoléon. Dix grands canaux, destinés à unir toutes les parties de l'Empire entre elles, l'Escaut avec la Meuse, la Meuse avec le Rhin (canal du Nord), le Rhin avec la Saône et le Rhône (canal du Rhône au Rhin), l'Escaut avec la Somme, la Somme avec l'Oise et la Seine (canal de Saint-Quentin), la Seine avec la Saône et le Rhône (canal de Bourgogne), la mer au nord de la Bretagne avec la mer au midi, les uns tellement naturels, tellement anciens qu'ils avaient été projetés, même entrepris dans les dix-septième et dix-huitième siècles, les autres entièrement imaginés par Napoléon, tous ou continués ou commencés par lui, étaient en pleine exécution. A cette navigation artificielle des canaux il pensait avec raison que devait s'ajouter la navigation naturelle des fleuves et rivières, et que pour cela il fallait en améliorer le cours. Il ordonna d'étudier dix-huit rivières, sur lesquelles, du reste, certains travaux étaient déjà entrepris. Toujours conséquent dans ses conceptions, il passa des canaux et des fleuves aux ports [1]. » Il fit creuser de vastes bassins à Anvers, rendit plus accessible le port de Flessingue, allongea les jetées de Dunkerque et de Calais, et continua la grande digue de Cherbourg commencée par Louis XVI.

Paris fut aussi l'objet de son attention. L'eau du canal de l'Ourcq alimenta les fontaines anciennes et nouvelles. Les ponts d'Austerlitz et d'Iéna étaient jetés sur la Seine à l'entrée et à la sortie de ce fleuve. Le palais de la nouvelle Bourse, le grenier d'abondance étaient décrétés. La façade du Corps Législatif, le temple de la Madeleine, le Panthéon s'élevaient. Les arcs de triomphe du Carrousel et de l'Étoile, la colonne de la place Vendôme devaient rappeler la gloire de nos armes.

1. Thiers. *Histoire du Consulat et de l'Empire.*

CHAPITRE X

GUERRE D'ESPAGNE. — CINQUIÈME COALITION

(1809.)

PRÉCIS DES FAITS

Fautes de Napoléon. Pour entraîner l'Europe entière dans la lutte contre l'Angleterre, Napoléon occupe le Portugal, signe le décret de Milan, s'empare de Rome, et chasse les Bourbons d'Espagne, alliés inutiles par leur incapacité.

Guerre d'Espagne. L'Espagne se lève contre Joseph que Napoléon lui a donné pour roi. Napoléon prend une revanche éclatante des capitulations de *Cintra* et de *Baylen* par les victoires d'Espinosa, de Burgos, de Tudela et de Somo-Sierra. Il ramène Joseph à Madrid et chasse d'Espagne l'armée anglaise de John Moore (1808).

En 1809 ses lieutenants, privés de direction, s'épuisent dans leur lutte contre l'insurrection sans cesse renaissante et contre l'armée de Wellington.

De 1810 à 1811 les généraux de Napoléon ne peuvent chasser les Anglais du Portugal, ni achever la conquête de l'Andalousie faute de moyens d'action suffisants et d'unité dans le commandement. Masséna est arrêté par les lignes de Torrès-Vedras et Soult par la résistance de Cadix. Suchet, plus heureux achève la soumission des provinces de l'Est qu'il administre sagement.

De 1812 à 1814 Wellington, qui a pris l'offensive et passé du Portugal en Espagne, s'ouvre le chemin des Pyrénées par les victoires *des Arapiles* près de Salamanque et de *Vittoria*, et pénètre en France.

Cinquième coalition (1809). La cinquième coalition, encouragée par la résistance de l'Espagne, réunit contre la France l'Angleterre qui a enfin pris pied sur le continent (Wellington en Portugal), l'Espagne et l'Autriche.

Napoléon défait une première fois l'archiduc Charles à Eckmuhl (22 avril 1809). Il s'empare de Vienne et livre à l'archiduc la bataille indécise d'Essling (21 et 22 mai 1809). Il réunit dans l'île Lobau les armées d'Italie et de Dalmatie à la grande armée et gagne sur l'archiduc la bataille décisive de Wagram (6 juillet 1809).

Napoléon impose à l'Autriche le traité de Vienne (14 août 1809).

Captivité de Pie vii. Napoléon déclare les États de l'Église réunis à l'Empire français (17 mai 1809), et répond à la bulle d'excommunication par l'enlèvement du pape Pie VII qui est conduit à Grenoble, puis incarcéré à Savone.

Fautes de Napoléon : occupation du Portugal; décret de Milan ; occupation de Rome ; entrevue de Bayonne (1807-1808). — Nous sommes arrivés à la seconde période de l'empire, celle où les grandes fautes préparent les grands revers.

L'Europe avait été vaincue à Austerlitz, à Iéna et à Friedland, mais l'Angleterre, bien qu'abandonnée de tous ses alliés, n'avait point déposé les armes. Le duel entre Napoléon et la Grande Bretagne continua, et chacun des deux adversaires se laissa entraîner à tout ce que permettait à l'un l'empire de la mer, à l'autre celui du continent. Nul ne voulut souffrir de neutre dans la grande querelle. L'Angleterre punit le Danemark de sa neutralité en bombardant Copenhague trois jours et trois nuits et en capturant la flotte danoise (1er sept. 1807). Napoléon occupa le Portugal qui refusait de rompre avec l'Angleterre et en chassa la maison de Bragance. Le prince régent s'embarqua pour le Brésil (nov. 1807).

Aucune navigation neutre ne put subsister. Un *ordre du conseil* d'Angleterre (11 nov. 1807) déclara bloqués tous les ports d'où le pavillon britannique serait exclu. Par représailles le *décret de Milan* (17 déc.) déclara dénationalisé et partant de bonne prise tout bâtiment qui aurait abordé en Angleterre ou dans ses colonies, et se serait soumis à l'obligation d'y payer une taxe.

Il ne fut pas même permis au pape, qui invoquait sa qualité de père commun de tous les fidèles, de rester neutre. « Je veux, disait Napoléon, qu'il ferme ses ports aux Anglais et qu'il ne les reçoive pas dans ses états, et que, ne pouvant défendre ni ses ports, ni ses forteresses, il me les donne à défendre. » Sur le refus de Pie VII, il fit occuper Rome par le général Miollis (2 fév. 1808), et deux mois après incorporer les légations d'Ancône, d'Urbin, de Macerata et de Camerino au royaume d'Italie. Parce qu'il avait réduit à la paix l'empereur d'Autriche et le roi de Prusse, pour avoir pris Vienne et Berlin, Napoléon croyait que par l'occupation de Rome il réduirait à l'obéissance ce pauvre vieillard, Pie VII. Il se méprenait sur le fond même des choses et bravait sans le savoir une puissance morale redoutable. « Contre le vicaire du Christ invoquant les devoirs de sa mission religieuse, le recours à la force brutale risquait de devenir une mesure aussi inutile que dangereuse, et les menaces ne pouvaient avoir d'autre effet que de provoquer les sympathies secrètes, non-seulement de l'Europe entière, mais d'une notable partie du public français en faveur de l'inoffensif vieillard qu'il plaisait maintenant à l'empereur de choisir pour adversaire et pour victime » [1].

Au temps même où il s'engageait dans une lutte qui ne devait finir qu'avec son règne, il se jetait dans une autre guerre dont il a dit lui-même : « ce fut une véritable plaie et la cause première de tous les malheurs. » L'invasion du Portugal avait préparé celle de l'Espagne. Il avait reproché à la maison de Bragance ses relations avec l'Angleterre; il se plaignait de l'incurie du gouvernement espagnol qui laissait se perdre les ressources maritimes dont le concours actif lui eût été si précieux. Profitant des divisions de la famille royale, il contraignit le père et le fils, Charles IV et Ferdinand, à abdiquer aux conférences de Bayonne. Il pensa pouvoir consoler l'Espagne de la perte d'une dynastie nationale par l'introduction des institutions françaises et lui imposa son frère Joseph que Murat alla remplacer à Naples.

Guerre d'Espagne. La Guérilla. L'armée anglaise. — Mais l'Espagne prit les armes pour repousser une constitution, des libertés et des réformes qui lui venaient de l'étranger. Les *juntes* insurrectionnelles reconnurent pour roi Ferdinand VII et appelèrent le peuple aux armes ; les Portugais se soulevèrent. L'Espagne tout entière, « ce grand corps qni manque d'embonpoint mais qui a encore des nerfs et des muscles [2] » se leva pour étreindre l'envahisseur. « Pour soumettre les Espagnols, disait Lannes, il les fallait tuer ». Ce n'é-

1. D'Haussonville. *L'Église et l'Empire.*
2. Maréchal Suchet.

tait plus le gras pays de la vallée du Danube et la facilité des mœurs allemandes. On devait combattre dans un pays montueux, sous un climat dévorant, au milieu d'une population tout entière soulevée contre les Français, qui violaient les sanctuaires les plus révérés, et contre leur Empereur « fils du péché ». « Des troupes irrégulières que personne n'avait créées, ne songeait à nourrir ni à diriger, sorties pour ainsi dire du sol et conduites par l'instinct, massacraient les traînards, attaquaient nos convois de malades, de blessés, de recrues. Et comme c'étaient surtout de jeunes soldats qu'on envoyait en Espagne, ils succombaient d'autant plus vite sous l'action du climat et par les privations qu'ils étaient faibles et nouveaux à la souffrance [1]. »

Ce ne furent pas seulement les guerilleros espagnols que nous eûmes à combattre dans la Péninsule. L'Angleterre qui cherchait en vain, depuis la rupture de la paix d'Amiens, un rivage où elle pût débarquer sa petite armée sans trop l'exposer aux coups de Napoléon, avait trouvé un champ de bataille à souhait. Le Portugal était un pays difficile où les soldats anglais pouvaient combattre avec leur opiniâtreté accoutumée dans de bonnes positions défensives. S'ils étaient serrés de trop près, ils se repliaient vers un port de la côte où leur flotte les recueillait ; ils devaient ainsi à leurs vaisseaux la mobilité que les Espagnols devaient à leurs jambes.

Cette guerre ne finit qu'avec l'Empire et elle se mêle à l'histoire des cinquième et sixième coalitions. Mais bien que, dans notre récit, à chaque revers des campagnes de Russie et d'Allemagne la nouvelle d'une défaite en Espagne réponde comme un écho sinistre, il nous a semblé utile d'indiquer rapidement à l'avance les diverses phases de cette guerre particulière.

Première phase (1808-1809). Pendant les années 1808 et 1809 Napoléon entreprend la conquête de l'Espagne qui lui oppose ses bandes de guérilla et le secours de l'armée anglaise.

Le roi Joseph, auquel la victoire du maréchal Bessières à MEDINA DEL RIO-SECO [2] avait ouvert la route de Madrid, est

---

1. Thiers. *Histoire du Consulat et de l'Empire.*
2. Medina del Rio-Seco, sur le Sequillo, affluent de droite du Douro, dans la province de Léon.

contraint d'évacuer sa capitale après la capitulation de Junot à *Cintra* [1] et celle plus déplorable du général Dupont à *Baylen* (juillet 1808). Napoléon, libre d'agir en Espagne après l'*entrevue d'Erfurth* (oct. 1808) qui resserra son alliance avec la Russie, rétablit Joseph dans sa capitale par les victoires d'ESPINOSA [2], de BURGOS [3], de TUDELA [4] et de SOMO-SIERRA [5], sur les Espagnols, et par l'expulsion des Anglais de John Moore, qui, entrés en Espagne par le Portugal, sont rejetés dans la Galice, atteints à la Corogne (janvier 1809) et contraints de se rembarquer.

Mais l'Empereur rappelé par la cinquième coalition, quitte l'Espagne pour n'y plus revenir et ses lieutenants, privés d'une direction énergique, s'épuisent dans leur lutte contre l'insurrection sans cesse renaissante et contre l'armée de Wellington. En 1809, Soult gagne la bataille d'OPORTO (à l'embouchure du Douro) dans le Portugal (mars), mais est forcé de battre en retraite en sacrifiant son artillerie. Au centre de l'Espagne, si Sébastiani est vainqueur à CIUDAD-RÉAL [6] et Victor à MEDELLIN [7], le roi Joseph est battu à TALAVERA, sur le Tage, par Wellington (juillet 1809). Cependant Soult gagne la bataille d'OCANA (bassin supérieur du Tage) sur la dernière armée espagnole. Au nord-ouest de la Péninsule nos armées s'établissent solidement : en Aragon, Lannes prend SARAGOSSE (sur l'Èbre), après huit mois de siége et vingt-cinq jours de combats à l'intérieur de la ville (20 fév. 1809). Suchet livre des combats heureux au général anglais Blake et n'a plus affaire qu'aux Guerilleros et aux places fortes. En Catalogne, Gouvion Saint-Cyr se maintient à force d'énergie et contraint Girone à capituler.

Dans la **deuxième phase** (1810 à 1811), les lieutenants de Napoléon ne peuvent chasser les Anglais du Portugal, ni ache-

1. Cintra, dans l'Estremadure, en Portugal, à l'ouest de Lisbonne.
2. Espinosa, dans la vallée supérieure de l'Èbre.
3. Burgos, capitale de la Vieille Castille, sur l'Arlançon.
4. Tudela, sur l'Èbre.
5. Somo-Sierra, défilé de la Sierra de Guadarrama, route de Burgos à Madrid.
6. Ciudad Réal, dans la Manche, non loin de la Guadiana.
7. Medellin, dans l'Estremadure, sur la Guadiana.

ver la conquête de l'Andalousie, faute de moyens d'action suffisants et d'unité dans le commandement. Masséna, chargé du commandement d'une troisième expédition[1] en Portugal, s'empare des places frontières du nord-est (Ciudad-Rodrigo et Almeïda, sur des affluents de la rive gauche du Douro), en juillet 1810, poursuit Wellington dont il précipite la retraite en débordant sa droite, après le sanglant et inutile combat de BUSACO (sur la route d'Almeïda à Coimbre). Continuant sa marche en avant il s'empare de Coimbre et franchit le Mondego. Mais il est arrêté par les lignes formidables de TORRÈS-VÉDRAS, triple retranchement s'étendant du Tage à la mer et couvrant Lisbonne (oct. 1810, mars 1811). Après avoir vainement attendu pendant cinq mois le concours du maréchal Soult, il se détermine à battre en retraite, avec une armée épuisée, affamée et déchirée par la discorde. Il livre à Wellington, acharné à sa poursuite, la bataille indécise de FUENTÈS D'ONORO sans pouvoir sauver Almeïda et repasse la frontière d'Espagne (mai 1811).

Pendant ce temps Soult, qui a entrepris mal à propos la conquête de l'Andalousie, occupe, presque sans coup férir, Cordoue, Grenade et Séville, mais est arrêté quinze mois devant Cadix. Ne pouvant sans renoncer à son entreprise aller au secours de Masséna, il se contente de prendre Badajoz, place frontière au sud-est du Portugal (janvier 1811).

Suchet seul est heureux dans l'est. Il s'empare de Lérida (sur la Sègre), de Méquinenza et de Tortose (sur l'Ebre). Par la prise de Tarragone il ôte à l'insurrection de la Catalogne son principal appui. Il peut alors s'étendre vers le sud dans la province de Valence. Il gagne sur le général Blake la bataille de SAGONTE, s'empare de toute la plaine de Valence par la prise de Sagonte, et enfin contraint de se rendre la ville de Valence où il fait l'armée de Blake prisonnière de guerre (9 janvier).

Dans la **troisième phase** de la guerre (1812 à 1814), Wellington, qui prendra l'offensive et passera du Portugal en

---

1. La première expédition est celle conduite par Junot et terminée par la capitulation de Cintra, 1808. La deuxième est celle dirigée par Soult, 1809.

Espagne, s'ouvrira le chemin des Pyrénées et pénétrera en France. En 1812 il poussera une pointe hardie jusqu'à Madrid et à Burgos, gagnera sur Marmont la bataille des ARAPILES près de Salamanque (22 juillet), et rentrera sain et sauf en Portugal après avoir mis à nu la faiblesse de notre occupation en Espagne. En 1813 il chassera successivement le roi Joseph de Madrid, de Valladolid et de Burgos, gagnera la victoire de VITTORIA (sur la Zadorra, affluent de l'Ebre, 21 juin 1812) et franchira la Bidassoa. En 1814 il envahira le sud-ouest de la France tandis que Suchet sera contraint de repasser les Pyrénées à son tour.

Cinquième coalition. — Eckmühl, Essling, Wagram (avril, juillet 1809). — L'exemple de l'Espagne rendit le courage à nos ennemis vaincus. L'Autriche se déclara encore une fois contre nous pour faire, disait-elle, une campagne de peuples contre le despote. Mais en Allemagne, sur ce théâtre de la grande guerre, Napoléon retrouvait toutes les ressources de son incomparable génie. L'Autriche allait sentir encore une fois le poids de son bras.

En avril 1809 il défait une première fois l'archiduc Charles à ECKMUHL [1] dans le bassin supérieur du Danube, et le rejette sur la rive gauche. Puis il précipite sa marche sur Vienne, qu'il force à capituler (13 mai). Il franchit alors le Danube à la hauteur de l'île Lobau et des villages d'Aspern et d'Essling, devant l'archiduc Charles qui avait pris position dans la plaine de Marchfeld. Il dut soutenir dans les journées d'ESSLING (21 et 22 mai 1809) le choc de toute l'armée autrichienne avec soixante mille hommes, les seuls que les ponts du Danube, tout à coup rompus par une crue subite, eussent laissés passer. Il fallut, au soir de la bataille, où périt le maréchal Lannes, se retirer dans l'île Lobau.

Napoléon s'établit solidement dans cette île, tandis que toute l'Europe attentive commençait à espérer le déclin de l'Empire. Il ne pouvait plus rien laisser au hasard ; il réunit donc toutes ses forces : il appela à lui l'armée d'Italie et celle de Dalmatie. La première, commandée par le prince Eugène, avait essuyé un

---

1. Eckmühl, sur la Gross-Laber, aff. de droite du Danube.

échec à SACILE, sur la Livenza, et avait dû se replier derrière l'Adige. Eugène, auquel Napoléon s'était empressé d'envoyer le général Macdonald, comme chef d'état major, allait reprendre l'offensive, quand on vit tout à coup les Autrichiens de l'archiduc Jean battre en retraite. « Victoire en Allemagne ! » s'écria Macdonald. C'était en effet la victoire d'Eckmülh qui ouvrait la route de Vienne à l'armée d'Italie. Ainsi se faisait sentir à distance la puissante impulsion de Napoléon. Eugène avait alors franchi les Alpes Carniques au col de Tarvis et s'était élevé vers Vienne par la Carinthie et la Styrie. Il avait pris sur l'archiduc Jean la revanche de Sacile à la journée de RAAB (sur le Raab), et rallié la grande armée. L'armée de Dalmatie, commandée par le général Marmont, avait traversé heureusement la Croatie et la Carniole et s'était réunie à Gratz (sur la Muhr, affluent de la Drave), à l'arrière-garde de l'armée d'Italie qu'elle avait suivie jusqu'à l'île Lobau.

Napoléon avait transformé cette île en une véritable forteresse ; quand il eut fait établir des ponts fixes sur le grand bras du Danube et des ponts volants sur le petit, il déboucha subitement sur la rive gauche, à Enzersdorff, et gagna la sanglante bataille de WAGRAM (5 et 6 juillet 1809). Il poursuivit l'armée vaincue et conclut à Znaïm[1] un armistice. Des plénipotentiaires durent se réunir à Altenbourg, en Hongrie, pour traiter de la paix. C'est la dernière fois qu'il était donné à Napoléon de triompher d'une coalition européenne. Avec des soldats trop jeunes et « qui n'étaient pas cousus ensemble, » comme disait Macdonald[2], il avait encore une fois vaincu des ennemis aguerris par leurs défaites mêmes, grâce à la sagesse du plan qu'il avait conçu et à la merveilleuse précision de l'exécution.

1. Znaïm, sur la Thaya, affl. de la Morawa, route de Bohême par Iglau.

2. A Wagram, Macdonald avait été contraint de ranger ses bataillons en ordre profond. Comme on lui reprochait plus tard d'avoir douté du courage de ses jeunes soldats, il répondait : « Nos soldats étaient toujours braves, mais ils n'étaient pas cousus ensemble. » On sait que Napoléon n'osa pas laisser se prononcer un mouvement tournant de l'ennemi, qui nous aurait permis une victoire plus décisive, dans la crainte que les recrues ne fussent troublées en entendant le feu se rapprocher des ponts du Danube.

L'Autriche, qui avait tant d'opiniâtreté dans la lutte, ne pouvait encore renoncer à ses espérances. Elle attendait de bonnes nouvelles d'Espagne où il ne se passa rien de décisif, et de Belgique où les Anglais avaient dirigé un immense armement. Mais ceux-ci durent se retirer après avoir perdu une partie du corps de débarquement, sans avoir causé de dommage à la ville d'Anvers et à la flotte de Missiessy.

Traité de Vienne (14 août 1809). — Il ne restait plus à l'empereur François II qu'à traiter. Il se soumit à l'ultimatum de Napoléon, accéda au blocus continental et reconnut Joseph roi d'Espagne. Il dut aussi céder le cercle de Villach (en Carinthie), la Croatie, la Carniole à la France; le pays de Salzbourg, Braunau et ses districts sur l'Inn à la Bavière; la Gallicie occidentale au grand duché de Varsovie et une partie de la Gallicie orientale à la Russie. C'était une perte de trois millions de sujets. Enfin l'Autriche payait 85 millions et s'obligeait à ne point porter son armée au-delà de 150,000 hommes jusqu'à la paix maritime.

Captivité de Pie VII (1809) C'est de Schœnbrunn[1], après la victoire d'Eckmülh et la prise de Vienne, que Napoléon data les décrets qui abolissaient la puissance temporelle du Saint-Siége et déclaraient Rome et les états de l'Église réunis à l'empire français (17 mai 1809). Il avait attendu la victoire pour porter ce dernier coup à la papauté. Pie VII y répondit par une bulle d'excommunication. Napoléon fit enlever de Rome le pauvre vieillard infirme (5 juillet 1809). On le conduisit, sous la garde de gendarmes, à Florence, à Gênes, à Alexandrie, à Turin, enfin à Grenoble, où un nouvel ordre de l'empereur prescrivit de le ramener en Italie et de l'enfermer à Savone. Partout les populations étaient accourues sur les pas du pontife, qui, épuisé de fatigue, avait à peine la force de les bénir. C'est à Savone, où il arriva le 9 août 1809, que Pie VII devait demeurer trois ans dans une captivité rigoureuse[2]. Le souverain

1. Schœnbrunn, résidence de l'Empereur d'Autriche, près de Vienne.
2. La police impériale imposa aux journaux un silence absolu On ne sut que tard et peu à peu l'arrestation de Pie VII, les incidents de son triste voyage et son emprisonnement à Savone L'histoire elle-même a été longtemps muette et mal informée. Enfin M. d'Haussonville a

pontife ne fut pas seul atteint. Les cardinaux, les évêques, les prêtres romains, qui refusèrent de prêter serment à l'Empereur,

pu, après de longues recherches, écrire un récit authentique de la captivité du Pape et de la lutte du Pontife et de l'Empereur (*L'Église romaine et le premier Empire*).

Pie VII, on le sait, avait répondu aux décrets du 17 mai 1809, qui avaient aboli son pouvoir temporel, par une bulle d'excommunication. De sa prison il continua à refuser l'investiture aux évêques nommés par Napoléon ; il ôta même, par un bref du 18 déc. 1810, tout pouvoir et toute juridiction au cardinal Maury, nommé par l'Empereur à l'archevêché de Paris. Dans sa colère, Napoléon donna l'ordre au préfet de Montenotte, M. de Chabrol, de faire forcer le *secrétaire* du Pape, de se saisir de sa correspondance et de ses papiers, de lui retirer ses plumes, ses livres, de le dépouiller de son anneau, et de l'empêcher de communiquer avec personne. Après avoir séquestré le pape, l'Empereur voulut se passer de lui, en faisant donner l'investiture aux évêques par un *Concile national.* Ce concile pouvait-il être convoqué sans l'assentiment du Pape ? Napoléon réunit quelques ecclésiastiques et leur posa cette redoutable question. L'abbé Emery, supérieur de Saint-Sulpice, répondit courageusement qu'un concile assemblé sans l'aveu du pape n'aurait aucune valeur. L'Empereur chercha alors à surprendre cet aveu du Pontife. Il envoya à Savone trois évêques avec des pouvoirs secrets pour traiter avec le prisonnier. Pie VII, qui ne savait rien des choses du dehors, privé de tout conseil, fut pendant neuf jours (du 9 au 13 mai 1811 soumis aux obsessions des émissaires de Napoléon, de M. de Chabrol, de son médecin Porta lui-même, qui avait été gagné. Il perdit le sommeil, il tomba dans un état d'esprit qui était une sorte d'ivresse, a-t-il dit lui-même, ou plutôt comme l'écrit confidentiellement M. de Chabrol, de l'aliénation mentale. Il parut alors acquiescer à un écrit que rédigèrent devant lui les évêques envoyés par Napoléon. Quand il revint à lui, il désavoua hautement ce qui lui avait été surpris. La lutte continua jusqu'en 1812. Napoléon pensa qu'il saurait, dans une entrevue, triompher de la résistance du Pontife. Il fit transporter à Fontainebleau le prisonnier, qui tombé dangereusement malade au Mont-Cenis, était presque mourant à son arrivée (juin 1812). Pie VII se remit et vécut à Fontainebleau dans une retraite absolue. En janvier 1813 on le fatigua de nouvelles obsessions. « Le Pape est extrêmement agité. Il ne dort pas, écrit l'évêque de Nantes au ministre des cultes. Sa santé est altérée. En ce moment, je ne le crois pas en état de soutenir une discussion. » (Lettre du 13 janvier 1811.) Le 18 janvier, la porte du salon du Pape s'ouvre inopinément et livre passage à Napoléon. Au bout de cinq jours, l'Empereur emportait de haute lutte l'adhésion du Pape à ce qu'on a appelé le concordat de Fontainebleau. Dès qu'il eut signé, Pie VII retomba dans de grands troubles de conscience ; il ne tarda pas à rétracter le nouveau concordat par une lettre adressée à l'Empereur. Napoléon répondit à cette lettre par l'ordre de séquestrer de nouveau le Pape. Il écarta ses conseillers ; il emprisonna les prêtres français qui montraient trop de zèle pour la cause du Saint-Père, il incorpora des séminaristes dans les garnisons du Nord. Ceci se passait avant la campagne d'Allemagne. Après Leipzig, quand le Rhin fut franchi, quand Murat qui avait traité avec nos ennemis eut

 furent conduits à Pignerol sous escorte de gendarmes ou inter-
 nés en Corse [1].

CHAPITRE XI

SIXIÈME COALITION. — CAMPAGNES DE RUSSIE, D'ALLEMAGNE ET DE FRANCE. — ABDICATION DE L'EMPEREUR.

(1812 — 1814.)

PRÉCIS DES FAITS

INTERVALLE ENTRE LA CINQUIÈME ET LA SIXIÈME COALITION (1809-1812) Napoléon fait prononcer son divorce avec Joséphine, pour épouser Marie Louise, archiduchesse d'Autriche. Il est entraîné à de nouveaux agrandissements de l'Empire pour maintenir le blocus

occupé une partie des États romains, Napoléon offrit à son captif la res
titution par traité des États de l'Église. Pie VII, « bien résolu à ne
montrer ni entêtement, ni orgueil, quand la Providence tant de fois
implorée venait enfin à son secours » (d'Haussonville), répondit que la
restitution de ses États, étant un acte de justice, ne pouvait devenir
l'objet d'aucun traité ; que la Providence le reconduirait toute seule à
Rome. « Assurez bien à l'Empereur, ajoutait-il, que je ne suis pas
son ennemi. La religion ne me le permettrait pas. J'aime la France, et
lorsque je serai à Rome on verra que je ferai tout ce qui sera convena-
ble. » Cependant les coureurs ennemis menaçaient Fontainebleau.
Napoléon ordonna de faire partir le Pape et de le conduire lentement
et par petites étapes à Savone. Vainqueur à Montereau, il retarda la
marche du Pontife. Vaincu de nouveau, il le fit conduire en Italie
jusqu'aux avant-postes autrichiens. Le 24 mai 1814, le Pape rentrait à
Rome, au milieu des acclamations du peuple. Le 9 mai, Napoléon avait
débarqué à Porto-Ferrajo, capitale de l'île d'Elbe.

1. Voici comment procédait l'Empereur. Il écrivait à son ministre
des cultes : « Donnez ordre au préfet du département du Taro de
choisir cinquante prêtres, les plus mauvais qui sont à Parme et cinquante des plus mauvais de Plaisance... Ces prêtres doivent être
embarqués pour la Corse. » 3 janvier 1811. — Autre lettre : « Je désire
que cent autres prêtres des plus mauvais soient dirigés de Parme et de
Plaisance sur la Spezzia et de là envoyés en Corse. » 2 mars 1811. Ces
« mauvais prêtres » étaient ceux qui avaient eu le courage de se déclarer pour le Pape.

continental. Il se croit maitre de l'avenir par la naissance d'un fils (20 mars 1811).

Sixième coalition (1812 - 1815). 1° Campagne de russie (1812). La sixième coalition, qui naît d'une querelle au sujet du blocus entre Napoléon et l'empereur Alexandre, est d'abord partielle et formée en 1812 de l'Angleterre, de la Russie, de l'Espagne. Napoléon entreprend la campagne de Russie. *Dans sa marche en avant* (24 juin, — 14 septemb. 1812), il s'engage à la poursuite de l'armée russe jusqu'à la Moskowa, remporte une victoire (7 septembre 1812) et entre dans Moscou (14 sept.). *Dans la retraite* (15 oct. — 16 décembre 1812), après avoir évacué Moscou incendiée, il voit périr l'armée de froid et de faim sur la route de Smolensk, s'ouvre passage à travers les armées russes à *la Bérézina*, et laisse à Murat, bientôt remplacé par le prince Eugène, la conduite de nos malheureux débris. Le prince Eugène, aux prises avec les Russes et l'Allemagne soulevée, abandonne successivement les lignes du Niémen, de la Vistule, de l'Oder et de l'Elbe. Il ne s'arrête que derrière la Saale.

2° Campagne d'Allemagne (1813). La sixième coalition devient peu à peu générale après la campagne de Russie. La Prusse y adhère le 28 février 1813.

Dans la campagne d'été (30 avril — 4 juin 1813), Napoléon ressaisit la ligne de l'Elbe et celle de l'Oder supérieur par les victoires de Lutzen et de Bautzen. Après l'inutile congrès de Prague, l'Autriche et l'Allemagne entrent dans la coalition; la Suède y coopère activement. — *Dans la campagne d'automne* (14 août — 2 novembre 1813), Napoléon est contraint d'abandonner la ligne de l'Elbe malgré la victoire de Dresde, et de reculer jusqu'au Rhin, après la défaite de Leipzig.

3° Campagne de France (1814). Napoléon, vainqueur des armées de Blücher et de Schwartzemberg lorsqu'elles se séparent, ne peut s'opposer à leur marche sur Paris quand elles se réunissent. Il perd ses dernières chances par la capitulation de Paris (30 et 31 mars) et par la défection de Marmont à Essonne (4 avril 1814).

Abdication de l'Empereur (1814). Napoléon abdique à Fontainebleau (11 avril 1814) et prend possession de l'île d'Elbe (9 mai).

Intervalle entre la cinquième et la sixième coalitions (1809-1812). Encore une fois maître de l'Europe par les armes, Napoléon crut conjurer de nouveaux périls, donner une base à l'immense édifice de l'Empire, établir sa race entre les races régnantes de l'Europe et s'assurer l'avenir en faisant prononcer son divorce avec Joséphine pour épouser Marie Louise, archiduchesse d'Autriche (1er avril 1810).

Mais c'est en vain qu'il eût voulu s'arrêter dans son œuvre de conquêtes. Il allait être entraîné à de nouveaux agrandissements. Les états fédératifs s'agitaient sous la main de ses frères qui cédaient aux intérêts de leurs peuples. Louis en Hollande, Jérôme en Westphalie, Joseph en Espagne, Murat à Naples réagissaient contre l'Empereur. Napoléon leur rappela durement qu'ils n'existaient que par lui, et, mécontent surtout de son frère Louis, qui tolérait la contrebande anglaise, il réunit la Hollande à l'Empire. Cet immense empire, encore accru des États romains, des provinces illyriennes, du Valais, des villes anséatiques, des duchés d'Oldenbourg (aux dépens d'un oncle du czar) et de Lauenbourg, d'une partie du Hanovre, c'est-à-dire de toute la côte de la mer du Nord entre l'Ems et l'Elbe, eut cent trente départements et embrassa Hambourg et Dantzig, Trieste et Corfou.

L'adhésion de la Suède au système continental (janvier 1810) avait achevé de fermer l'Europe à l'Angleterre ; Charles XIII, pour marquer la sincérité de son alliance, avait adopté comme son héritier un des maréchaux de l'empereur, Bernadotte.

La naissance d'un fils (20 mars 1811), qui fut salué du nom de roi de Rome, sembla mettre le comble à ces dernières prospérités. Napoléon se crut maître de l'avenir, et cependant le silence de la France cachait la fatigue ; cette extension nouvelle de l'Empire révélait la résistance des états fédératifs. L'Angleterre, bien qu'elle fût aux abois, préparait une nouvelle coalition.

Cette sixième coalition, dont une nouvelle guerre avec la Russie va donner le signal, ne comptera d'abord que l'Angleterre, la Russie, l'Espagne et la Suède ; puis, devenue générale, elle recrutera successivement la Prusse, l'Autriche, la Bavière, la Saxe, l'Allemagne entière. A la bataille des nations, comme on nommera les journées de Leipzig, l'Europe tout entière combattra contre nous. C'est donc à cette sixième coalition que se rapportent la campagne de Russie en 1812, la campagne d'Allemagne de 1813, la campagne de France en 1814 et la campagne de Belgique ou des cents jours en 1815.

Sixième coalition (1812-1815). **1° Campagne de Russie** (1812). Quelles furent les causes de cette nouvelle guerre ? Le Czar s'était plaint plus d'une fois d'avoir tiré moins de profit que la France de l'alliance de Tilsitt. Il s'était senti atteint par l'agrandissement du duché de Varsovie, par la spoliation de son oncle, le duc d'Oldenbourg, par l'occupation prolongée de Dantzig et par les sommations de Napoléon, relatives à l'observation du blocus continental. Il avait résisté aux représentations répétées de l'ambassadeur français Caulaincourt à ce sujet, ne pouvant, disait-il, achever la ruine de ses sujets pour servir la politique de Napoléon. Le 31 déc. 1810, il avait rendu un *ukase* qui permettait l'entrée des denrées coloniales sous pavillon neutre. C'était ouvrir à l'Angleterre aux abois le marché de son empire. La guerre devait nécessairement sortir de cette défection au blocus. On s'y prépara de part et d'autre en 1811. Napoléon demanda des contingents à ses alliés, en obtint de la Prusse et de l'Autriche, et voulut armer contre la Russie la Porte, qui se souvint d'avoir été livrée à Tilsit, et la Suède, dont le prince royal, Bernadotte, ne promit l'alliance qu'au prix de la Norwège. C'était demander la dépouille de notre plus fidèle allié, le Danemark. Napoléon s'y refusa et occupa la Poméranie suédoise ainsi que l'île de Rugen : la Suède dès lors ouvrit ses ports aux Anglais (*traité d'Ærebro*, juillet 1812) et signa un traité d'alliance avec la Russie (*traité de Saint-Pétersbourg*, juillet 1812). La Russie s'était déjà mise à l'abri d'une attaque de la Turquie par le *traité de Bucharest*, signé le 28 mai 1812. Elle avait consenti à restituer la Moldavie et la Valachie et s'était contentée de la Bessarabie jusqu'au Pruth.

Alexandre, sans inquiétude sur ses ailes, résolu à ne point prendre l'offensive, attendit l'attaque de son redoutable adversaire. De son côté Napoléon faisait avec ardeur les préparatifs de son immense entreprise. Il rassembla une armée de quatre cent cinquante mille hommes. Il réclama l'assistance de la Prusse et de l'Autriche [1], alliées douteuses qui lui fournirent

---

1. Nous avons, chemin faisant, montré quel était dans chacune des guerres des cinq premières coalitions la composition de l'armée ; on

un corps auxiliaire, l'une de vingt mille, l'autre de trente mille hommes.

Il partit de Paris le 9 mai 1812 et s'arrêta quelques jours à Dresde, où tous les princes d'Allemagne vinrent l'accabler de protestations de dévouement. De Dresde il gagna son quartier-général, visita sur son chemin Thorn, Dantzig (sur la Vistule) et Kœnigsberg (sur la Pregel). Le 24 juin il franchit le Niémen sur trois points à Kowno, à Prenn et à Grodno. « La fatalité, disait il, entraîne la Russie. Que ses destins s'accomplissent. »

« Il s'avançait vers le nord, laissant derrière lui la France épuisée et dégoûtée d'une gloire sanglante, les âmes pieuses blessées de sa tyrannie religieuse, les âmes indépendantes, de sa tyrannie politique, l'Europe enfin révoltée du joug étranger qu'il faisait peser sur elle, et menait avec lui une armée où fermentaient sourdement la plupart de ces sentiments, où s'entendaient toutes les langues, et qui n'avait pour lien que son génie, et sa prospérité jusqu'alors invariable ! Qu'arriverait-t-il, à ces distances, de ce prodigieux artifice d'une armée de six cent mille soldats de toutes les nations, suivant une étoile, si cette étoile qu'ils suivaient venait tout à coup à pâlir ? L'univers, pour notre malheur, l'a su, de manière à ne jamais l'oublier; mais il faut, pour son instruction, lui apprendre par le détail même des événements ce qu'il n'a su que par le

a vu tour à tour, aux prises avec l'Europe, l'armée de la révolution, la *grande armée* arrivée à sa perfection en 1805 un peu affaiblie en 1807, renfermant en 1709 trop d'éléments jeunes; c'est cette armée de Wagram qui ira se perdre en Russie et avec elle les contingents des peuples qu'on appelait nos alliés. « L'Europe militaire suivait l'Empereur en maudissant son pouvoir. Les troupes purement françaises qui traversèrent le Niémen en 1812 étaient dans des conditions meilleures qu'au début de la guerre de 1809 : pour reprendre l'expression de Macdonald, elles étaient mieux cousues ensemble, mais elles étaient comme enchevêtrées au milieu des troupes étrangères. Il y avait des corps entiers de Bavarois, de Saxons, de Westphaliens ; il y avait des divisions étrangères dans tous les corps d'armée français; dans presque toutes les divisions françaises il y avait des bataillons de langue et de nationalités diverses, Italiens, Badois, Hollandais, Croates, Anséatiques, etc.... On s'étonne de voir incorporés dans nos rangs jusqu'à 60,000 réfractaires qui ne semblent amenés que pour apporter un élément d'indiscipline et de dissolution, et de rencontrer aux deux ailes de cette immense ligne de bataille les Prussiens d'un côté et les Autrichiens de l'autre. » (Duc d'Aumale. *Institutions militaires de la France.*)

bruit d'une chute épouvantable. Nous allons nous engager dans ce douloureux et héroïque récit : la gloire, nous la trouverons à chaque pas : le bonheur, hélas! il y faut renoncer au delà du Niémen [1]. »

Marche en avant (24 juin-14 septembre 1812). **La Moskowa.** — Tandis que le gros de l'armée avait franchi le Niémen à Kowno, à Prenn et à Grodno, Macdonald à l'extrême gauche l'avait passé à Tilsit avec le corps auxiliaire prussien et s'était dirigé sur Dunabourg et Riga [2]. Schwartzenberg avec le corps auxiliaire autrichien et Reynier avec les Saxons, formant l'extrême droite, avaient franchi le Bug (affluent de la Vistule) pour contenir l'armée russe de Tormasoff en Volhynie.

Napoléon avait précipité sa marche sur Wilna [3], sur Witepsk [4] pour prévenir la jonction de Barclay de Tolly, qui défendait le cours supérieur de la Dwina, et de son lieutenant Bagration, qui opérait sur le Dniéper. N'ayant pu empêcher la réunion des deux armées russes qui avaient pris position dans la trouée entre la Dwina et le Dniéper, il tenta de les tourner. Il franchit le Dniéper à Rassasna, le remonta rapidement en suivant la rive gauche jusqu'à Smolensk, pour déboucher par les ponts de cette ville sur les derrières de l'ennemi. Mais la résistance désespérée de *Smolensk* donna aux Russes le temps de battre en retraite. Napoléon se vit ainsi contraint de s'enfoncer dans l'intérieur du pays à la poursuite de cet insaisissable ennemi dont il n'atteignit que l'arrière-garde à *Valoutina*. Il dut aller chercher la bataille jusqu'à Borodino, sur la Moskowa où Kutusoff, successeur de Barclay de Tolly, avait résolu de tenir.

Ce fut encore une victoire, la plus sanglante, il est vrai, de ces longues guerres. Deux fois l'Empereur eût pu la rendre décisive, mais Napoléon, « expiant par un excès de prudence la faute de sa témérité, » n'osa pas engager sa garde. « A huit cents lieues

1. Thiers. *Histoire du Consulat et de l'Empire.*
2. Dunabourg sur la Dwina inférieure. Riga à l'embouchure du fleuve sur le golfe du même nom.
3. Wilna sur la Wilia, affluent du Niémen.
4. Witepsk au coude de la Dwina, commandant au nord, comme Smolensk au sud, la trouée entre la Dwina et le Dniéper.

de France, répondit-il aux instances de ses lieutenants, on ne risque pas sa dernière réserve. » Le champ de bataille nous restait cependant, champ lamentable où gisaient étendus, morts ou blessés, quatre-vingt-dix mille hommes, c'est-à-dire la population d'une grande cité. Les Russes s'étaient battus comme se battaient les Espagnols, avec la résolution du désespoir et l'enthousiasme d'une guerre sainte. Ils nous avaient tué ou blessé quarante-sept généraux ; ils ne nous avaient laissé ni prisonniers, ni drapeaux, ni canons.

Napoléon à Moscou. — La bataille avait été livrée le 7 septembre ; le 14 on campait sous les murs de Moscou, dont la vue rendit à l'empereur et aux cent mille hommes qui lui restaient l'espérance de la paix.

Tandis que Napoléon s'enfonçait ainsi au cœur de la Russie, les ailes, demeurées en arrière, avaient pour mission de protéger sa ligne de communication. A l'aile gauche, Macdonald avait occupé Dunabourg et bloqué Riga ; Oudinot et son successeur Gouvion Saint-Cyr avaient défendu le cours supérieur de la Dwina contre le corps de Wittgenstein (*bataille de Polotsk*, 18 août 1812). A l'aile droite Schwartzenberg et Reynier avaient battu Tormasoff à *Gorodeczna* [1] et l'avaient rejeté en Volhynie.

Retraite. La Bérézina (15 oct.-16 déc. 1812). — Après être resté trente-cinq jours dans Moscou incendié par Rostopchine, l'Empereur n'ayant point reçu de réponse aux ouvertures indirectes de paix qu'il avait faites au Czar, se décida trop tard, hélas ! à battre en retraite (19 octobre 1812). Il tenta de rouvrir la route de Kalouga qui lui assurait des ressources à travers un pays fertile, mais il y renonça après la sanglante bataille de Maro-Jaroslawetz (24 octobre) et regagna la vieille route de Smolensk par Vereja, route ruinée où l'armée ne trouva plus à vivre. La faim, le froid, la neige, les attaques incessantes des Cosaques, exercèrent leurs cruels ravages ; à Viasma il fallut s'ouvrir le passage à travers 40,000 Russes que Kutusoff, marchant sur notre flanc, jeta entre Napoléon et les corps d'Eugène et de Davout. A Dorogobouge, le 9 novembre,

---

1. Gorodeczna, entre le Bug et la Pina, affluent du Pripet.

il ne restait que 50 mille hommes des 100 mille qui avaient quitté Moscou. Le froid avait atteint dix degrés Réaumur et menaçait de bien d'autres rigueurs. A Smolensk l'armée était réduite à 36 mille hommes.

Tandis qu'il se hâtait vers Moscou, ses ailes s'étaient trouvées trop faibles pour défendre sa ligne de communication. A l'aile gauche, Macdonald avait été rejeté sur Riga. Oudinot, qui avait repris le commandement, n'avait pu défendre la haute Dwina, franchie par Wittgenstein renforcé de l'armée de Finlande. A l'aile droite Schwartzenberg et Reynier avaient laissé passer l'amiral Tchitchakoff qui avait rallié Tomasoff avec l'armée de Bessarabie et pris le commandement. Et les deux ailes russes avaient cheminé l'une au-devant de l'autre pour se donner la main sur la Bérézina et y attendre nos malheureux débris pressés par Kutusoff.

C'est vers ce fatal fossé de la Bérézina que se hâtait Napoléon, par Krasnoë et par Orscha [1], où le froid le 15 novembre atteignit 21 degrés Réaumur. Il le franchit à Studianka, et toujours suivi par Kutusoff s'ouvrit le passage à travers les armées de Witgenstein et de Tchitchakoff. Le corps de pontonniers s'était dévoué au salut de l'armée en construisant au milieu des eaux glacées deux ponts de chevalets.

A Smorgoni, l'empereur quitta l'armée où sa présence eût pu maintenir encore un peu d'ordre et de discipline. Lui parti ce ne fut plus qu'une déroute. On atteignit Kowno, sur le Niémen, par un froid de 30 degrés, le 16 décembre. A Murat qu'avait désigné l'Empereur, succéda bientôt le prince Eugène. Poursuivi par les Russes, menacé par l'Allemagne soulevée il dut abandonner successivement les lignes du Niémen, de la Vistule, de l'Oder et de l'Elbe. C'est sur l'Elbe, au commencement de mars de 1813, que s'arrêta enfin cette désastreuse retraite commencée à Moscou le 20 octobre 1812. Encore Eugène posté entre Wittemberg et Magdebourg, vit-il Hambourg sur sa gauche et Dresde sur sa droite tomber aux mains des coalisés

La campagne de 1812 en Espagne. Bataille des Arapiles. — La campagne de 1812 en Espagne avait

1. Krasnoë près du Dniéper. Orscha au coude du Dniéper.

montré à l'Angleterre le peu de solidité de notre établissement.
Marmont, qui avait succédé à Masséna, Soult, qui commandait
en Andalousie, n'avaient pu défendre contre Wellington les
places de Ciudad-Rodrigo et de Badajoz. Wellington, croissant
d'audace, était entré à Madrid, avait poussé jusqu'à Burgos et
avait vaincu Marmont, aux ARAPILES, près de Salamanque, le
22 juillet 1812. La nouvelle de notre défaite était arrivée au
quartier impérial le 6 septembre 1812, la veille de la Moscowa.
Il est vrai que le prudent Wellington avait trouvé qu'il avait
assez fait en une campagne et était rentré dans le Portugal à
l'approche de Soult. Celui-ci avait de nouveau occupé Madrid
après avoir évacué l'Andalousie.

   2° Campagne d'Allemagne. (1813). **Campagne
d'été. Lutzen, Bautzen.** — La coalition qui n'avait
compté en 1812 que la Russie, l'Espagne et l'Angleterre, allait
devenir générale en 1813. Le roi de Prusse, Frédéric Guillaume, y était entré par le traité de Kalish (28 février 1813) et
par la convention de Breslau (mars). La Suède, déjà réconciliée
avec la Russie, y accéda. L'Autriche signa une trêve avec la
Russie, prit l'attitude de puissance médiatrice et fit entendre à
Napoléon de sages conseils qui ne devaient point être écoutés.

   Napoléon, tout à la pensée d'une revanche, avait encore tiré
de la France épuisée et mécontente une nouvelle armée. Il
avait, par un sénatus-consulte, transformé en soldats les gardes
nationaux des « cohortes », pris à l'armée d'Espagne d'excel-
lents cadres et à nos ports les garnisons des vaisseaux. Il avait
appelé de nouvelles levées par anticipation, ou par retour sur
les anciennes classes. Il pouvait encore mettre en ligne 360,000
hommes. C'était plus que la coalition n'avait à lui opposer au
printemps de 1813.

   La campagne d'Allemagne nous présente, comme celle de
Russie, une marche en avant jusqu'à l'Oder et une retraite jusqu'en deçà du Rhin. Dans la campagne d'été, du 30 avril au
4 juin 1813, Napoléon reprend possession des lignes de la Saale
et de l'Elbe par les combats de Weissenfels et de Rippach [1] et

---

1. Weissenfels sur la Saale. Rippach, défilé sur la rive droite de la
Saale, au nord de Weissenfels.

par la bataille de Lutzen [1] (2 mai). Il perce jusqu'à l'Oder supérieur (Silésie), par les victoires de Bautzen et de **Wurschen** [2] (20 et 21 mai), et s'établit solidement sur l'Elbe par des travaux de fortification à Kœnigstein, à Dresde, qui est le centre des opérations de la campagne, à Torgau, à Wittemberg, à Magdebourg et à Hambourg.

Congrès de Prague. Mais au lieu d'écraser les coalisés vaincus, il commet la faute de signer l'armistice de Pleswitz et de consentir à l'ouverture du congrès de Prague, sans avoir l'intention de traiter. Il voulait profiter des deux mois de trève pour préparer une armée contre l'Autriche, afin de ne point subir ses conditions, quelque modérées qu'elles fussent.

« Pendant ce funeste armistice il lui eût été facile, en sacrifiant le duché de Varsovie qui ne pouvait survivre à la campagne de Russie, en renonçant au protectorat du Rhin, qui n'était qu'un inutile outrage à l'Allemagne, en restituant enfin les villes anséatiques que nous ne pouvions ni défendre, ni faire servir avantageusement à notre commerce, il lui eut été facile de garder le Piémont, la Toscane en départements français, la Westphalie, la Lombardie, Naples, en royaumes vassaux du grand empire. Hambourg, possession impossible pour nous, le protectorat du Rhin, titre vain s'il en fut, furent les causes d'une rupture insensée [3]. »

Campagne d'automne (1813). **Dresde. Leipsig.** — Lorsque l'armistice fut dénoncé, la coalition doubla ses forces par l'adhésion active de Bernadotte et d'une armée suédoise, de l'Autriche et de la Bavière. Napoléon fut obligé de faire face à trois armées convergentes, celles de Bernadotte, de Blücher et de Schwartzemberg. Il fut encore vainqueur de Blücher, qu'il rejeta sur l'Oder par le combat de *Goldberg* [4], et de Schwartzenberg, qu'il repoussa en Bohême par la bataille de Dresde (26 et 27 août 1813). Mais la coalition l'emporta enfin par son habile stratégie et par la masse de ses forces. S'achar-

---

1. Lutzen, sur la Floss-Graben, dérivation de l'Aster.
2. Bautzen sur la Sprée Wurschen à l'est de Bautzen.
3. Thiers, *Histoire du Consulat et de l'Empire.*
4. Goldberg, en Silésie.

nant aux lieutenants de l'empereur lorsqu'ils sont isolés, les chefs de la coalition gagnent leurs premières victoires. Schwartzemberg, le vaincu de Dresde, bat à Kulm Vandamme, qui voulait lui fermer la retraite. Blücher rejette Macdonald sur Bautzen par le combat de *Katzbach* [1]. Bernadotte est successivement vainqueur d'Oudinot à *Gross-Beeren* [2] et de Ney à *Dennewitz* [3]. Puis, par la concentration de toutes leurs forces, les trois armées écrasent Napoléon lui-même à LEIPZIG, dans une terrible bataille de trois jours (16, 18 et 19 octobre 1813), *bataille des nations* [4], comme la nomment les Allemands, où périrent plus de cent vingt mille hommes. Nos derniers alliés, les Saxons, avaient fait désertion sur le champ même de la bataille.

Napoléon battit en retraite par l'unique pont de l'Elster, qu'une méprise fit sauter avant que toute l'armée eût pu passer. Ramené sur le Rhin, il passa sur le corps des Bavarois qui voulurent l'arrêter à *Hanau*. Il rentra à Mayence avec quarante mille hommes armés, soixante mille hommes désarmés, laissant sur la Vistule (à Zamosc, à Modlin, à Dantzig), sur l'Oder (à Glogau, à Custrin, à Stettin), sur l'Elbe (à Dresde à Torgau, à Wittemberg, à Magdebourg, à Hambourg), 170 mille Français « condamnés à défendre sans profit des murailles étrangères, tandis que les murailles de leur patrie n'avaient pour les défendre que des bras impuissants de jeunesse ou de vieillesse [5]. »

Guerre en Espagne et en Italie. — Tandis que les armées de la coalition atteignaient notre frontière du Rhin, les Anglais et les Espagnols, seuls peuples qui ne fussent pas représentés à la bataille de Leipzig, franchissaient les Pyrénées sous la conduite de Wellington. De mai à juin 1813, le roi Joseph avait dû évacuer Madrid, Valladolid et Burgos. Il avait perdu la bataille de Vittoria (21 juin) et repassé les Pyrénées.

1. La Katzbach, affluent de gauche de l'Oder en Silésie.
2. Gross-Beeren entre la Nèthe, affluent de la Sprée, et la Sprée dans le Brandebourg.
3. Dennewitz près des sources de la Nèthe.
4. Toutes les nations de l'Europe moins les Espagnols et les Anglais y furent représentées.
5. Thiers. *Histoire du Consulat et de l'Empire.*

Soult, qui avait pris le commandement de l'armée, n'avait pu empêcher Wellington de passer la Bidossoa. Suchet avait reçu l'ordre d'évacuer Valence et de se retirer en Catalogne.

En Italie, le prince Eugène avait été contraint de se retirer jusqu'à l'Adige pour n'être point tourné par le Tyrol. Il le défendait encore à Vérone, mais le soulèvement de l'Italie du centre, la défection de Murat, roi de Naples, qui allait traiter avec l'Autriche pour sauver son royaume (11 janvier 1814) et porter à Ancône l'armée napolitaine, ne devaient point lui permettre une longue résistance. Il dut reculer jusqu'à la ligne du Mincio, où il tint jusqu'à la fin de la guerre.

Campagne de France (1814). — C'était en France que la question allait se décider. Au commencement de l'année 1814 l'Empereur se voyait menacé par des forces écrasantes. Les armées de la coalition avaient franchi le Rhin, dont les places n'étaient point en état de défense. Elles formaient un front d'attaque qui s'étendait de Namur à Langres. L'armée du Nord (100 mille Russes et Prussiens), sous Wintzingerode, avait franchi le Wahal et poussé à travers la Belgique jusqu'à Namur. L'armée de Silésie (130 mille Prussiens et Wurtembergeois), sous Blücher, avait passé le Rhin entre Mayence et Coblentz, franchi la Moselle, la Meuse et atteint la Marne à Saint-Dizier. L'armée de Bohême (150 mille Autrichiens, Russes et Allemands), sous Schwartzemberg, avait passé le Rhin à Bâle et pénétré par Langres dans la vallée de la Seine. A l'extrême droite, un corps anglo-prussien, sous le duc de Weymar et sous le général Graham, avait marché d'Anvers sur Maubeuge. A l'extrême gauche, une colonne Autrichienne sous Bubna, se dirigeait sur Lyon.

Napoléon essaya de faire face à tous ses ennemis. Il contint l'extrême droite des coalisés en lui opposant au Nord le général Maison, et l'extrême gauche en plaçant à Lyon Augereau, qui devait, après avoir battu Bubna, marcher sur le Rhin et prendre à revers l'armée de Bohême. Il se porta lui-même avec 60 mille hommes au-devant des armées de Silésie et de Bohême que devait bientôt renforcer l'armée du Nord.

A travers les marches et les contre-marches de cette laborieuse campagne, il faut distinguer les opérations de Napoléon contre les armées de la coalition lorsqu'elles sont réunies, et celles contre chacune de ces armées lorsqu'elles sont séparées. L'empereur est toujours vainqueur quand il n'a en face de lui que l'un ou l'autre de ses adversaires, Blücher ou Schwartzemberg. Il ne peut, au contraire, que se défendre héroïquement contre leurs masses réunies. A Saint-Dizier, à Brienne, il n'a à faire qu'à Blücher et il le culbute. A La Rothière, il recule devant Blücher et Schwartzemberg (1er février 1814) [1]. Mais l'ennemi se divise de nouveau ; c'est le signal de Champaubert, Montmirail, Chateau-Thierry, Vauchamp (10-14 février 1814), autant d'échecs de Blücher qui suit la vallée de la Marne. Les combats de Guignes, Mormans, Nangis, Valjouan, Montereau (16-22 février), forcent Schwartzemberg qui descend la Seine à reculer à son tour. Blücher, acculé à l'Aisne, va être détruit, mais il est sauvé par la capitulation de Soissons. Sa réunion avec Wintzingerode, qui vient à son secours à la tête de l'armée du Nord, arrête l'Empereur. C'est en vain que Napoléon livre aux deux armées alliées les sanglantes batailles de Craonne et de Laon (7-13 mars) et qu'il tente, avec ses débris, d'arrêter à Arcis-sur-Aube (20 mars) Schwartzemberg, qui opère sa jonction à Châlons avec les armées de Silésie et du Nord.

Quand la réunion des forces ennemies est définitive, Napoléon tente une nouvelle manœuvre. Il se porte sur les derrières des alliés pour couper leurs communications à l'aide des garnisons des places de l'Est. Il aurait ainsi rappelé à lui l'ennemi et

---

1 Les négociations de paix qu'on essaya encore après le congrès de Prague ne ralentirent point les hostilités. En arrivant sur les bords du Rhin, les alliés, qui ne savaient point encore tout ce qu'ils pouvaient oser, avaient un instant hésité à le franchir. Ils avaient publié la *déclaration de Francfort* (9 novembre 1813) par laquelle ils offraient à la France la garantie de ses frontières naturelles. Napoléon craignant d'avouer sa détresse n'envoya son adhésion aux bases sommaires de la déclaration que le 2 décembre. Elle arriva trop tard. Dans l'intervalle l'armée du nord avait passé l'Yssel et soulevé la Hollande, tandis que Wellington arrivait sur la Bidassoa. Après la bataille de la Rothière un congrès s'était ouvert à Châtillon (5 fév. 1814 ; les alliés exigeaient que la France rentrât dans ses frontières de 1790 sans se mêler du sort des pays conquis ; Napoléon exigeait les limites de 1799. C'est ainsi que faute de céder à temps il laissait échapper les chances de salut qui s'offraient encore à lui.

recommencé la lutte en le prenant entre sa petite armée et Paris qu'il croyait déterminé à se défendre. Grand et inutile dessein ; les alliés ne se laissèrent point détourner. Et quand l'Empereur voulut reprendre sa première position et revenir à Fontainebleau en toute hâte, il était trop tard. Il avait perdu ses dernières chances par la capitulation de Paris, après la bataille livrée sous ses murs par Marmont et Mortier (30 et 31 mars), et par la défection de Marmont à Essonne (4 avril).

Abdication de l'Empereur (1814). Napoléon qui avait voulu traiter sur la base d'une abdication en faveur de son fils dut renoncer à cette dernière espérance. Il songea un moment à se faire jour avec les quelques bataillons dévoués de sa garde, mais il désespéra de sa fortune devant la résistance de ses maréchaux et devant l'abandon de ses fidèles, Ney et Berthier. Le 11 avril 1814 il signa une abdication absolue : « Les puissances alliées ayant proclamé que l'empereur Napoléon était le seul obstacle au rétablissement de la paix en Europe, l'empereur Napoléon, fidèle à ses serments, déclare qu'il renonce pour lui et ses héritiers aux trônes de France et d'Italie, parce qu'il n'est aucun sacrifice personnel, même celui de la vie, qu'il ne soit prêt à faire à l'intérêt de la France. » Il reçut en échange d'un empire la petite île d'Elbe. Le 20 avril il fit de touchants adieux à sa garde dans la cour de Fontainebleau et partit accompagné des commissaires des puissances alliées.

La veille de l'abdication de Napoléon, le maréchal Soult, qui s'était replié sur Toulouse après la bataille d'Orthez, livra à Wellington avec 30 mille hommes contre 84 mille la dernière bataille de cette guerre (10 avril 1814). Bien qu'il eût infligé à l'ennemi des pertes sensibles, il dut battre en retraite sur Montpellier où il rallia Suchet. En Italie, le prince Eugène qui tenait encore la ligne du Mincio signa un armistice le 16 avril, 1814.

CHAPITRE XII

PREMIÈRE RESTAURATION. — LES CENT-JOURS. — WATERLOO. — SAINTE-HÉLÈNE.

(1814-1815.)

PRÉCIS DES FAITS

PREMIÈRE RESTAURATION (avril 1814, mars 1815) Le comte d'Artois signe la Convention du 23 avril. Louis XVIII pose les bases de la charte constitutionnelle par la déclaration de Saint-Ouen. Il signe le premier traité de Paris qui laisse la France plus grande qu'en 1790. Mais il mécontente l'armée et inquiète l'opinion qui craint de voir porter atteinte à la propriété des biens nationaux et à l'égalité.

LES CENT JOURS; WATERLOO (mars-juin 1815). Napoléon, encouragé par les nouvelles de France, débarque à Cannes et en vingt jours revient occuper les Tuileries. Il promet la liberté et fait rédiger *l'acte additionnel.* Il fait espérer la paix que l'Europe lui refuse. Il est vainqueur à *Ligny* des Prussiens de Blücher, mais il est vaincu à *Waterloo* par la résistance opiniâtre des Anglais de Wellington et l'arrivée opportune de Blücher sur le champ de bataille.

SAINTE-HÉLÈNE. Napoléon abdique pour la seconde fois, se réfugie à bord du *Bellérophon*, est conduit à Sainte-Hélène où il meurt le 5 mai 1821 à l'âge de cinquante ans.

Première restauration (avril 1814 — mars 1815). — Le lendemain de l'abdication de l'Empereur, le comte d'Artois (depuis Charles X), entra à Paris [1]. Le 14 avril, il reçut du Sénat le titre de lieutenant général du royaume. Le 23, il signa une convention qui abandonnait toutes les grandes places de l'Europe que nous tenions encore et un immense matériel de guerre. « Le désir passionné d'obtenir l'évacuation du territoire

---

1. On sait que Louis XVI avait laissé deux frères ; le comte de Provence (Louis XVIII) qui n'avait pas d'enfants et le comte d'Artois (Charles X), père des ducs d'Angoulème et de Berry.

français rendait inévitable l'évacuation du territoire étranger, et l'armistice du 23 avril en découlait forcément [1]. »

Louis XVIII, qui était débarqué à Calais le 24 avril, s'achemina vers Paris avec la princesse d'Angoulême, les deux Condé, père et grand-père du duc d'Enghien. Il y reçut les maréchaux avec une grâce parfaite et leur dit que dans son exil il avait applaudi à leurs exploits, que ces exploits avaient été pour son cœur paternel une douce consolation des maux de la France.

Bien résolu à ne permettre à personne des conseils ressemblant à des conditions, il accueillit M. de Talleyrand avec courtoisie, et lui fit entendre, sans s'engager avec lui sur les questions intérieures, qu'il le considérait comme son représentant auprès de l'Europe. Il fit à l'empereur Alexandre, venu au devant de lui, l'accueil d'un père que son âge, son rang, plaçaient au-dessus des souverains de son temps, et déconcerta par des paroles évasives l'insistance du jeune autocrate au sujet d'une constitution libérale.

De Compiègne il gagna Saint-Ouen, où la veille de son entrée à Paris il substitua à la convention du Sénat une *déclaration* (dite de Saint-Ouen), qui posa les bases de la charte constitutionnelle octroyée le 4 juin suivant. Le 3 mai il entrait à Paris au milieu de l'enthousiasme général.

Le 30 mai on signait le traité de Paris. La France était renfermée dans les limites de 1790. On y ajoutait cependant, outre les enclaves d'Avignon et du Comtat-Venaissin, Marienbourg et Philippeville qui fermaient la trouée entre la Sambre et la Meuse, Sarrelouis qui nous appuyait au cours de la Sarre, le territoire compris entre la Queich et la Lauter, de telle sorte que Landau ne restait plus isolé comme autrefois au milieu du territoire allemand, Montbéliard à la trouée de Belfort, quelques parties du pays de Gex, autour de Genève, enfin une partie de la Savoie, c'est-à-dire les arrondissement de Chambéry et d'Annecy.

La France recouvrait aussi ses colonies, à l'exception de l'île de France (Maurice), de Tabago, de Sainte-Lucie, laissées à

1. M. Thiers. *Histoire du Consulat et de l'Empire.*

l'Angleterre, et de la partie orientale de Saint-Domingue rendue à l'Espagne.

Ces frontières de 1814 valaient donc mieux que celles de 1790, mieux que celles qui nous furent imposées au deuxième traité de Paris en 1815, après les Cent-Jours. Les Bourbons n'en portèrent pas moins la responsabilité des malheurs et de l'humiliation de la France. Ils étaient revenus, disait-on, à la suite de l'étranger. On ne voulait pas voir que du moins ils ne l'avaient pas amené et que c'était Napoléon qui par ses fautes avait ouvert aux ennemis les portes de la France. On répétait les termes de la lettre du roi au prince régent d'Angleterre où il le remerciait du rétablissement de sa famille sur le trône. On méconnaissait la dignité de l'attitude de ce prince qui savait maintenir la préséance de sa race vis-à-vis de tous les autres souverains de l'Europe, et repousser les prétentions excessives de la Prusse. A ces griefs imaginaires de l'opinion, d'autres, il est vrai, plus réels, ne tardèrent pas à se joindre. Si la plupart des maréchaux avaient été bien traités, l'armée avait de justes motifs de plainte. Pour ministre de la guerre, on avait pris le général Dupont, sur lequel pesait le souvenir de la capitulation de Baylen. La garde avait été renvoyée de Paris. On avait reconstitué une maison militaire du roi, d'un entretien très-coûteux, alors qu'on était obligé de laisser sans emploi 30,000 officiers, réduits à la demi-solde. On avait changé les numéros des régiments et prodigué la Légion d'honneur. Les invalides, qui coûtaient 700 francs à l'État, avaient été renvoyés dans leurs foyers avec une pension insuffisante de 250 francs. L'armée n'avait pas été seule atteinte dans ses sentiments et ses intérêts. Les acquéreurs des biens nationaux s'étaient crus menacés. Le sentiment de l'égalité, si jaloux en France, protesta contre certaines tendances qui lui semblaient porter atteinte aux conquêtes civiles de la Révolution. On ne sut gré au gouvernement ni des heureuses combinaisons financières du baron Louis, ni des succès diplomatiques de M. de Talleyrand à Vienne. A ces causes de mécontentement se joignirent bientôt les déceptions qui suivent les espérances chimériques. La Restauration avait été accueillie avec une joie universelle. « Mais les joies des peuples sont courtes, parce qu'elles ne consistent le plus souvent qu'à se figurer des félicités impossibles [1].

Les Cent-Jours (mars - juin 1815). — Tandis que
Louis XVIII perdait peu à peu la popularité qui l'avait accueilli
à son retour, les négociateurs des grandes puissances alliées,
réunis au congrès de Vienne (1er nov. 1814 — 9 juin 1815) se
partageaient l'Europe, non sans compter cependant avec M. de
Talleyrand, le représentant de la France. Le congrès [2] allait se
dissoudre, lorsqu'arriva la nouvelle du débarquement de Napoléon à Cannes (1er mars 1815).

L'empereur, en effet, instruit de l'état des esprits en France,
avait résolu de tenter encore une fois la fortune. Il avait
débarqué en Provence, à Cannes, avec un millier d'hommes,
et dicté deux proclamations, l'une au peuple, l'autre à l'armée, toutes deux faisant appel aux souvenirs de la gloire
militaire et aux plus mauvaises passions de la Révolution. Il annonçait la victoire à ses partisans en une image
saisissante : « L'aigle avec les couleurs nationales volera de
clocher en clocher jusqu'aux tours de Notre-Dame. » Il disait
vrai. Le dévouement fanatique de l'armée et les instincts révolutionnaires du peuple des villes répondirent à son appel.
Mais l'enthousiasme fut loin d'être général. La France stupé-
faite laissa sans résistance comme sans confiance l'événement
s'accomplir.

De Grasse, il se dirige sur Grenoble par Sisteron et Gap.
A La Mure il se présente seul devant un bataillon qui ferme
la route. Il découvre sa poitrine en disant aux soldats :
« Quel est celui de vous qui voudrait tirer sur son empereur ? » La troupe répond par un immense cri de vive
l'Empereur ! Napoléon s'adressant alors à Drouot et à Bertrand :
« Tout est fini, leur dit-il, dans dix jours nous serons aux
Tuileries. » A Grenoble, Labédoyère vient à lui avec le 7e de
ligne. A Lyon, le comte d'Artois, le duc d'Orléans et Macdonald sont contraints de se retirer devant les manifestations de
la foule et des soldats qui se déclarent pour l'empereur. A
Lons-le-Saulnier, Ney, qui a promis de le combattre et de le

---

1. Thiers. *Histoire du Consulat et de l'Empire.*
2. Voir au chapitre suivant les négociations qui précédèrent le
deuxième traité de Paris.

ramener prisonnier, cède à l'enthousiasme de ses troupes. Devant cette défection générale, Louis XVIII prend une seconde fois la route de l'exil, et se retire à Gand, tandis que Napoléon qui s'est acheminé vers Paris par Autun, Avallon, Auxerre et Fontainebleau entre aux Tuileries.

L'empereur, encore une fois maître de la France, espéra satisfaire l'opinion au dedans et conjurer les dangers du dehors en parlant de liberté et de paix. Il fit rédiger par Benjamin Constant une constitution qu'il appela *l'acte additionnel* aux constitutions de l'empire (22 avril). Il essaya de faire passer aux souverains alliés des assurances de paix ; on ne voulut pas même recevoir ses courriers. Dès le 25 mars les chefs de la coalition, qui maintenaient leurs représentants auprès de Louis XVIII réfugié à Gand, avaient renouvelé le traité de Chaumont et s'étaient engagés à mettre sur pied un million d'hommes. Wellington et Blücher s'étaient portés en toute hâte sur notre frontière du Nord, de l'Escaut à la Meuse, avec 210,000 anglais, prussiens, hanovriens, tandis que Schwart-zemberg avec 200,000 autrichiens s'acheminait vers Bâle.

Waterloo. — Réduit à combattre, Napoléon résolut de frapper un coup décisif qui rendît l'Europe plus traitable. Il avait reformé en toute hâte une armée de 300,000 hommes. Il envoya des corps d'observation sur les frontières de l'Est et disposa sur celles du Nord 128,000 hommes qu'il concentra subitement avec son art incomparable. Il voulait attaquer les armées réunies en Belgique avant l'arrivée de Schwartzemberg sur le Rhin et passer entre Wellington et Blücher pour les battre séparément. Il les sépara en effet, et le 16 juin 1815, il battit Blücher à LIGNY [1], tandis que Ney contenait non sans peine l'armée anglaise aux QUATRE-BRAS [2]. Le 17, il se mit à la poursuite de l'armée anglaise en détachant le maréchal Grouchy, qui dut précipiter la retraite de Blücher, de telle sorte qu'il l'empêchât de rallier Wellington et se maintînt toujours en communication par sa gauche avec l'empereur. Le 18 Napoléon en reconnaissant les positions de l'armée anglaise jugea qu'elle

1. Ligny, près de Fleurus, sur la route de Charleroy à Bruxelles.
2. Les Quatre-Bras, nœud des routes de Charleroy et de Namur sur Bruxelles.

s'était arrêtée pour combattre au mont Saint-Jean, sur la chaussée de Charleroi à Bruxelles, en avant de la forêt de Soignes et du village de WATERLOO. Il attendit, pour engager l'action, que le soleil eût raffermi le terrain détrempé par la pluie, retard funeste qui ne nous permit plus de vaincre avant l'arrivée des Prussiens. A midi, la bataille commence contre les fortes positions où s'appuyaient la droite et la gauche anglaises. Au moment où l'euvoi d'un nouveau corps allait rompre la gauche de l'ennemi, l'apparition d'un premier corps prussien (Bulow), sur notre droite, là même où on attendait Grouchy, force Napoléon à suspendre ce mouvement. L'attaque sur la gauche avait échoué. Napoléon porte ses coups sur le centre. Ney enlève la Haie sainte où il a ordre de se maintenir. Il se laisse entraîner sur le plateau, y mène avec lui toute la réserve de cavalerie et toute la cavalerie de la garde, charge onze fois les carrés anglais qu'il décime sans les rompre, demande à l'empereur un renfort d'infanterie pour frapper un dernier coup, et ne pouvant l'obtenir, replie ses escadrons épuisés et réduits d'un tiers. Cependant Napoléon avait culbuté Bulow. Il ramène alors la garde de la droite au centre et la lance sur le plateau, contre l'infanterie britannique. Mais à ce moment le second corps de l'armée prussienne (Ziéthen) oblige Napoléon à tourner ses dernières ressources contre le nouvel assaillant. Wellington prend enfin l'offensive et alors notre armée épuisée, assaillie en tête, en flanc, en queue, saisie par la nuit, ne voyant plus Napoléon, tombe dans un affreux désordre. La garde tient encore. Napoléon, au centre du dernier carré, veut périr l'épée à la main ; il faut que ses généraux l'entraînent loin du champ de bataille. Cambronne avec ses grenadiers reste pour protéger la retraite de l'empereur. Aux sommations des officiers anglais il répond : « La garde meurt et ne se rend pas ! » Il commande la charge et l'héroïque bataillon, se précipitant tête baissée, au cri de *vive l'Empereur*, sur les rangs les plus épais de l'ennemi, succombe dans ce dernier effort.

L'absence de Grouchy demeure la cause immédiate de la perte de la journée. Il n'avait pas su reconnaître la véritable direction de la retraite des Prussiens ; il ne les avait pas suivis d'assez près, et il n'avait pu ainsi ni se jeter entre eux et les Anglais, ni attaquer leurs derrières lors de la jonction de Blücher et de Wellington. Blücher le gagnant de vitesse et ralliant Wellington par sa gauche avait pu engager Bulow au moment où la gauche anglaise faiblissait sous les coups de d'Erlon, le corps de Ziéthen au moment où Napoléon dirigeait un effort décisif sur le centre anglais ébranlé par la cavalerie de Ney, et donner avec ces deux corps dans notre flanc droit, tandis que nous faisions face aux Anglais, sauvés par un secours si opportun et passés de la défensive à l'offensive.

La coalition se précipita encore une fois sur la France qui « ne vit qu'un homme entre la paix et elle ». Devant l'attitude hostile des chambres, Napoléon signa sa seconde abdication. Son rôle était fini. Il crut pouvoir se confier à l'hospitalité britannique et s'y rendit à bord du vaisseau anglais le *Bellérophon*. « Altesse royale, écrivait-il au prince régent d'Angleterre, en butte aux factions qui divisent mon pays et à l'inimitié des plus grandes puissances de l'Europe, j'ai terminé ma carrière politique. Je viens, comme Thémistocle, m'asseoir au foyer du peuple britannique. Je me mets sous la protection de ses lois, que je réclame de votre Altesse royale, comme celles du plus puissant, du plus courtois, du plus généreux de mes ennemis. »

Sainte-Hélène. — Déclaré prisonnier de guerre, il fut conduit, sur le *Northumberland*, à Sainte-Hélène, au milieu de l'océan Atlantique, à cinq cents lieues de toute terre. Etabli à Longwood, dans la partie la plus malsaine de l'île, il y vécut six années sous une surveillance que l'inquiétude de l'Europe et le souvenir de l'île d'Elbe rendaient étroite et tyrannique. Il employa ses loisirs à dicter à ses compagnons de captivité, Bertrand, Montholon, Gourgaud, Las-Cases, à son fidèle valet de chambre Marchand, le récit de ses guerres et des études sur César, Turenne et le grand Frédéric. Sa santé ne tarda point à ressentir les atteintes du climat. Le mal fit en 1820 des progrès rapides. Le 5 mai 1821, à cinquante ans, Napoléon succombait après un long martyre, et était inhumé dans la terre d'exil. Le vœu de reposer sur les bords de la Seine, inscrit dans son testament, ne devait être exaucé qu'en 1840.

Dans sa haine et dans son effroi, l'Europe s'était montrée implacable envers Napoléon. Il avait agi toute sa vie, disaient les hommes d'État, en dehors de toute loi ; il s'était mis lui-même au-dessus des lois, aucune d'elles n'avait à le protéger. Un seul souverain réclama en sa faveur, ce fut Pie VII, le prisonnier de Savone et de Fontainebleau. Après avoir offert un asile, dans ses États recouvrés, à la famille de l'empereur, il écrivit, en 1817, cette lettre touchante au cardinal Consalvi, son premier ministre : « La famille de Napoléon nous a fait savoir par le cardinal Fesch que le rocher de Sainte-Hélène est mortel, et que le pauvre exilé se voit dépérir à chaque minute. Nous avons appris cette nouvelle avec une peine infinie... nous sommes certain d'entrer dans vos intentions en vous chargeant d'écrire de notre part aux souverains alliés et notamment au prince régent d'Angleterre... Nous entendons que vous lui demandiez d'adoucir les souffrances d'un pareil exil. Ce serait pour notre cœur une joie sans pareille que d'avoir contribué à diminuer les tortures de Napoléon. Il ne peut plus être un danger pour quelqu'un, nous désirerions qu'il ne fût un remords pour personne [1]. »

CHAPITRE XIII

TRAITÉS DE 1815. — L'EUROPE EN 1815. — LA SECONDE RESTAURATION. — LOUIS XVIII ET LA SAINTE-ALLIANCE.

PRÉCIS DES FAITS

LA FRANCE APRÈS LE DEUXIÈME TRAITÉ DE PARIS (1815). Le deuxième traité de Paris enlève à la France les nouveaux territoires qui lui avaient été concédés en 1814, et lui impose une indemnité de guerre de 700 millions.

---

1. Lettre du pape au cardinal Consalvi ; Castel-Gandolfo. 6 oct. 1817 Citée par M. d'Haussonville. *L'Église romaine et le premier empire.*

I L'Europe après le congrès de Vienne. L'Europe dirige contre nous son organisation politique et militaire. Les quatre grandes puissances alliées, l'Angleterre, la Russie, l'Autriche et la Prusse, se font leur part de conquêtes. L'Angleterre et la Russie établissent leur prépondérance l'une sur la mer, l'autre sur le continent. L'Autriche recouvre ses provinces perdues et domine l'Italie. La Prusse, dont les États demeurent partagés en deux groupes, s'étend dans l'Allemagne du Nord de la Sarre au Niémen.

En réglant le nouvel état de l'Europe et la part des puissances secondaires, le congrès de Vienne avait opposé pour barrières à la France le royaume des Pays-Bas, la Prusse rhénane, la Bavière rhénane, le royaume de Piémont. Il avait livré Venise et Gênes, dépouillé le Danemark, mutilé la Saxe, abandonné la Pologne à la Russie et l'Italie à l'Autriche.

La France après le deuxième traité de Paris (1815). — Napoléon avait encore une fois déchaîné l'Europe sur la France. L'Europe nous fit payer cher sa terreur et sa victoire. Le premier traité de Paris, on l'a vu, avait, en renfermant la France dans ses limites de 1790, fermé la trouée des Ardennes, et appuyé la Lorraine et l'Alsace aux cours de la Sarre, affluent de la Moselle, et de la Queich, affluent du Rhin, en même temps qu'il nous avait donné une partie de la Savoie. Le deuxième traité (20 nov. 1815) nous enlevait Philippeville et Marienbourg, entre la Sambre et la Meuse, et laissait sans défense la vallée de l'Oise ; il nous dépossédait du duché de Bouillon, du cours de la Sarre et de Sarrelouis, ville fondée par Louis XIV et patrie du maréchal Ney. Il nous prenait enfin les communes du pays de Gex qui nous avaient été concédées, Porentruy et la partie de la Savoie devenue française.

La France, ainsi diminuée, dut s'engager à payer une indemnité de guerre de 700 millions, plus 370 millions comme réclamations particulières et à entretenir pendant cinq ans une armée de 150 mille étrangers.

En 1814 l'Europe nous avait laissé les tableaux et les statues que nous lui avions enlevés. Elle les réclama en 1815, bien qu'un grand nombre de ces chefs-d'œuvre nous eût été cédé par des traités formels, en déduction de sacrifices d'une autre nature. Ses soldats les arrachèrent de nos musées. Au moins ne leur permit-on pas de procéder à petit bruit et pendant la nuit, comme le voulaient faire les agents de l'Autriche que le capitaine des gardes de service le duc de Luxembourg, contraignit à se retirer. Ainsi disparurent du musée ces chefs-d'œuvre qui en étaient la principale richesse, la *Transfiguration* de Raphaël, la *Communion de saint Jérôme* du Dominiquin, l'*Apollon du Belvedère*, la *Vénus de Médicis* et le *Laocoon*.

Les quatre grandes puissances alliées en 1815. — Tandis que la France rentrait dans ses limites de 1790, l'Europe prenait une face nouvelle et dirigeait contre nous son organisation politique et militaire. L'Angleterre, la Russie, l'Autriche et la Prusse sortaient agrandies de ces vingt-cinq années de guerre où la France, tant de fois victorieuse, avait fini par succomber sous le nombre.

L'Angleterre. — L'Angleterre ajoutait à ses possessions de 1789 en Europe, Heligoland, dans la mer du Nord, aux bouches de l'Elbe et du Wéser, Malte et le protectorat des Ioniennes dans la Méditerranée ; — en Amérique, Sainte-Lucie et Tabago aux Antilles et la partie de la Guyane arrosée par l'Essequibo, le Démerary et le Berbice ; — en Afrique, le cap de Bonne-Espérance et l'île de France, le meilleur port de la mer des Indes ; — en Asie, Ceylan ; — en Océanie, elle fondait ses établissements d'Australie et de Tasmanie.

La Russie. — Si l'Angleterre était devenue prépondérante sur mer, la Russie l'était devenue sur le continent. En 1789 sa frontière occidentale s'arrêtait au Kymen, en Finlande, à la Dwina, au Dniéper et au Boug, de la Baltique à la mer Noire. Au sud-est elle n'avait point franchi le Caucase. En 1815 les deux derniers partages de la Pologne, les traités d'Yassy et de Bucharest, le traité de Frédériksham et le congrès de Vienne ont été les étapes successives de sa marche vers l'ouest. Tout lui avait été profit, car elle avait gagné à son alliance avec Napoléon et elle n'avait rien perdu par la guerre.

Au nord elle avait conquis sur les Suédois la Finlande et les îles d'Aland. Au centre, en Pologne, elle avait porté sa frontière de la Dwina et du Dniéper jusqu'à la Vistule supérieure, mettant ainsi la main sur la Pologne presque entière, et ne laissant à la Prusse que le grand-duché de Posen et la Prusse orientale, à l'Autriche, que la Gallicie. Au sud-ouest elle avait enlevé aux Turcs le territoire situé entre le Boug et le Dniester. puis la Bessarabie entre le Dniester, le Danube et le Pruth.

En Asie, au sud-est, elle avait franchi le Caucase, conquis la Géorgie (Tiflis), et le Chirwan, d'où elle pouvait prendre à revers la Turquie d'Asie et menacer la Perse. « Tiflis, disent les Russes, est un œil ouvert sur Ispahan. »

L'Autriche. — L'Autriche cruellement frappée par Napoléon avait été écartée de l'Italie, de l'Adriatique, du Rhin, de la Vistule et refoulée dans le bassin moyen du Danube. Elle recouvra tout ce que lui avaient enlevé les traités de Campo-Formio, de Lunéville, de Presbourg et de Vienne, la frontière de l'Inn, Salzbourg, la Carinthie, le Tyrol, les provinces Illyriennes. En retour de possessions éloignées, impossibles à défendre, la Belgique et la Souabe, elle recevait l'Italie du nord: son ambition séculaire était satisfaite. Par les états Vénitiens, Bormio, Chiavenna, qui réunis à l'ancien Milanais formaient le royaume Lombard-Vénitien, par le droit de garnison à Ferrare, à Plaisance et à Commacchio, elle dominait la Péninsule où tout avait été réglé pour lui complaire.

La Prusse. — La Prusse, plus atteinte encore après Iéna que ne l'avait été l'Autriche tant de fois vaincue, se retrouvait plus puissante qu'en 1789 par l'étendue de son territoire, le chiffre de sa population, comme par la cohésion de ses parties. Elle possédait deux masses compactes d'états, le principal groupe composé du Brandebourg à l'ouest et la Prusse orientale à l'est, parties reliées entre elles par la Poméranie orientale, la Prusse occidentale, le grand-duché de Posen, la vallée de la Vistule de Thorn à l'embouchure, et comptait en outre la Poméranie occidentale avec Stralsund et l'île de Rügen, un tiers de la Saxe avec Torgau et Wittenberg, la Lusace et la Silésie. Le deuxième groupe couvrait les deux rives du Rhin, de Bingen à Emmerich, avec la Westphalie sur la rive droite et la province du Rhin sur la rive gauche.

Puissances secondaires. — Les quatre grandes puis-

9.

sances alliées s'étaient fait leur part ; voici comment elles réglèrent celle des puissances secondaires.

Suède. — Au nord. la Suède avait été dépossédée par la Russie, de la Finlande et des îles d'Aland, si voisines de Stockholm, de la Poméranie et de Rügen cédées aux Prussiens, mais en revanche elle avait acquis la Norwége, enlevée aux Danois. Elle n'avait qu'une colonie, la petite île Saint-Barthelémy, aux Antilles.

Danemark. — Le Danemark, notre plus fidèle allié, n'avait obtenu, comme compensation de la Norwége, que le duché de Lauenbourg, qui devait avec le Holstein faire partie de la Confédération germanique. Il gardait les colonies d'Islande, du Groënland, de Saint-Thomas, de Sainte-Croix et des îles Vierges aux Antilles ; de Sérampour et de Tranquebar dans l'Inde ; de Christiansbourg sur la côte de Guinée.

Royaume des Pays-Bas. — Sur les côtes de la mer du Nord on avait, à l'instigation de l'Angleterre et pour écarter à jamais la France du Zuyderzée, des bouches de l'Escaut, de la Meuse et du Rhin, constitué le royaume des Pays-Bas par la réunion de la Hollande, commerçante, calviniste et allemande et de la Belgique, industrielle, agricole, catholique et française. Ce nouveau royaume de 8 millions d'âmes recouvrait la plupart des anciennes colonies hollandaises, Célèbes, Bornéo, les Moluques, Java, Timor, une partie de Sumatra en Malaisie, la Guyane hollandaise, Curaçao et Saint-Eustache aux Antilles.

Allemagne. — L'Allemagne reçut une nouvelle constitution territoriale et politique. Pour se faire leur part, pour récompenser leurs fidèles, la Prusse et l'Autriche avaient, à leur gré, médiatisé des princes, incorporé des villes libres, supprimé d'anciennes républiques, sécularisé des biens ecclésiastiques. Depuis 1806 il n'y avait plus de Saint-Empire romain, on établit une Confédération germanique composée de 39 états souverains, savoir :

Quatre royaumes : 1º La Bavière, postée sur nos frontières par l'attribution qui lui fut faite de la Bavière rhénane et dotée d'une partie des anciens domaines autrichiens de Souabe ; 2º le Wurtemberg, accru aussi d'une partie de la

Souabe ; 3° la Saxe, diminuée de la Misnie, de la Thuringe, des places de Torgau et de Wittenberg, de la haute et basse Lusace ; 3° le Hanovre, reconstitué entre l'Ems et l'Elbe au profit de la maison régnante d'Angleterre.

Sept grands-duchés : 1° Celui de Bade entre le Rhin et la Forêt noire, avec Carlsruhe pour capitale ; 2° celui de Hesse-Darmstadt (Worms, Mayence), sur les deux rives du Rhin, de Bingen à Worms ; 3° celui de Hesse-Cassel (Cassel et Fulde), dans les vallées de la Nedda affluent du Rhin et de la Fulda affluent du Weser ; 4° celui de Saxe-Weimar (Weimar et Iéna), dans les vallées de la Saale affluent de l'Elbe et de la Werra affluent du Weser ; 5° celui d'Oldenbourg (Oldenbourg), enclavé dans le Hanovre, sur la baie de la Jahde et de la rive gauche de l'embouchure du Weser ; 6° celui de Mecklenbourg-Strélitz (Neu-Strélitz) ; 7° celui de Mecklenbourg-Schwerin (Schwerin) entre la mer Baltique, l'Elbe et l'Elde, affluent de l'Elbe.

Neuf duchés : Ceux de Saxe-Gotha, Saxe-Cobourg, Saxe-Meiningen, Saxe-Hildburghausen, dans les vallées de la Werra et de la Saale ; ceux d'Anhalt-Dessau, Anhalt-Bernbourg et Anhalt-Koëthen, vers le confluent de la Mulde et de la Saale avec l'Elbe ; de Nassau, sur la rive droite du Rhin et les deux rives de la Lahn ; de Brunswick, sur l'Ocker, affluent de l'Aller.

Onze principautés : Celles de Schwartzbourg-Rudolstadt, sur la Saale, enclavée dans la Saxe ducale ; de Schwartzbourg-Sondershausen, enclavée dans la Prusse, sur la Wipper, affluent de l'Unstrutt ; de Hohenzollern-Hechingen et de Hohenzollern-Sigmaringen, sur le Necker et le Danube ; de Lichsteustein, sur le Rhin supérieur ; de Waldeck, appuyée à l'Egge-Gebirge ; de Reuss-Schleitz et de Reuss-Greitz, sur l'Elster ; de Lippe-Detmold et de Lippe-Schauenbourg sur le Weser inférieur ; de Hesse-Hombourg entre Rhin et Moselle.

Quatre villes libres : Brême, sur le Wéser, Lubeck, sur la Trave, rivière tributaire de la Baltique, Hambourg, aux bouches de l'Elbe, Francfort, sur le Mein.

Faisaient également partie de la Confédération germanique : 1° les Pays-Bas pour le Luxembourg, le Danemark pour le

Holstein et le Lauenbourg ; 2° la Prusse, pour tous ses états, sauf le grand-duché de Posen et la Prusse orientale (8 millions d'habitants sur 10) ; 3° l'Autriche pour l'archiduché d'Autriche, la Moravie, la Bohème, la Styrie, la Carinthie, la Carniole, l'Istrie, le Tyrol et le Vorarlberg (9,500,000 habitants sur 28 millions).

La Confédération germanique, placée sous l'influence souveraine de la Prusse et de l'Autriche, avait pour mission de maintenir la paix publique à l'intérieur et de défendre au dehors le territoire allemand. Elle avait une armée et des places fortes fédérales : Luxembourg, Mayence, Landau, Ulm, Radstadt.

Suisse. — La Suisse qui comptait 19 cantons en 1789 fut accrue des nouveaux cantons du Valais, de Neufchàtel et du territoire de Genève. Tout le territoire de la Confédération helvétique, avec la partie de la Savoie conduisant au Valais, c'est-à-dire le Châblais et le Faucigny, fut placée sous la garantie d'une neutralité perpétuelle.

Portugal. — Le Portugal, dont la maison de Bragance reprit possession, perdit la ville d'Olivença dans l'Estramadure (près de la rive gauche de la Guadiana). Il conservait les débris de son ancien empire colonial, les Açores, Madère, archipel du cap Vert, îles Saint-Thomas, du Prince, Angola, le Congo, Mozambique, Goa, Diu, Macao, etc.

Espagne. — En Espagne, Ferdinand VII était remonté sur le trône. Il recouvrait avec son royaume, les colonies d'Amérique qui ne devaient point tarder à se séparer de la métropole, les colonies d'Océanie, les Philippines, les Mariannes, Mindanao ; aux Antilles, Porto-Rico, Cuba.

Italie. — L'Italie de 1815 n'était plus celle de 1789. Si, au sud les Bourbons avaient ressaisi le royaume de Naples, si le pape, après tant de vicissitudes, avait recouvré ses états (Rome, la campagne de Rome, les légations et la Romagne), au nord, le territoire de la république de Venise avait été réuni au Milanais et au Mantouan pour former le royaume Lombard-Vénitien au profit de l'Autriche, et le territoire de la république de Gênes avait été joint aux états de la maison de Savoie. L'Autriche tenait en outre l'Italie centrale par ses garnisons de

Ferrare, de Plaisance et de Commacchio, par les archiducs qui régnaient sur la Toscane (agrandie de l'île d'Elbe et des Présides) et sur Modène, par l'archiduchesse autrichienne Marie-Louise qui régnait à Parme et à Plaisance.

Turquie. — L'empire Ottoman était abandonné à sa décadence. Depuis 1789 il avait perdu Oczakow par le traité d'Yassy (1792), la Bessarabie, par le traité de Bucharest (1812). La Russie avait ainsi fait un pas de plus vers Constantinople.

Résumé. — C'était le congrès de Vienne qui avait ainsi réglé le nouvel état de l'Europe. Il avait livré Venise et Gênes, dépouillé le Danemark, mutilé la Saxe, abandonné la Pologne à la Russie, l'Italie à l'Autriche et la mer à l'Angleterre. « Sa politique avait été d'accumuler les précautions contre la France. Pour nous opposer des barrières le long du littoral de la mer du Nord et de la Méditerranée, l'Angleterre avait édifié le royaume des Pays-Bas et agrandi le royaume de Piémont. Elle avait bien choisi en choisissant pour nous les opposer les maisons d'Orange et de Savoie, car outre les griefs récents de ces deux maisons, l'une avait fait sa grandeur en luttant contre là France, l'autre en se servant d'elle et en la trahissant après s'en être servie. Elle leur confia donc Anvers et Gênes. Elle ne s'en tint pas là : recueillant une idée de Pitt elle obligea la Prusse à recevoir les provinces rhénanes afin de la mettre à jamais en défiance à notre égard. Ce n'était pas encore assez de précautions à son gré ; elle voulut placer la Bavière dans la même position, et d'accord avec l'Autriche elle lui rendit le Palatinat du Rhin. En accumulant ainsi autour de nous les intérêts défiants, les royaumes ennemis, le congrès de Vienne a été l'origine de cette politique de Sainte-Alliance qui a régi l'Europe près d'un demi-siècle [1]. »

1. Thiers. *Histoire du Consulat et de l'Empire.*

CHAPITRE XIV

LA RESTAURATION

(SUITE)

De la seconde Restauration (juillet 1815) à la mort de Louis XVIII
(16 septembre 1824). Intérieur.

PRÉCIS DES FAITS

RÉACTION CONTRE LES CENT-JOURS. Louis XVIII, revenu de Gand,
se place entre la coalition victorieuse et la France menacée d'un démembrement. A l'intérieur, il intervient de même entre les partis
aux prises, mais cède à l'opinion en lui sacrifiant Ney. Les excès
du midi restent impunis par la faute des témoins et du jury.

MINISTÈRE RICHELIEU-DECAZES (26 septembre 1815). Le ministère
Richelieu-Decazes succède au ministère de Talleyrand et de Fouché,
un instant nécessaires mais bientôt congédiés, et cherche l'appui du
centre contre les tendances ultra-royalistes de la Chambre dite *introuvable*. M. Decazes dissout la Chambre par l'ordonnance du 5
septembre 1816 et annule par la loi électorale de 1817 l'influence
utile de l'aristocratie. Le maréchal Gouvion-Saint-Cyr réorganise
l'armée. Le duc de Richelieu obtient l'évacuation anticipée de la
France au congrès d'Aix-la-Chapelle (1818) et se retire devant les
premières conséquences de la loi électorale de 1817.

MINISTÈRE DESSOLLES-DECAZES (29 décembre 1818). M. Decazes, en
donnant satisfaction au parti libéral, encourage l'opposition révolutionnaire qui envoie à la Chambre le régicide Grégoire. Il se rapproche de la droite au moment où l'assassinat du duc de Berry
amène sa chute, 1820.

DEUXIÈME MINISTÈRE RICHELIEU (20 février 1820). M. de Serres
soutient et fait passer la loi électorale de juin 1820, qui donnait à
l'élection des origines diverses et faisait une part à l'influence des
classes supérieures.

MINISTÈRE DE M. DE VILLÈLE (15 décembre 1821). M. de Villèle
gouverne avec la droite dans un temps où les partis s'organisent en
deux camps contraires : la congrégation, le carbonarisme. Le ministère déconcerte et punit les conspirations. M. de Villèle triomphe
de ses ennemis et de ses rivaux, mais est déjà aux prises avec les

exigences extrêmes de ses partisans. Mort de Louis XVIII (16 septembre 1824).

Louis XVIII et la coalition. — Louis XVIII rentra dans Paris le 8 juillet 1815. Pour la seconde fois il se trouvait placé entre la France vaincue et l'Europe victorieuse, qui semblait devoir être implacable. En 1814, les armées ennemies n'avaient franchi les portes de Paris qu'avec étonnement et respect. En 1815, elles se montrèrent arrogantes et avides. Le général prussien Muffling, gouverneur de Paris, ordonna aux sentinelles de tirer sur quiconque les braverait même du regard. M. Decazes, préfet de police, fit arracher des murs cette consigne barbare. Blücher voulait faire sauter le pont d'Iéna. Louis XVIII menaça d'y faire porter son fauteuil. Quand la Prusse sembla vouloir nous imposer l'abandon de l'Alsace et de la Lorraine, le roi dit tout haut à lord Wellington : « Croyez-vous, mylord, que votre gouvernement consente à me recevoir, si je lui demande de nouveau asile ? » C'était déclarer qu'il n'acceptait de régner que sur l'héritage de ses ancêtres. Le gouvernement anglais et l'empereur Alexandre se refusèrent à amoindrir la France, nécessaire à l'équilibre européen, et à recommencer l'œuvre du traité de Vienne.

Le duc de Richelieu, dont on a dit qu'en lui l'honnête homme agrandissait et soutenait l'homme d'État, représenta dignement la France dans ces négociations. Il n'avait accepté le ministère que sur la promesse de l'empereur Alexandre de l'aider à défendre la France contre les intentions hostiles de certains cabinets. Il la défendit lui-même avec la droiture de son caractère et la passion patriotique dont il était animé. Le 30 novembre 1815 il écrivait : « Tout est consommé. J'ai apposé hier, plus mort que vif, mon nom à ce traité fatal. J'avais juré de ne pas le faire et je l'avais dit au roi; ce malheureux prince m'a conjuré en pleurant de ne pas l'abandonner, et de ce moment je n'ai pas hésité. »

On a vu dans le chapitre précédent ce que nous coûta le deuxième traité de Paris en territoire et en contribution de guerre.

Louis XVIII et les partis. Pression de l'opi-

nion. Condamnations à mort. Le maréchal Ney.
— A l'intérieur, la nouvelle tâche que la deuxième restauration faisait à Louis XVIII n'était pas moins difficile. Le roi avait à combattre les passions des vaincus de Waterloo et à résister aux entrainements des ultra-royalistes qui attribuaient les malheurs des cent-jours à la modération de la première restauration. Avant de rentrer à Paris Louis XVIII avait, par sa proclamation de Cambrai (28 juin 1815), tenté de donner satisfaction à ces partis ennemis.

« J'accours, disait-il, pour ramener mes sujets égarés, pour adoucir des maux que j'avais voulu prévenir, pour me placer une seconde fois entre les armées alliées et les Français, dans l'espoir que les égards dont je pense être l'objet tourneront à leur salut ; c'est la seule manière dont j'ai voulu prendre part à la guerre... Mon gouvernement devait faire des fautes, peut-être en a-t-il fait. Il est des temps où les intentions les plus pures ne suffisent pas pour diriger, où quelquefois même elles égarent ; l'expérience seule pouvait avertir ; elle ne sera pas perdue ; je veux tout ce qui sauvera la France... Je prétends ajouter à la Charte toutes les garanties qui peuvent en assurer le bienfait... On a parlé, dans ces derniers temps, du rétablissement de la dîme et des droits féodaux. Cette fable n'a pas besoin d'être réfutée... Si les acquéreurs des biens nationaux ont conçu des inquiétudes, la Charte aurait dû suffire pour les rassurer... Je promets, moi qui n'ai jamais promis en vain, de pardonner aux Français égarés tout ce qui s'est passé depuis le jour où j'ai quitté Lille, au milieu de tant de larmes, jusqu'au jour où je suis rentré dans Cambrai au milieu de tant d'acclamations. »

C'avait été, pour Louis XVIII, une tâche difficile que de s'interposer entre l'Europe et la France. Il n'eut pas moins de peine à intervenir entre les partis à l'intérieur. L'opinion, la passion publique, où chacun a sa part de faute, réclamaient des châtiments. Le retour de l'île d'Elbe, disait-on, n'avait été que l'effet d'une immense et misérable trahison dont il fallait punir sans pitié les auteurs. « La France, s'écriait M. de Châteaubriand, demande justice à genoux. »

Le roi céda à l'opinion en s'efforçant de restreindre le

nombre des poursuites. Une ordonnance du 24 février avait publié une amnistie; elle exceptait dix-neuf généraux, officiers ou fonctionnaires accusés d'avoir trahi le roi avant le 23 mars, ou attaqué la France à main armée, ou de s'être emparés du pouvoir par violence. Cette première catégorie comprenait Ney, Labédoyère, La Valette, Mouton-Duverney, Drouot, Cambronne[1]. Les quatre premiers furent arrêtés, jugés et condamnés à mort. La mort de Ney, juste expiation selon la loi rigoureuse, fut une faute. « Jamais on n'a mieux vu combien il est imprudent et dangereux pour un gouvernement, pour un parti vainqueur, de frapper même justement un homme que protége une grande gloire [2]. » Ney était alors considéré presque par tous comme une victime expiatoire dont l'immolation nécessaire pouvait seule donner au pouvoir la force de contenir la réaction. On n'a voulu voir depuis dans sa condamnation, votée à la chambre des pairs par ses anciens compagnons d'armes [3], que la vengeance particulière du roi.

La Valette, ancien directeur général des postes, échappa au supplice par le dévouement de sa femme. Drouot et Cambronne furent acquittés. Dans les départements l'opinion était encore plus excitée qu'à Paris. Le général Chartran fut exécuté à Lille; les deux frères Faucher condamnés à Bordeaux, sans avoir pu trouver de défenseurs [4], furent fusillés.

A la première catégorie comptant dix-neuf noms en était jointe une seconde de trente-huit personnes qui devaient sortir

1. « On pensait que les accusés de cette première liste auraient le temps ou la possibilité de se dérober par la fuite aux poursuites judiciaires. Louis XVIII, en apprenant l'arrestation de Ney, s'écria avec un rare bon sens : « Il nous fait plus de mal aujourd'hui en se laissant prendre qu'il ne nous en a fait au 13 mars. » — Viel-Castel, *Histoire de la Restauration.*

2. Viel-Castel, *Histoire de la Restauration.*

3. Kellermann, Pérignon, Sérurier, Victor, Marmont, Beurnonville, Dessolles, Maison, Latour-Maubourg, Lauriston. — Marmont et Dessolles avaient joint à leur vote une recommandation à la clémence royale.

4. M. Ravez, un des plus honnêtes caractères du temps et qui s'était engagé à les défendre, rétracta sa promesse. Nous citons ce fait pour bien faire comprendre la violence de l'opinion publique. Le cri général réclamait des châtiments. L'adresse du collége électoral présentée au roi par M. de Châteaubriand quelques jours après l'exécution

de Paris dans les trois jours. Une troisième ordonnance retrancha vingt-neuf pairs qui étaient entrés au sénat de 1815.

Excès populaires dans le Midi. Meurtre du maréchal Brune. — Les passions du temps avaient imposé au pouvoir une justice implacable. Dans le midi de la France elles entraînèrent les populations aux plus condamnables excès. A Marseille, des compagnies franches égorgèrent la petite colonie de mameluks qui y résidait. A Avignon le maréchal Brune fut massacré par la populace malgré les efforts énergiques du préfet, M. de Saint-Chamans. A Toulouse, le général Ramel fut tué dans une émeute. A Nîmes, le général de la Garde fut blessé grièvement en s'opposant au pillage des temples protestants. Le gouvernement se voyait impuissant à résister à ce déchaînement des haines religieuses et politiques. Ce fut en vain que le duc d'Angoulème, envoyé dans les provinces, s'efforça de les pacifier. Il menaça, dans une proclamation, de sa disgrâce et de la vindicte publique, quiconque oserait devancer l'action des lois et troubler l'ordre par des voies de fait. Il approuva hautement la conduite du général de la Garde. Il appela auprès de lui les protestants et promit la réouverture très-prochaine des temples. Le roi écrivait de son côté : « Nous espérons que cette odieuse entreprise de prévenir l'action des lois et de notre autorité a déjà cessé... Rien ne serait épargné pour punir de tels crimes. » Mais pour punir il fallait le concours du jury; il fit défaut à l'autorité. Les jurés acquittèrent l'assassin du comte de la Garde et ne condamnèrent qu'à cinq ans de réclusion les assassins de Ramel. Les témoins eux-mêmes manquèrent contre trois hommes odieux qui avaient conduit les bandes de meurtriers : Trestaillons, Graffan, Truphémy. On vint demander en foule la liberté de Trestaillons. Graffan ne fut pas poursuivi. Truphémy fut acquitté. Les mi-

de Labédoyère contenait cette phrase : « La France envahie, déchirée, vous demandait justice à genoux, vous la lui deviez... Cette justice ne fait qu'ajouter à l'éclat de votre autorité. » L'adresse de la Chambre des députés rappelait au roi *les droits de la justice.* « C'est notre devoir de solliciter votre justice contre ceux qui ont mis votre trône en péril. » Le *Journal des Débats* réclamait la peine de mort contre quiconque, par des cris séditieux, avait demandé le renversement de l'ordre de choses établi.

nistres se voyaient impuissants contre les passions méridionales [1].

Chambre introuvable. — La chambre sortie des nouvelles élections devait être l'image fidèle des sentiments et des
passions du temps. Elle était si royaliste que Louis XVIII la
nomma tout d'abord, par manière d'éloge, la *chambre introuvable*. M. de la Bourdonnaye, qui croyait que le salut de la
France était dans la prédominance de l'aristocratie, était le
chef de la majorité. Il défendait ses convictions avec autant
de désintéressement personnel que de passion. Près de lui
M. de Villèle montrait dans la défense de la même cause plus
de prudence et de mesure. M. de Bonald, historien philosophe,
formulait la doctrine de son parti. La minorité, plus modérée,
était conduite par M. Royer-Collard, le théoricien intraitable
du libéralisme, par MM. de Serres et Pasquier, par le président Lainé, qui s'efforçaient de tempérer les violences de la
droite.

La cour des pairs avait été de son côté recrutée de 93 pairs
royalistes qui avaient remplacé les pairs exclus et la pairie avait
été déclarée héréditaire.

Ministère Richelieu-Decazes (26 septembre 1815).
— Le cabinet qui devait gouverner avec ces deux assemblées était composé, sous la présidence du duc de Richelieu, de MM. Decazes, de Jaucourt, Pasquier, le baron Louis,
le maréchal Gouvion-Saint-Cyr. Il succédait à Fouché et à Talleyrand, un instant nécessaires et bientôt congédiés. Il eut la
tâche difficile de résister aux entraînements de la majorité
royaliste, dont la passion pouvait compromettre la royauté
elle-même. Quand il crut devoir proposer les deux projets de
loi sur la suspension de la liberté individuelle et l'établisse-

---

1. Ce n'en est pas moins avec une violente exagération qu'on a désigné du nom de *Terreur blanche* ce temps de réaction. En 1817,
M. Decazes établit qu'il n'y eut point plus de 319 détenus, 249 personnes mises en surveillance hors de leurs départements, 295 soumises
à la même surveillance à leur lieu de domicile. « Telle audience du
tribunal révolutionnaire, dit M. de Viel-Castel, l'historien le plus impartial de la Restauration, a fait tomber plus de têtes que tous les
tribunaux de la Restauration pendant deux années et Paris, dans
une seule des journées de septembre, a vu plus d'égorgements que le
midi tout entier pendant l'été et l'automne de 1815. »

ment des cours prévotales, il vit la chambre des députés en aggraver les dispositions (octobre 1815). Mais il lui fallut défendre l'ordonnance d'amnistie du 24 juillet contre les attaques de la majorité et particulièrement de M. de la Bourdonnaye, qui voulait étendre le nombre des coupables à punir au moyen des *catégories*, comprenant les généraux et les fonctionnaires des cent-jours. Il fut contraint de donner des gages au parti ultra-royaliste ; il renouvela l'administration et la magistrature, remplaça les anciens régiments par des légions départementales et organisa la garde royale. Il dut réprimer avec rigueur deux conspirations, celle de Didier à Grenoble et celle des *patriotes* à Paris.

Ordonnance du 5 septembre 1816.—Louis XVIII, inquiet des exigences extrêmes des ultra-royalistes, céda aux conseils de M. Decazes devenu son confident et son ministre favori. Il rendit l'ordonnance du 5 septembre 1816 qui déclarait qu'aucun article de la Charte ne serait révisé, dissolvait la chambre des députés, réduisait leur nombre et reportait l'âge de l'éligibilité à quarante ans, conformément à l'article 33 de la Charte.

L'opinion libérale accueillit avec une vive satisfaction la dissolution de la chambre. « C'est cette chambre cependant, dit M. de Viel-Castel, qui a eu l'honneur de fonder en France le gouvernement parlementaire, parce qu'elle était animée de sentiments vrais et sincères, parce qu'à bien peu d'exceptions près, ses membres étaient dirigés par des considérations d'intérêt public bien ou mal entendu et non par des calculs d'intérêt personnel, parce qu'enfin elle puisait dans les éléments aristocratiques dont elle était composée, un sentiment élevé d'indépendance qui se conciliait avec un attachement passionné à la cause royale. »

La nouvelle chambre ne compta qu'une minorité d'ultra-royalistes. La majorité, composée de députés modérés, avait à sa tête Royer-Collard et les doctrinaires dont il était le chef. « Placé au premier rang par la force, la vigueur de la pensée et l'éclat de l'éloquence, il était absolument dépourvu des qualités qui constituent l'aptitude au gouvernement. Un immense orgueil et une raideur d'esprit qui ne pouvait supporter l'ombre de la contradiction le rendaient absolument impropre au maniement des hommes et des affaires[1]. » Ses disciples avaient la prétention de réduire en formules le gouvernement représentatif, prétention souvent présomptueuse. C'était le premier des doctrinaires après M. Royer-Collard, M. Guizot, qui, se plaçant, disait-il, entre les adorateurs du droit divin et ceux de la souveraineté du peuple, déclarait que quant à lui il croyait à la souveraineté de la raison, de la justice, du droit. Cela n'indiquait pas clairement où étaient la raison, la justice et le droit.

Loi électorale de 1817. Loi sur le recrutement de l'armée. — L'acte législatif le plus important de la nouvelle chambre fut la loi électorale de 1817, présentée par M. Lainé, ministre de l'intérieur. Les éligibles restaient soumis aux conditions de quarante ans d'âge et de 1000 francs de contributions ; les députés étaient directement élus dans un seul collége par département et tous les citoyens, âgés de trente ans, payant 300 francs de contributions, étaient électeurs. La chambre devait être renouvelée chaque année par cinquième.

Cette loi a préparé la domination de la fraction la plus démocratique des classes moyennes. Ses auteurs n'en avaient pas compris toute la portée[2].

La session de 1817-1818 fut marquée par la discussion de la loi de recrutement de l'armée. Le maréchal Gouvion-Saint-Cyr la présenta aux chambres et la fit adopter. Elle rétablissait la conscription de l'empire, déterminait les conditions de l'avancement et assurait à tous l'admissibilité aux grades.

---

1. Viel-Castel. *Histoire de la Restauration.*
2. « Le premier effet de cette loi avait été d'annuler l'influence de l'aristocratie nobiliaire et du parti ultra-royaliste non seulement dans la plupart des départements où ce parti était en minorité, mais dans certaines contrées de l'ouest ou du midi où il dominait notoirement. Une telle loi dépassait le but et n'assurait pas la complète et légitime représentation de l'opinion publique ; elle sacrifiait les campagnes aux villes, la grande propriété à la petite, l'intérêt agricole et conservateur à l'esprit novateur et industriel. » On put voir en 1818 par l'élection de Manuel, en Vendée, que « le système électoral qui condamnait la Vendée à reconnaître pour ses organes les ennemis des Bourbons et du clergé n'était pas certes de tout point, équitable et libéral. » Viel-Castel. *Histoire de la Restauration.*

Fin du premier ministère Richelieu. Conférences d'Aix-la-Chapelle. Évacuation du territoire français (1818).

— Ces lois libérales avaient donné de nouvelles espérances et plus de forces à l'opposition qui réussit à faire passer aux élections de 1818 vingt-cinq de ses membres et à leur tête Benjamin Constant, Manuel et La Fayette. C'était le résultat de l'alliance des bonapartistes et des libéraux. « En mêlant au sentiment libéral encore si peu éclairé et si imparfaitement compris, même par ses prosélytes les plus sincères, des éléments tout à fait hétérogènes, le regret des conquêtes perdues, l'exaltation de la gloire militaire, la haine passionnée de tout ce qui tenait à la Restauration et à l'ancien régime, le mépris du droit et des traditions, le culte de la force, tous les instincts violents par lesquels le parti impérialiste se rapprochait du parti révolutionnaire proprement dit, les bonapartistes préparaient pour l'avenir des dangers sérieux, non pas seulement à la cause royaliste, mais à toute combinaison fondée sur l'amour de la liberté, de la justice et de la paix [1]. »

Le duc de Richelieu n'était pas l'homme des luttes parlementaires. Il pensa que le salut de la France était dans la modification de la loi électorale. Le roi qui n'osait, par le conseil de M. Decazes, toucher à cette loi si récente, se sépara à regret du ministre qui avait entrepris et mené à bonne fin l'œuvre difficile de la libération du territoire.

Ce fut en effet l'honneur de sa vie. Aux conférences d'Aix-la-Chapelle (1818), il obtint l'évacuation complète du territoire français par les troupes étrangères et acheva de liquider envers l'Europe la dette du pays par l'inscription de seize millions de rentes au grand-livre. Louis XVIII put écrire à son ministre :

---

1. Viel-Castel. *Histoire de la Restauration.*
Les écrivains qui ont le plus contribué à cette alliance ont été Béranger et P.-L. Courrier. Le chansonnier populaire transformait Napoléon en un souverain libéral, ou faisait des souvenirs de la gloire militaire de l'empire une insulte aux Bourbons. P.-Louis Courrier signait ses pamphlets, Paul-Louis Vigneron, ancien canonnier à cheval. « Lui, qui avait si peu aimé l'empire et prisé la gloire militaire, se posait en vieux soldat laboureur, ami de la vieille gloire nationale, très-belliqueux et très-grognard quand il n'y avait plus lieu de l'être. » Sainte-Beuve.

« J'ai assez vécu puisque j'ai vu la France libre, et le drapeau français flotter sur toutes les villes de France. »

Ministère Decazes-Dessolles (29 décembre 1818). — Au ministère Richelieu succéda un ministère dont la présidence fut déférée au général Dessolles, mais dont la direction appartint véritablement à M. Decazes. Menacé par la cour des pairs, qui avait accueilli une proposition tendant à la révision de la loi électorale, M. Decazes s'y assura la majorité par la nomination de soixante-treize nouveaux pairs choisis parmi les notabilités de la Révolution et de l'Empire (5 mars 1819). En même temps il donnait satisfaction au parti libéral par une loi sur la presse dont M. de Serres, ministre de la justice, fit adopter les dispositions. Les journaux affranchis de la censure furent soumis au cautionnement; les délits de presse durent être portés devant le jury. Il fut permis de fournir la preuve des faits attaqués comme diffamatoires, lorsqu'il s'agissait des agents de l'autorité.

Comment l'opposition révolutionnaire répond aux lois libérales du nouveau ministère. — Ces gages donnés à la liberté ne désarmèrent pas l'opposition révolutionnaire.

Dans les pays qui sont libres sans être révolutionnaires, il se forme toujours deux grands partis, l'un qui aime le changement, l'autre qui redoute les aventures, l'un qui s'attache au progrès et à la liberté, l'autre qui défend l'ordre établi et la paix sociale, celui des whigs et celui des torys, celui des libéraux et celui des conservateurs. Ni l'un ni l'autre ne veut porter atteinte aux institutions essentielles du pays; ils ne songent pas à violer les lois, même quand ils tiennent à les réformer ; ils craindraient également une rupture violente et complète avec le passé, la répudiation irrévocable des traditions et comme la transformation de leur nation ancienne en une nation sans histoire, où eux-mêmes chercheraient vainement leur place.

Il n'en est pas malheureusement ainsi en France. La bourgeoisie y accepte volontiers le secours des révolutionnaires et voit tomber, sous les coups de ces auxiliaires séditieux, les pouvoirs qu'elle voulait seulement avertir. Aux élections de 1818 les libéraux prirent pour devise : *Plutôt des jacobins que des ministériels* ! Ils l'emportèrent dans trente-huit colléges sur cinquante-deux et envoyèrent à la chambre l'abbé Grégoire, ancien évêque constitutionnel de Blois, conventionnel régicide, dont l'élection fut annulée comme un outrage au roi.

M. Decazes se rapproche de la droite. Assassinat du duc de Berry. Chute de M. Decazes (1820). — En butte aux attaques des royalistes qui lui reprochaient ses concessions au parti révolutionnaire, inquiet des progrès de l'opposition, M. Decazes résolut de modifier la loi des élections et de se rapprocher de la droite. Il n'en eut pas le temps. L'assassinat du duc de Berry [1] par Louvel à la porte de l'Opéra amena sa chute (13 février 1820). Les attaques cruelles des journaux royalistes, les supplications de la famille royale contraignirent le roi à congédier son ministre. M. Decazes ne put donc présider aux modifications qu'il avait lui-même jugées nécessaires.

Second ministère du duc de Richelieu (20 février 1820). **M. de Serres.** — Ce fut M. de Richelieu qui fut, malgré sa répugnance à rentrer aux affaires, chargé « de contenir le mouvement révolutionnaire qui menaçait d'entraîner la France vers de nouveaux écueils et de changer la loi des élections que l'on considérait comme la principale source du mal. »

« Le ministère qu'il forma se recommande par la modération des sentiments, l'intelligence des affaires, l'amour éclairé du bien public et par son attachement sincère à la cause de la royauté, cause que les uns avaient toujours préférée, à laquelle les autres s'étaient ralliés comme au seul moyen de salut qui restât à la France après ses longs orages. » Telles étaient les dispositions du duc de Richelieu, de M. Pasquier, de M. Portal, de M. Siméon, de M. Roy. M. de Serres, de plus en plus rattaché à cette politique, allait devenir pour longtemps, par son éloquence, le ministre indispensable dans la lutte des partis monarchiques contre la révolution. Après avoir été le plus

1. Le duc de Berry était le deuxième fils du comte d'Artois, frère du roi.

libéral des royalistes et l'ami des doctrinaires il se détourna des libéraux et des doctrinaires quand il vit les uns compromettre la liberté, dont ils prenaient le nom, et les autres s'entêter dans de vaines formules. « Il ne craignait pas de dire que c'était par la vanité que la France s'était perdue, que l'amour de l'égalité absolue n'était autre que le jacobinisme pur. Il était impossible, ajoutait-il, de fonder la liberté sans une aristocratie, cela ne s'était jamais vu dans le monde, et comme on lui faisait l'objection que cette aristocratie n'existait plus en France, il répondait qu'il fallait la refaire, en soigner les germes, que c'était la condition de salut [1]. »

Nouvelle loi électorale (juin 1820). — Le nouveau ministère s'empressa de présenter des lois d'exception sur la liberté individuelle, sur la censure des journaux et de reprendre le projet de loi électorale de M. Decazes. Les deux premières furent votées à une faible majorité. La discussion de la troisième fut un véritable combat. Le projet, amendé par la commission, fut voté le 12 juin 1820. La loi établissait deux sortes de collèges, les collèges de département formés d'électeurs payant 1,000 francs de contributions et les collèges d'arrondissement, composés d'électeurs payant de 300 à 1,000 francs de contributions. Les collèges d'arrondissement durent nommer 258 députés et les collèges de département 172. Les électeurs payant 1,000 francs de contributions eurent le droit de voter dans les deux collèges [2].

M. de Serres, répondant au général Foy, à Benjamin Constant, à Camille Jordan, à Royer-Collard, avait dompté l'émeute parlementaire à force d'énergie et d'éloquence. Il avait donné

---

1. Viel-Castel. *Histoire de la Restauration.*
2. « Tel fut le pénible enfantement de cette loi électorale, la meilleure à mon avis qu'ait jamais eue la France, bien qu'elle fût née d'un compromis qui ne satisfaisait complétement aucun parti. Peut-être faut-il voir dans cette circonstance même la cause de sa supériorité. Elle n'était pas fondée sur une de ces théories absolues auxquelles les Français sont trop accoutumés à tout sacrifier. Elle donnait à l'élection des origines diverses. En conservant à la petite et à la moyenne bourgeoisie l'ascendant qu'il n'eût été ni juste, ni prudent de leur refuser dans l'état social où se trouvait la France, elle faisait une large part à l'influence des classes supérieures. » Viel-Castel, *Histoire de la Restauration.*

au pouvoir l'ascendant nécessaire pour dompter aussi celle qui s'était organisée sur la place publique. Des attroupements se formèrent ; la force armée dut intervenir ; un étudiant en droit fut tué dans le désordre qui s'ensuivit. La foule, comme toujours, prit parti contre la force publique et l'on fit au mort des funérailles populaires.

Naissance du duc de Bordeaux (29 septembre 1820). **Chute du deuxième ministère Richelieu** (1821). — Un heureux événement qui semblait devoir assurer l'avenir de la dynastie et de la France, la naissance du duc de Bordeaux signala la fin de l'année 1820. En même temps les élections, faites sous l'influence de la loi nouvelle, accrurent le nombre des députés royalistes.

Cependant M. de Richelieu, qui avait entrepris la tâche difficile de changer la loi des élections, avait préparé, en l'accomplissant, sa propre ruine. Placé entre les deux partis, les royalistes qu'il avait fait triompher, les révolutionnaires qu'il avait vaincus, il se vit attaqué sans mesure par les uns et par les autres. Effrayé, pour la France, comme il le disait, des réserves redoutables qu'avaient derrière eux les hommes de l'opposition, il s'était résigné à la défection des doctrinaires MM. Royer-Collard, Camille Jordan, Guizot, de Barante, et avait fait entrer dans le cabinet, M. de Villèle, comme ministre d'État, et M. de Corbière comme président du conseil royal de l'instruction publique. Cette concession ne désarma pas la droite qui voulait que le gouvernement engageât plus résolument la lutte contre les libéraux. MM. de Villèle et de Corbière obéissant à la consigne de leur parti se retirèrent du ministère. L'extrême droite, renforcée par les élections partielles de 1821, résolut alors de renverser le ministère. Elle fut aidée dans son entreprise par la complicité des libéraux qui espéraient une révolution des excès d'un cabinet ultra-royaliste. Une phrase offensante fut insérée dans l'adresse votée par la droite et par la gauche (5 novembre 1821). Louis XVIII en fut profondément irrité, mais il céda au parti du comte d'Artois qui ne voyait de salut que dans l'alliance étroite et presque exclusive de la droite.

Ministère de M. de Villèle (15 décembre 1821). —

Cette date du 15 décembre fut la fin du gouvernement du centre. Le côté droit et M. de Villèle saisirent le pouvoir. M. de Villèle qui était de fait le chef du cabinet, et qui devait une année plus tard, le 4 septembre 1822, être nommé président du conseil, amenait avec lui MM. de Corbière, de Peyronnet, Mathieu de Montmorency, de Clermont-Tonnerre et le maréchal Victor, duc de Bellune. L'administration de l'instruction publique était confiée à l'abbé de Frayssinous, qui permit aux jésuites d'ouvrir de nombreuses maisons d'éducation.

C'était, disaient les libéraux, le triomphe de la *congrégation*. Le public désignait alors sous ce nom de congrégation deux associations distinctes, bien qu'unies par des liens assez étroits. Il y avait d'abord une société qui remontait aux temps de la persécution religieuse de l'empire et destinée alors à faciliter les rapports de Pie VII captif avec les fidèles. Après la Restauration, elle devint un instrument d'influence dans le sens religieux et royaliste. A côté de cette association, plus politique que religieuse, d'autres s'étaient établies dans des vues pieuses et charitables ; c'était *la congrégation des missions étrangères*, composée surtout de jeunes gens, celle *de Saint-Nicolas du Chardonnet*, formée en majorité d'ouvriers, de petits fabricants et dirigée par le curé, la *société des bonnes œuvres* qui s'occupait des prisons et des écoles, la *société des bonnes lettres* placée sous le patronage de Châteaubriand, la *société des bonnes études* présidée par Berryer. « Bien qu'il n'existât aucun lien formel entre ces associations et la grande association politique, celle-ci exerçait sur elles une sorte de patronage dont l'explication se trouve dans ce fait que M. de Montmorency et plusieurs autres hommes considérables étaient également affiliés à toutes [1]. »

Les évêques ne pouvaient point refuser leur aide à ces diverses associations d'œuvres bienfaisantes dont l'action, qu'il s'y mêlât ou non un sentiment politique, était religieuse et charitable. Mais peut-être encouragèrent-ils avec un zèle trop peu discret les missionnaires qui parcouraient alors la France et faisaient grand bruit des conversions qu'ils déterminaient. Les

----

1. Viel-Castel. *Histoire de la Restauration.*

foules qui les suivaient unissaient parfois le cri de vive le roi à ceux de vive la croix et la religion. Il eût été plus sage de s'abstenir de manifestations politiques ; on n'aurait provoqué ni les injures de l'opposition, ni les impiétés de Béranger.

Tandis que les uns travaillaient, en dépit d'un peu d'indiscrétion dans leur zèle, à raffermir les véritables fondements de la société, d'autres s'armaient pour les ébranler. Ils s'organisaient dans les *ventes du carbonarisme*, introduit d'Italie en France, et ne se proposaient rien moins que le renversement du gouvernement. « Attendu, disait l'acte de fondation, que force n'est pas droit et que les Bourbons ont été ramenés par l'étranger, les *charbonniers* s'associent pour rendre à la nation française le libre exercice du droit qu'elle a de choisir le gouvernement qui lui convient. » L'organisation de la *charbonnerie* compta une association-mère nommée la *haute vente*, et au-dessous, des *ventes centrales* groupées autour d'elle, enfin des *ventes particulières* formées autour de chaque vente centrale. Chaque vente se composait de vingt membres. Une organisation militaire en légion, cohortes, centuries, manipules, répondit à la hiérarchie civile des ventes. Chaque charbonnier devait avoir un fusil avec cinquante cartouches, et obéir aveuglément aux ordres des chefs. Le chef réel était un inconnu, Bazard, employé subalterne dans une administration, âgé de 30 ans, ce qui n'empêcha point nombre de députés et de personnages d'adhérer à la charbonnerie. Les députés La Fayette, Dupont de l'Eure, d'Argenson, Manuel, y entrèrent « sans s'aviser que les sociétés secrètes et les complots vont mal à un régime de liberté et qu'il y a peu de sens et peu de dignité à conspirer et à discuter à la fois[1]. » De la haute vente, où ils se cachaient, ils encourageaient les séditions militaires et les troubles de la place publique.

« Au moment où se forma le cabinet de M. de Villèle, les complots et les insurrections fermentaient et éclataient partout, dans les départements de l'Est, de l'Ouest, du Midi, à Béfort, à Colmar, à Toulon, à Saumur, à Nantes, à la Rochelle, à Paris même et sous les yeux des ministres, dans l'armée

---

1. Guizot, *Mémoires*.

comme dans les professions civiles, dans la garde royale comme dans les régiments de ligne. En moins de trois années, huit conspirations sérieuses attaquèrent et mirent en question la Restauration [1]. » Entre tous les complots on a surtout gardé le souvenir de celui de Béfort (1er janvier 1822), où La Fayette allait jouer un rôle actif, quand il apprit l'arrestation de ses complices, et de celui de la Rochelle où quatre jeunes sergents tombèrent victimes des passions politiques des députés conspirateurs.

Ces procès passionnèrent les contemporains ; on ne peut les relire aujourd'hui sans tristesse. Les conjurés nient des faits patents. Un des défenseurs, membre lui-même de la haute vente, ne connaît que trop la société secrète dont il nie l'existence. « Ce n'est pas un des côtés les moins pénibles du rôle des conspirateurs que cette nécessité du mensonge à laquelle il condamne presque inévitablement ceux qui n'ont pas craint de l'assumer [2]. » Les membres de la haute vente, MM. de La Fayette, d'Argenson, Manuel, demeurent, comme le disent avec vérité les magistrats, « retranchés derrière le secret inviolable qu'ils exigent de leurs aveugles instruments ». « Ce sont eux qui font dégénérer en fièvre révolutionnaire cette chaleur de cœur, ce noble enthousiasme qui chez les jeunes gens est la source des grands talents et des plus nobles vertus [3]. » Manuel

---

1. Guizot, *Mémoires*. M. Guizot ajoute : « Aujourd'hui à plus de trente ans de distance (il écrivait en 1858), après tant et de bien plus grands événements, quand un honnête homme sensé se demande quels motifs suscitaient des colères si ardentes et des entreprises si téméraires, il n'en trouve point de suffisants ni de légitimes . Les grandes institutions étaient debout ; les libertés publiques, bien que combattues, se déployaient avec vigueur ; l'ordre légal n'avait reçu aucune grave atteinte ; le pays prospérait et grandissait régulièrement. Il y avait de justes motifs pour une opposition publique et vive, point de justes causes de conspiration ni de révolution. » Il semble que la France habituée depuis trente ans au régime de la force, force révolutionnaire et impériale, ne comprenait pas encore le prix d'institutions régulières et libres. « Subitement dotée, dit M. Vitet, des libertés les plus réelles qu'elle eut encore connues et telles que jamais peut-être elle n'en retrouvera, la France était, en politique, si difficile à contenter alors, qu'elle se croyait déshéritée du trésor qu'elle avait en sa main et ne songeait qu'à se plaindre. »

2. Viel-Castel. *Histoire de la Restauration.*

3. Paroles du procureur général dans le procès Berton.

osait protester de son innocence à la tribune. « Si je n'étais fort de ma conscience, viendrais-je à cette tribune vous combattre et braver vos murmures improbateurs. » « Or l'orateur qui protestait ainsi de la pureté de ses intentions ne cessait depuis quatre ans de conspirer contre le gouvernement auquel il avait prêté serment [1]. » Quant aux députés de l'opposition qui ne conspiraient pas, ils essayaient de couvrir leurs collègues compromis. « En vain le général Foy, M. Casimir Périer, M. Benjamin Constant, M. Laffitte, en se récriant avec passion contre les accusations dont leur parti était l'objet et qui ne portaient pas sur eux, s'efforçaient de jeter le manteau de leur innocence personnelle sur les conspirateurs véritables qui siégeaient à côté d'eux ; cette tactique, plus bruyante que fière, ne trompait ni le gouvernement, ni le public, et les députés conspirateurs perdaient plus de considération qu'ils ne gagnaient de sécurité à être ainsi, dans leurs propres rangs, défendus et désavoués [2]. »

Ce fut la fin du carbonarisme. Dans un congrès qui se réunit à Paris vers la fin de novembre 1822, « sur la demande de plusieurs membres, on mit en délibération la question de savoir s'il ne convenait pas de renoncer à un jeu qui déjà avait fait tomber trop de têtes et de dissoudre l'association [3]. » Les sociétés secrètes cessèrent d'exister.

« M. de Villèle était, à cette époque dans la première et la meilleure phase de son pouvoir ; il défendait la monarchie et l'ordre contre les conspirations et les insurrections ; il avait à repousser, dans la chambre des députés, les attaques ardentes du côté gauche, et dans la chambre des pairs le mauvais vouloir modéré, mais vigilant, des amis du duc de Richelieu. Le péril et la lutte retenaient autour de lui tout son parti. Devant une telle situation, les rivalités et les intrigues de chambre et de cour hésitaient à se produire ; les exigences se contenaient ; la fidélité et la discipline étaient évidemment nécessaires ; les compagnons n'osaient ni assaillir leur chef de leurs impatiences, ni le déserter.

1. Viel-Castel. *Histoire de la Restauration.*
2. Viel-Castel. *Id.*

Mais, dans le cours de l'année 1822, les conspirations furent vaincues ; les périls de la monarchie s'éloignèrent ; les luttes parlementaires, quoique toujours très-vives, n'étaient plus des questions de vie et de mort ; la domination du côté droit, dans le pays comme dans les chambres, paraissait établie. Alors commencèrent pour M. de Villèle d'autres difficultés et d'autres périls ; il n'avait plus ses adversaires menaçants pour contenir ses amis ; les dissidences, les exigences, les inimitiés, les intrigues éclatèrent autour de lui. Ce fut sur les questions de politique extérieure et dans le sein même de son cabinet qu'il en ressentit les premières atteintes[1] ».

L'Europe méridionale fut agitée de 1820 à 1822 par des révolutions [2]. Celles de Naples et de Turin s'évanouirent en quelques mois devant la seule apparition des troupes autrichiennes. Celle d'Espagne continua de maintenir le pays dans l'anarchie et la guerre civile. M. de Villèle eut souhaité s'abstenir de toute intervention, mais au congrès de Vérone, réuni pour rétablir l'ordre dans la péninsule, M. de Montmorency, ministre des affaires étrangères, outrepassa ses instructions et engagea la France. Son successeur M. de Châteaubriand, assuré de la complicité de la chambre, entraîna le président du conseil dans une guerre d'intervention qui avait pour objet de vaincre en Espagne les factions hostiles à la restauration et d'attacher l'armée à la nouvelle dynastie par la séduction de la gloire militaire.

Ce dernier but fut atteint. « La position de la France grandit lorsqu'on sut au dehors qu'elle possédait une armée à l'abri des entraînements du parti révolutionnaire [3]. » A l'intérieur le ministère se crut plus fort. M. de Villèle résolut d'asseoir sa puissance sur l'accord du ministère et d'une chambre nouvelle, élue pour sept ans ; la chambre fut dissoute le 24 décembre 1823. La chambre nouvelle ne compta que dix-neuf députés de l'opposition.

« A la cour comme dans la chambre, M. de Villèle triom-

---

1. M. Guizot. *Mémoires.*
2. Voir plus loin au chapitre xv, p. 177.
3. Viel-Castel. *Histoire de la Restauration.*

phait ; il avait non-seulement vaincu, mais écarté ses concurrents comme ses ennemis, M. de Montmorency et M. de Châteaubriand [1] comme M. de La Fayette et M. Manuel. M. de Villèle restait seul maître. Ce fut précisément alors que commencèrent ses graves embarras de situation, ses faiblesses de conduite et ses premiers pas vers la décadence [2]. »

Les élections, comme nous l'avons vu, avaient été royalistes, mais la chambre honnête, convaincue, passionnée dans ses convictions, appartenait à ses opinions et non pas au ministère. Les royalistes de l'extrême droite, et à leur tête M. de la Bourdonnaye, avaient pu jusqu'alors être contenus. « Mais quand M. de Châteaubriand et le *Journal des Débats* se furent jetés dans l'arène, on vit se former autour d'eux une armée d'opposants de toute origine et de toute couleur, royalistes et libéraux, ancien régime et jeune France, presse aristocratique et presse populaire. »

« La majorité, une grande majorité était ministérielle et décidée à soutenir le cabinet ; mais elle n'avait pas vraiment peur de l'opposition libérale qui l'attaquait ; elle préférait M. de Villèle à M. de la Bourdonnaye et à M. de Châteaubriand, le croyant plus capable de bien faire les affaires du parti, mais si M. de Villèle ne servait pas la majorité à son gré, si elle cessait de s'entendre avec lui, elle avait, contre lui, la res-

1. M. de Châteaubriand, après avoir approuvé dans le conseil de ministres, un projet de loi sur la conversion des rentes, sembla, par son attitude, prendre parti contre ses collègues dans la discussion du projet à la chambre des pairs. Le roi lui retira son portefeuille et ajouta la rudesse de la forme à la rigueur de la mesure. Le ministre disgracié devint dès lors le centre d'une nouvelle opposition, celle des constitutionnels royalistes, dont le *Journal des Débats* fut désormais l'organe. « Souvenez-vous, dit à M. de Villèle M. Bertin, rédacteur en chef du journal, que les *Débats* ont déjà renversé les ministères Decazes et Richelieu ; ils sauront bien aussi renverser le ministère Villèle. — Vous avez renversé les premiers en faisant du royalisme, reprit M. de Villèle ; pour renverser le mien, il faudra faire de la révolution. » On ne pouvait dire plus vrai. Plus tard, en 1837, M. Bertin disait à son ami M. Guizot : « J'ai pour vous, à coup sûr, bien autant d'amitié que j'en ai jamais eu pour Châteaubriand, mais je ne vous suivrai pas dans l'opposition ; je ne recommencerai pas à saper le gouvernement que je veux fonder, c'est assez d'une fois. » Guizot, *Mémoires.*
2. Guizot, *Mémoires.*

source de MM. de Châteaubriand et de la Bourdonnaye. M. de Villèle n'avait point de ressource contre sa majorité. Il était ministre à la merci de ses partisans [1]. »

Ce fut pour leur donner satisfaction qu'il rétablit, le 15 août 1824, la censure des journaux et créa M. l'abbé Frayssinous, que le pape venait de faire évêque d'Hermopolis, ministre des affaires ecclésiastiques et de l'instruction publique.

A peu de temps de là, le 16 septembre 1824, Louis XVIII mourait à 69 ans. Il avait présidé avec sagesse et dignité au rétablissement de la France ; il avait allégé le poids et diminué la durée de l'occupation étrangère. Il avait fait reconnaître, au lendemain de son retour, la préséance de sa maison sur toutes celles d'Europe. Quelques années lui avaient suffi pour faire rentrer la France dans le concert des grandes puissances ; elle y avait bientôt reconquis son rang et son influence.

Louis XVIII partage devant l'histoire la responsabilité des fautes de M. Decazes et l'honneur des plus belles années du ministère de M. de Villèle.

CHAPITRE XV.

RÉVOLUTIONS EN ESPAGNE ET A LISBONNE, A NAPLES ET A TURIN. — INTERVENTION DE L'AUTRICHE EN ITALIE, DE LA FRANCE EN ESPAGNE. — PRISE DU TROCADERO.

PRÉCIS DES FAITS.

Une révolte militaire éclate en 1820 contre le gouvernement de Ferdinand VII qui persécute à la fois les constitutionnels et les *Josephinos*. Le retour à la constitution démocratique de 1812 ne fait qu'aggraver le désordre. Des bandes se lèvent de toutes parts contre

---

1. Guizot, *Mémoires.*

l'armée constitutionnelle. — Le Portugal fait aussi sa révolution constitutionnelle (1820) ; le Brésil se détache du Portugal (1822).

Le royaume de Naples est en proie aux sociétés secrètes. Une sédition militaire éclate à Nola (1820) et est suivie d'une révolution à Naples.

Les puissances signataires de la Sainte-Alliance s'alarment au sujet de ces révolutions d'Espagne, du Portugal et surtout d'Italie. Au congrès de Troppau, bientôt transporté à Laybach, les souverains de Russie, d'Autriche et de Prusse se décident à intervenir à Naples et remettent l'exécution de leur décision à l'armée autrichienne du général Frémont qui rétablit Ferdinand Ier dans son autorité première (1821). — La Révolution de Turin, qui a un caractère à la fois politique et national, provoque l'intervention de l'armée du général autrichien Bubna.

Le congrès de Vérone (1822) a pour objet les affaires d'Espagne. La Russie, l'Autriche et la Prusse rappellent leurs ambassadeurs de Madrid. M. de Villèle hésite, mais il est entraîné par l'opinion dans la politique d'intervention armée après l'avènement de M. de Châteaubriand au ministère. (1823) La guerre résolue, le gouvernement français ne se laisse arrêter ni par l'opposition de la gauche, ni par les menaces de l'Angleterre. Le duc d'Angoulême, général en chef, traverse l'Espagne sans rencontrer de résistance, entre à Madrid, poursuit les Cortès jusqu'à Cadix, emporte le Trocadéro et délivre Ferdinand. L'armée française a montré sa cohésion ; la France a repris son rang et son influence en Europe.

Révolutions en Espagne et à Lisbonne. — Tandis que la France, sortie du despotisme militaire de l'empire et des longues guerres qui l'avaient épuisée, se refaisait sous un gouvernement sage, l'agitation révolutionnaire troublait l'Espagne et l'Italie.

L'Espagne, qui avait combattu avec tant d'opiniâtreté et de dévouement pour défendre avec son indépendance les droits de sa dynastie, méritait un roi meilleur que Ferdinand VII. A peine rétabli sur le trône, le 22 mars 1814, ce prince avait persécuté également les constitutionnels, qui avaient opposé aux Français une résistance énergique et les Joséphinos qui avaient servi la cause du frère de Napoléon. Des tentatives de sédition militaire en 1815, 1817, 1819, furent suivies d'une impitoyable répression. Les prisons s'emplirent de *liberalès*. En

même temps les créanciers de l'État voyaient leurs rentes sup
primées ou arbitrairement réduites. Le produit des impôts ne
suffisait pas à payer l'intérêt de la dette ; l'armée n'était ni
habillée, ni soldée ; il fallait acheter des vaisseaux à la
Russie pour transporter en Amérique les troupes chargées de
soumettre les colonies révoltées.

C'est dans l'armée rassemblée à Cadix, et mécontente d'être
transportée en Amérique, qu'éclata, en janvier 1820, une nouvelle sédition. Celle-ci devait mettre en péril le trône de Ferdinand. Deux officiers, Quiroga et Riego, soulevèrent les soldats
et parcoururent l'Andalousie et l'Estramadure. A quelque temps
de là, à l'autre extrémité de l'Espagne, à La Corogne, un mouvement à la fois populaire et militaire instituait une junte de
gouvernement qui proclamait la constitution démocratique de
1812 (20 février 1820). Ce mouvement s'étendit bientôt à toute
la Galice. En Navarre, Mina se mit à la tête d'un petit corps de
partisans. L'Aragon et la Catalogne s'agitèrent. Odonnell,
comte de l'Abisbal, chargé de soumettre les rebelles de Galice,
se prononça pour l'insurrection à Ocâna, à une journée de
Madrid (4 mars 1820). Le peuple de la capitale se souleva à son
tour et contraignit Ferdinand de jurer la constitution promul-
guée à Cadix huit ans auparavant (7 mars). L'inquisition
fut supprimée, la liberté de la presse fut établie et une garde
nationale instituée, les prisonniers mis en liberté, une amnistie accordée pour tous les délits politiques et les emplois publics passèrent des mains des royalistes à celles des libéraux, si
cruellement persécutés depuis 1814.

Ce changement fut accueilli avec faveur par le peuple de
quelques grandes villes, par une partie des classes moyennes,
peu influentes et peu nombreuses en Espagne, par l'armée que
travaillaient depuis longtemps les sociétés secrètes ; mais le
clergé et le peuple des campagnes, c'est-à-dire la partie de la
nation qui conservait le plus d'énergie et de vitalité, ne virent
qu'avec défiance et tristesse une révolution contraire aux
mœurs, aux traditions, aux sentiments d'un pays si profondément religieux et monarchique. Ceux mêmes qui comprenaient
l'impossibilité de maintenir le détestable régime sous lequel
l'Espagne gémissait depuis le retour du roi pensaient avec

raison que la constitution de 1812, avec ses **exagérations démo-**
cratiques, loin de réparer le mal, ne pouvait que l'aggraver [1]. »
Les paysans se soulevèrent. Des bandes parcoururent l'Andalousie, l'Estramadure, la Galice et formèrent dans les vallées
des Pyrénées le premier noyau de *l'armée de la foi* (1821). On
commençait à espérer l'intervention française, et on pouvait au
besoin, si on se sentait trop pressé par l'armée constitutionnelle, chercher un refuge au delà de la frontière.

Le Portugal eut aussi sa révolution constitutionnelle. Jean VI
de Bragance n'était pas revenu en Europe depuis qu'il avait
fui en 1807, devant l'armée française commandée par Junot. Il
portait à Rio-Janeiro, dans la colonie portugaise du Brésil, le
titre de roi du royaume uni du Portugal, du Brésil et des Al-
garves et faisait administrer le Portugal, comme une colonie,
par un conseil de régence, avec un Anglais, le maréchal Beres-
ford, pour président. Une insurrection éclata contre cette régence, le 4 avril 1820, à Oporto. L'armée déposa la commission
de régence anglo-portugaise résidant à Lisbonne. Une junte
provisoire se constitua et convoqua les Cortès qui s'assemblèrent le 24 janvier 1821 et rédigèrent une constitution : le
pouvoir législatif était remis à une chambre unique et le roi
n'avait qu'un *veto* temporaire.

Jean VI revint en Europe à la nouvelle de ces événements,
et prêta serment à la nouvelle constitution (1821), mais, tandis
qu'il ressaisissait le Portugal, il perdait le Brésil. En juin 1822,
son fils don Pedro, auquel il avait laissé la régence de la colonie, était proclamé empereur héréditaire et constitutionnel du
Brésil.

Révolutions à Naples et à Turin (1820). — L'Italie
n'avait pas échappé aux révolutions. C'est à Naples qu'avait
éclaté la première insurrection.

Depuis quatre-vingts ans, le royaume des Deux-Siciles, gouverné par une branche des Bourbons d'Espagne, avait dû à ses
princes de nombreux bienfaits. Charles III et le grand ministre
Tanucci avaient accompli de nombreuses réformes législatives
et d'immenses améliorations matérielles. Le commencement

---

1. Viel-Castel, *Histoire de la Restauration.*

du règne de Ferdinand, sous la direction de Tanucci, et un peu plus tard sous celle de la reine Caroline, fille de Marie-Thérèse, fut aussi employé à cette œuvre de réformes et de sages innovations. « La révolution française et la guerre qu'elle déchaîna arrêtèrent le mouvement qui commençait à agiter l'Europe pour y substituer, suivant que les chances de cette guerre étaient favorables ou contraires aux armes de la France, soit l'anarchie démocratique avec tous ses excès, soit des réactions dans le sens de l'absolutisme et de l'ancien régime [1]. » Une de ces réactions, celle de 1799, avait cruellement frappé tous ceux qui s'étaient ralliés à la république éphémère établie par les Français. Celle qui suivit la chute de l'empire et de Murat fut plutôt une œuvre de transaction et de conciliation. « En 1820, l'administration était douce, le pays faisait des progrès, les finances étaient florissantes [2]. » Mais, un des fléaux les plus funestes que la politique ait jamais produits, celui des sociétés secrètes, minait peu à peu le gouvernement. Les *carbonari* avaient préparé les voies à un soulèvement. La nouvelle de la révolution d'Espagne donna le signal. Le 2 juillet 1820, une sédition militaire éclata à Nola et fut suivie d'un mouvement à Naples. Les insurgés prirent pour chef Guillaume Pepe et proclamèrent la constitution espagnole de 1812 que Ferdinand Ier, cédant à la peur, jura solennellement d'observer et de défendre. En dépit de ces semblants d'accord, l'anarchie fut partout maîtresse; sur plusieurs points il y eut des désordres sanglants. La guerre civile éclata en Sicile et il fallut y envoyer une armée pour forcer les insurgés à rentrer dans le devoir.

Intervention de l'Europe. Congrès de Troppau et de Laybach (1820). — L'Europe ne pouvait rester indifférente à ces révolutions d'Espagne, du Portugal et de Naples. Celle de Naples surtout alarmait les souverains de Russie, d'Autriche et de Prusse. « C'était en pleine prospérité, sous une administration douce et paternelle, bien que peu éclairée à certains égards, que le royaume de Naples venait de

---

1. Viel-Castel, *Histoire de la Restauration.*
2. Viel-Castel, *Histoire de la Restauration.*

se voir envahi par la révolution. Les abus mêmes, qui avaient pu y provoquer des mécontentements, n'étaient pas de nature à être aperçus ni compris du dehors. L'influence d'une société secrète qui était parvenue à corrompre l'armée, l'ambition de quelques agitateurs obscurs, c'étaient là les seules causes, les instruments de la révolution, et ces causes pouvaient se produire, ces instruments se rencontrer en tout pays. Les provinces napolitaines, loin d'être, comme l'Espagne, reléguées à une extrémité du continent, confinaient à d'autres Etats dans lesquels existaient des ferments de désordre que le contact pouvait faire éclater d'un moment à l'autre [1]. » Le chancelier d'Autriche, M. de Metternich, n'eut point de peine à déterminer les souverains, qui avaient signé la sainte alliance, à se réunir au congrès de Troppau, en Silésie (septembre, octobre 1820), où ils s'engagèrent « à mettre un frein, soit par médiation, soit par la force, aux nouvelles calamités qui menaçaient l'Europe ».

De Troppau le congrès fut transporté à Laybach où se rendit le roi de Naples, qui obtint des souverains l'intervention d'une armée autrichienne. Le général Frémont envahit le pays avec quatre-vingt mille hommes et entra à Naples sans rencontrer d'obstacles le 23 mars 1821. Ferdinand abolit alors la constitution ; 50,000 Autrichiens occupèrent le royaume pendant trois ans.

Révolution à Turin (1821). — Au moment où les Autrichiens pénétraient dans le royaume de Naples, une sédition militaire avait éclaté dans le Piémont au cri de : *Guerre à l'Autriche*. Il semblait que l'Italie du nord voulait fermer la retraite aux troupes allemandes. Là, en effet, les soulèvements avaient à la fois un caractère politique et national et entraînaient beaucoup de patriotes sincères. Tel fut Santa-Rosa qui appela les Piémontais aux armes et marcha sur Turin où l'on proclama la constitutution espagnole de 1812. Cependant les troupes royalistes s'étaient réunies à Novare. Les deux armées eussent combattu à égalité de forces si un corps autrichien de 12,000 hommes, commandé par le général Bubna, n'était venu

1. Viel-Castel, *Histoire de la Restauration*.

au secours des royalistes. L'armée de Santa-Rosa dut battre en retraite et le roi Charles-Félix accepta de régner sous la protection des Autrichiens, maîtres de la ligne de la Stradella, de Voghera, de Tortone, d'Alexandrie et de Verceil. L'Autriche punit cruellement ceux qui s'étaient levés bien plus contre elle, au nom de l'indépendance, que contre l'autorité au nom de la liberté. Silvio Pellico, Maroncelli, Confalonieri, le Français Andryane connurent le long martyre du *carcere duro*.

Retour sur la révolution d'Espagne. Congrès de Vérone (1822). — Les congrès de Troppau et de Laybach s'étaient réunis pour réprimer les insurrections de l'Italie. Le congrès de Vérone, en 1822, eut pour objet la révolution espagnole.

Depuis la sédition de Riego les sociétés secrètes avaient pris dans la péninsule un grand développement. A celle des *francs-maçons*, qui avait eu tant de part à la révolution de 1820, s'était jointe celle des *communeros* modelée sur la société des carbonari et qui tendait à la démocratie la plus absolue. Elle n'avait pas tardé, dit-on, à compter 60,000 sectateurs. En face des révolutionnaires, les absolutistes s'organisaient dans la Catalogne, l'Aragon et la Navarre. En 1822, ils avaient formé une petite armée de 5,000 hommes commandée par un ancien militaire que des écarts de jeunesse avaient, par réaction, jeté dans les rigueurs du cloître, le fameux *trappiste* Antonio Maranon. Maranon commença par prendre d'assaut les forts de la Seu d'Urgel, sur la Sègre, où il trouva des armes, de l'artillerie et des munitions ; il avait désormais un point de refuge et une base d'opérations.

A la nouvelle du succès de l'insurrection catalane, une collision eut lieu à Madrid entre la garde nationale, les troupes de ligne d'une part et les bataillons de la garde royale (7 juillet 1822). Ferdinand VII fut forcé de condamner les gardes qui avaient combattu pour sa cause et tomba sous la dépendance d'un ministère choisi parmi les chefs militaires de la révolution de 1820. Il ne put obtenir d'aller de Madrid à sa résidence d'été de Saint-Ildefonse. « Un régime de terreur semblait s'inaugurer. Les procès politiques se multipliaient. La presse était livrée tout entière aux anarchistes ; les journaux modérés avaient cessé de paraître, et le parti qu'ils représentaient, frappé de suspicion, se trouvait réduit à la nullité, comme l'étaient depuis trois ans les royalistes purs. »

« Une telle situation ne pouvait manquer de changer les rapports de l'Espagne avec l'Europe et particulièrement de la France. Les hommes dont le gouvernement français avait espéré obtenir le concours, pour contenir et modérer la révolution espagnole, ayant été violemment rejetés hors des affaires, l'opinion qui, en France, demandait depuis longtemps qu'on intervînt par la force pour aider les royalistes à détruire la constitution de 1812, à délivrer Ferdinand VII, et à lui rendre son autorité, acquit naturellement beaucoup plus de force qu'elle n'en avait eu jusqu'alors [1]. »

Le ministère néanmoins demeurait divisé. M. de Villèle et la majorité du conseil détestaient la révolution espagnole, mais ils désiraient avant tout le maintien de la paix. M. de Montmorency, ministre des affaires étrangères et le duc de Bellune, ministre de la guerre, souhaitaient la guerre sans l'avouer encore, accueillaient, protégeaient les réfugiés absolutistes et leur fournissaient même secrètement des armes.

Ce fut cependant M. de Montmorency, accompagné de M. de Châteaubriand, tous deux partisans d'une intervention armée en Espagne, que M. de Villèle dut envoyer au congrès de Vérone. « Il se trouva que la France y fut comme annulée par le désaccord de ses ministres et laissa dans tous les esprits l'impression qu'elle ne savait pas elle-même ce qu'elle voulait par rapport à l'Espagne et telle était à cet égard la conviction générale que, dans cette question où elle était la partie principale, les trois autres cours continentales avaient fini par se décider à agir sans elle [2]. » Elles rappelèrent leurs ambassadeurs de Madrid, tandis que M. de Villèle y maintint l'ambassadeur de France. Cette résolution eut pour conséquence la retraite de M. de Montmorency et l'élévation au ministère de M. de Châteaubriand que M. de Villèle croyait moins engagé dans le dessein de l'intervention armée. Néanmoins le

1. Viel-Castel, *Histoire de la Restauration.*
2. Viel-Castel, *Id.*

parti de la guerre triompha des répugnances du premier ministre. Il fallut rappeler notre ambassadeur et demander à la chambre un crédit de 100 millions pour les frais de la guerre.

Le ministère eut alors d'une part à combattre la vive opposition de la gauche, de l'autre à revendiquer fièrement devant l'Angleterre la liberté d'action de la France. Dans la discussion qui eut lieu à la chambre, M. de Châteaubriand termina son discours par ces paroles : « Le Roi, avec une généreuse confiance, a remis la garde du drapeau blanc à des capitaines qui ont fait triompher d'autres couleurs. Ils lui rapprendront le chemin de la victoire ; il n'a jamais oublié celui de l'honneur. » Le général Foy rappela les cruels souvenirs de la guerre qu'il avait faite dans la péninsule, l'impossibilité de triompher d'une nation qui opposait à l'envahisseur l'obstacle invincible d'une immense guerilla. Manuel, invoquant la mémoire d'un autre temps, dit comment l'invasion étrangère avait causé les malheurs et la mort de Louis XVI. Ce fut même sur une phrase de ce discours, où la droite crut voir l'apologie du régicide, qu'il fut frappé d'exclusion. Exclusion injuste où la passion entraîna la chambre et contre laquelle Manuel protesta avec éloquence. « On ne pourrait qu'admirer la dignité ferme et calme de son langage, si l'on ne savait que l'orateur qui protestait ainsi de la pureté de ses intentions ne cessait depuis quatre ans de conspirer contre le gouvernement auquel il avait prêté serment [1]. »

Quant à l'Angleterre, elle était profondément blessée de l'idée que la France, expulsée dix ans auparavant de la péninsule par les forces britanniques, allait y rentrer à main armée et peut-être y prendre plus d'ascendant qu'elle n'en avait jamais eu [2]. » Aussi le ministre Canning ne cessait d'offrir sa médiation, mais Châteaubriand la rejetait en répondant qu'elle n'était point possible dans la situation de la France à l'égard de la France. L'irritation du ministre anglais était extrême. « A la Bourse, dans la Cité, dans toutes les classes de la population, la stupeur, l'indignation était au comble ; on s'accordait à voir,

---

1. Viel-Castel, *Histoire de la Restauration.*
2. Viel-Castel, *Id.*

dans les procédés du gouvernement français, une provocation que l'Angleterre ne pouvait laisser sans réponse ; les journaux, presque sans exception, poussaient en quelque sorte le cri de guerre. Quelques-uns proféraient de grossières injures contre le cabinet des Tuileries [1]. »

Guerre d'Espagne (1823). — Ainsi le gouvernement français ne s'était laissé arrêter ni par l'opposition de la gauche, ni par les menaces de l'Angleterre. La guerre fut résolue et déclarée. Le 7 avril 1823 l'armée française, divisée en cinq corps, franchit la Bidassoa. Elle était sous les ordres du duc d'Angoulème, fils aîné du comte d'Artois, ayant pour lieutenants les maréchaux Moncey, Oudinot et le général Molitor. A défaut d'un service bien réglé des subsistances, il fallut prendre pour munitionnaire un spéculateur habile mais de mauvais renom, M. Ouvrard ; il sut, à des conditions onéreuses il est vrai, subvenir dès le premier jour et jusqu'à la fin de la campagne à tous les besoins de l'armée.

Bien pourvue de vivres, l'armée n'eut à lutter que contre la fatigue. Les défections de la plupart des généraux des forces dites constitutionnelles, l'indifférence ou l'hostilité du peuple pour la révolution firent tomber toute résistance. Le 24 mai le duc d'Angoulème entrait à Madrid. Les cortès avaient fui à Séville, entraînant le roi avec elles ; de Séville elles l'emmenèrent à Cadix après l'avoir suspendu de ses pouvoirs. Malheureusement dans ce pays divisé les haines des partis politiques étaient violentes. Des représailles terribles menaçaient ceux qui avaient pris parti pour la révolution ; déjà la régence royaliste décrétait la mise en jugement, comme criminels de

---

1. Viel-Castel, *Histoire de la Restauration*, t. XII, p. 81. « La guerre commencée, M. Canning ne craignit pas de déclarer à la tribune qu'il faisait des vœux ardents pour que l'Espagne sortît victorieuse de la lutte et sa déclaration fut accueillie par trois salves d'applaudissement. Il fut même un instant question de permettre aux sujets britanniques de prendre du service en Espagne et déjà vingt officiers anglais s'étaient embarqués pour aller offrir au gouvernement espagnol le secours de leurs bras. M. de Châteaubriand se borna à dire à l'ambassadeur d'Angleterre que des vœux contre la France, exprimés en pleine paix par un ministre anglais, au moment même où il proclamait la neutralité de son pays, étaient chose toute nouvelle dans l'histoire des nations. »

lèse-majesté, de tous les membres des cortès de Séville qui
avaient suspendu le roi de son autorité. Bilbao, Sarragosse,
Séville avaient vu les partisans des cortès poursuivis, incar-
cérés et quelques-uns massacrés. On n'épargnait pas même les
miliciens volontaires qui avaient mis bas les armes par suite
de capitulations conclues avec les Français. Déjà le duc d'Angoulême se montrait très-inquiet des dispositions violentes de
la régence instituée à Madrid. Les mesures contre les miliciens, couverts par les capitulations signées avec nous, ajou-
tèrent à son irritation. Le 8 août, par une ordonnance restée
célèbre sous le nom d'ordonnance *d'Andujar*, il défendit aux
autorités espagnoles d'arrêter personne sans l'autorisation des
commandants militaires français. Cette ordonnance souleva
aussitôt contre le prince la régence de Madrid, tout le parti
royaliste, amena une protestation du corps diplomatique à
Madrid et provoqua un désaveu du gouvernement français,
désaveu qu'on dissimula le mieux qu'on put, mais dont le
prince généralissime se plaignit amèrement.

Continuant sa marche, le duc d'Angoulême était arrivé
le 16 août devant Cadix, dernier refuge des cortès. Dès le 17 il
envoya au roi d'Espagne une lettre de son oncle le roi de
France, dans laquelle Louis XVIII exprimait l'espérance que
le roi Ferdinand, rendu à la liberté et usant de clémence,
trouverait bon d'accorder une amnistie nécessaire après tant
de troubles et de donner à ses peuples, par la convocation des
anciennes cortès, des garanties d'ordre, de justice et de bonne
administration. Ferdinand répondit à cette lettre par une protestation dictée par ses ministres contre l'intervention étrangère. Le siége commença. Il fallut d'abord s'emparer du Trocadéro, position importante située en face de Puerto-Real, à
l'extrémité d'un isthme qui, défendant l'entrée du port intérieur, empêchait les vaisseaux français de serrer le blocus et
de coopérer activement aux opérations du siége contre Cadix et
l'île de Léon. Les Espagnols en avaient augmenté la force en
coupant l'isthme par un fossé de 70 mètres de largeur ; le Trocadéro, devenu ainsi une île, était défendu par plus de cinquante pièces de canon et par 1,700 hommes d'élite. Cette position qui semblait inexpugnable n'en fut pas moins emportée

d'assaut et à la baïonnette dans une attaque de nuit, au cri de *vive le roi!* Maîtres du Trocadéro les Français enlevèrent le fort San Petri et bombardèrent Cadix à l'aide de la flottille que commandait l'amiral Duperré. Dans cette extrémité les cortès prononcèrent leur dissolution et Cadix capitula. Ferdinand se rendit le 13 novembre au quartier-général du duc d'Angoulême où il fut salué par les acclamations frénétiques de la foule. Le 2 décembre, Paris à son tour célébrait par des fêtes l'entrée triomphale du duc d'Angoulême et la facile défaite de la révolution espagnole.

Considérée comme fait militaire, la campagne d'Espagne n'a qu'une importance tout à fait secondaire. Nulle part les Espagnols ne tinrent devant notre armée. Si elle n'eut point d'occasions de combattre dignes d'elle, elle mérite cependant d'être louée pour le soin avec lequel elle ménagea le pays et observa une parfaite discipline. Comme fait politique, cette guerre ne laissa pas d'avoir des résultats intéressants pour la France. « En dépit de toutes les provocations on avait vu les vétérans de Waterloo rivaliser de zèle et d'ardeur avec ceux de l'émigration et de la Vendée. L'armée sembla désormais à tous solide par son union. L'ordre en fut plus facile à défendre au dedans; au dehors, le gouvernement, par cela même qu'on ne le croyait plus menacé, reprit peu à peu le rang et l'influence qui lui appartenaient naturellement. La Russie, cessant d'ajouter foi aux insinuations malveillantes de l'Autriche sur le peu de solidité de l'ordre de choses établi en France, se rapprocha du cabinet des Tuileries. La France cessa d'être isolée en Europe. »

1. Viel-Castel, *Histoire de la Restauration.*

CHAPITRE XVI.

RÈGNE DE CHARLES X (1824-1830). HISTOIRE INTÉRIEURE. — HISTOIRE EXTÉRIEURE. — RÉVOLUTION DE JUILLET.

PRÉCIS DES FAITS.

CHARLES X (1824-1830). INTÉRIEUR. FIN DU MINISTÈRE VILLÈLE (sept. 1827). Charles X répond aux acclamations qui saluent son avénement par la suppression de la censure. Le ministère fait voter la loi de répression du sacrilége et la loi d'indemnité aux émigrés. Il ne peut faire passer les projets de lois sur le droit d'aînesse et sur la presse. Le ministère Villèle, compromis par la politique personnelle du roi et les exigences de la droite, se retire devant les élections de novembre 1827.

MINISTÈRE MARTIGNAC (janvier 1828). M. de Martignac espère satisfaire l'opinion par de nombreuses concessions et par la proscription des Jésuites. Il tombe par la défection de ses alliés de la gauche.

MINISTÈRE POLIGNAC (août 1829). M. de Polignac se trouve, dès son arrivée au ministère, aux prises avec toutes les oppositions réunies contre lui. Le roi proroge puis dissout la chambre. Sur de nouvelles élections hostiles il recourt aux ordonnances du 26 juillet 1830.

CHARLES X. EXTÉRIEUR. INDÉPENDANCE DE LA GRÈCE. EXPÉDITION D'ALGER. La France tourne ses regards vers les Grecs qui combattent pour leur indépendance, s'allie à la Russie et à l'Angleterre par la convention de Londres (1827) et impose au sultan, par la victoire de Navarin et l'envoi du général Maison, la médiation de l'Europe. Le traité d'Andrinople arrête la Russie et reconnaît l'indépendance de la Grèce (1829).

L'expédition d'Alger est entreprise pour venger une double insulte faite par le dey d'Alger à notre consul et à notre pavillon. Le ministère Polignac répond par le plus fier langage aux menaces de l'Angleterre. L'amiral Duperré débarque dans la baie de Sidi-Ferruck l'armée commandée par le général de Bourmont, ministre de la guerre, qui s'empare d'Alger, met ainsi un terme aux pirateries barbaresques et prend position sur une côte que nous devions coloniser.

RÉVOLUTION DE 1830. L'opposition déclare qu'une atteinte a été portée à la constitution, accepte pour renverser le gouvernement la complicité des révolutionnaires et du peuple de Paris ; la lutte s'engage dans la rue. Les députés nomment le duc d'Orléans lieutenant général ; La Fayette proclame le nouveau roi à l'Hôtel de ville. La chambre modifie la charte de 1815.

Charles X, roi de France (1824-1830). **Suite du ministère Villèle.** — Charles X arrivait au trône à l'âge de soixante-sept ans. Au début de son règne il séduisit l'opinion par sa bonne grâce et sa courtoisie naturelle ; il sut tenir aux divers corps qui le haranguèrent à Saint-Cloud un langage libéral et bienveillant, et redire à propos aux lanciers de son escorte qui écartaient la foule le mot de Henri IV : « Mes amis, point de hallebardes » ; on l'acclama. Il céda lui-même à l'entraînement de ce bon accueil, et, malgré l'opposition très-vive de la majorité du conseil des ministres, supprima la censure des journaux *par don de joyeux avènement.* La presse répondit à cette mesure en louant un prince « qui réunissait en sa personne la piété de Louis IX, l'esprit loyal et chevaleresque de François Ier, la popularité de Louis XII, la franchise et l'humeur paternelle de Henri IV. » En adressant au roi ces éloges hyperboliques, les journaux n'en continuèrent pas moins leurs attaques violentes contre les ministres. M. de Châteaubriand, prodigue de louanges au roi, dressait contre M. de Villèle un véritable acte d'accusation.

Loi pour la répression du sacrilége. Loi de l'indemnité aux émigrés. — Un des dangers de ces entraînements c'est d'exalter les espérances au delà du possible et de préparer une réaction prochaine. Cette réaction ne tarda point. Dès l'ouverture de la session, l'opinion s'émut de la présentation de projets de loi qui semblaient devoir ranimer les luttes des partis. Les deux principaux avaient pour objet la répression du sacrilége et l'attribution d'une indemnité aux émigrés pour la perte de leurs biens vendus.

M. de Villèle, qui était favorable à la loi d'indemnité, ne l'était pas à celle du sacrilége. Il fit au roi le sacrifice de son opinion et le cabinet résolut de soutenir devant les chambres

un projet qui punissait de mort la profanation des vases sa-
crés, et, de la peine des parricides, la profanation des hosties
consacrées. La loi fut votée, avec quelques modifications, à la
chambre des pairs, par 127 voix contre 92, et à la chambre des
députés, à la majorité de 210 voix contre 95. A la première,
de nombreux orateurs soutinrent avec éloquence qu'il ne peut
y avoir de sacrilège légal dans un pays de liberté de conscience. A la chambre des députés M. Royer-Collard tenta aussi
d'empêcher ce qu'il appelait la confusion et non l'alliance de
l'Eglise et de l'Etat. « J'attaque la confusion, disait-il, et non
l'alliance. Je sais bien que les gouvernements ont un grand
intérêt à s'allier à la religion, parce que, rendant les hommes
meilleurs, elle concourt puissamment à l'ordre, à la paix et au
bonheur des sociétés. Mais cette alliance ne saurait comprendre
de la religion que ce qu'elle a d'extérieur et de visible, son
culte et la condition de ses ministres dans l'État. La vérité
n'y entre pas ; elle ne tombe ni au pouvoir, ni sous la protection des hommes. » Il essaya aussi de démontrer que la loi
allait contre le dessein même de ses auteurs qui avaient voulu
contenir l'esprit révolutionnaire. « Sans doute, ajoutait-il, la
révolution a été impie jusqu'au fanatisme, jusqu'à la cruauté ;
mais qu'on y prenne garde, c'est ce crime-là surtout qui l'a
perdue, et on peut prédire à la contre-révolution que des représailles de cruauté, ne fussent-elles qu'écrites, porteront té-
moignage contre elle et la flétriront à son tour. » Il disait vrai :
bien que la loi du sacrilège n'ait pas reçu d'application dans
sa clause principale, elle a fait moralement un grand mal à la
religion et à la royauté.

Quant à la loi d'indemnité, « c'était une mesure de bienveillance et de justice dont le résultat devait tourner au bénéfice
de tous les partis et extirper le funeste principe de divisions et
de ressentiments que les violences révolutionnaires avaient
laissé dans les esprits [1]. » Elle n'en fut pas moins combattue
avec passion et par l'extrême droite qui considérait comme insuffisante et incomplète toute mesure autre que celle de la
réintégration pure et simple des émigrés dans leurs anciennes

1. Viel-Castel, *Histoire de la Restauration.*

propriétés et par la gauche qui méconnut ce qu'il y avait non-seulement d'équitable et de généreux, mais de profondément politique dans la mesure de l'indemnité, et se complut à y attacher les prévisions les plus sinistres.

On ne pouvait se tromper plus absolument. « La loi votée à la chambre des députés par 259 voix contre 124, et à la chambre des pairs par 221 voix contre 130 (24 mars 1825), était à peine rendue que la distinction entre les biens dits *nationaux* et les biens *patrimoniaux* cessa d'exister avec les dénominations qui la consacraient. La valeur vénale des biens *nationaux* qui, par suite de la défaveur morale attachée à leur possession, s'élevait tout au plus aux deux tiers de la valeur des autres propriétés de même contenance, lui fut désormais égale et les acquéreurs trouvèrent ainsi un bénéfice considérable dans la mesure que leurs amis politiques avaient combattue avec tant d'acharnement.

Ainsi un principe de dissentiment et de haine avait disparu du sein de la nation ; la valeur d'une portion considérable de la propriété foncière s'était beaucoup accrue ; enfin, ce qui semblait devoir augmenter la force du gouvernement royal, l'ancienne aristocratie avait acquis de nouvelles richesses, de nouveaux moyens d'influence [1]. »

Sacre du roi à Reims. Funérailles du général Foy. — La session fut bientôt interrompue par le sacre de Charles X (29 mai 1825) que célébrèrent dans leurs vers Victor Hugo et Lamartine, tandis que l'opposition, dont Béranger flattait les passions, répétait la chanson du *Sacre de Charles le Simple*. « Le chansonnier oubliait avec une légèreté vulgaire que la foi et le respect ne sont nulle part plus indispensables qu'au sein des sociétés démocratiques et libres [2]. »

Aux funérailles du général Foy, qui avait été un des adversaires les plus ardents du gouvernement, une manifestation

---

1. Viel-Castel, *Histoire de la Restauration.*
2. Guizot, *Mémoires.* Lamartine jugeait bien l'œuvre du poëte chansonnier quand il disait dans son étude sur les destinées de la poésie : « La poésie s'est faite chanson, pour courir sur l'aile du refrain dans les camps ou dans les chaumières ; elle y a porté quelques nobles souvenirs…, mais cependant, il faut le déplorer, elle n'a guère popularisé que des passions, des haines ou des envies. »

populaire témoigna des passions qui agitaient Paris. Cent mille personnes suivirent le cercueil du grand orateur jusqu'au Père-Lachaise. On lui éleva un monument national ; une souscription en faveur de ses enfants produisit bientôt un million.

Projets de loi sur le droit d'ainesse et sur la presse. — L'impopularité du gouvernement s'accrut par la présentation de projets de loi sur le droit d'ainesse et sur la presse.

Par le premier on voulut revenir au droit d'ainesse. La loi jusque là laissait aux parents, lorsqu'ils testaient, une part dont ils pouvaient disposer. M. de Peyronnet, garde des sceaux, présenta un projet aux termes duquel, dans les familles qui paieraient 300 fr. d'impôt foncier, cette part devait revenir à l'ainé. La chambre des pairs rejeta ce projet.

Le ministère ne fut pas plus heureux dans la présentation d'un projet de loi sur la presse, pendant la seconde session de 1826. Ce projet exigeait le dépôt de tous les écrits de vingt feuilles et au dessous, cinq jours ou dix jours avant la publication. A défaut de cette formalité l'édition était supprimée et l'éditeur condamné à 3000 fr. d'amende. Pour les journaux, le cautionnement, les amendes et la prison étaient élevés et multipliés. Les écrits de cinq feuilles et au-dessous étaient assujettis au timbre. L'Académie, se faisant l'organe de l'opinion, adressa au roi une supplique rédigée par MM. de Châteaubriand, Villemain, Lacretelle. M. Villemain fut destitué de sa place de maître des requêtes ; M. Lacretelle perdit le titre d'examinateur des ouvrages dramatiques ; M. Michaud, celui de lecteur du roi. La loi avait été cependant votée par la chambre des députés : ce fut la chambre des pairs qui contraignit M. de Peyronnet à la retirer (avril 1827).

Chute du ministère Villèle. — A partir de ce jour M. de Villèle sentit décliner son pouvoir. La bourgeoisie cédait à sa passion d'opposition et manifestait les sentiments les plus hostiles contre le ministre. A la suite d'une revue qui eut lieu le 29 avril des gardes nationaux crièrent dans les rues : « à bas les ministres ! à bas Villèle ! » Charles X licencia la garde nationale. A peine la session terminée, une ordonnance royale rétablit la censure (24 juin 1827). Le 5 novembre

Charles X accordait au ministère la dissolution de la chambre et la nomination de 76 nouveaux pairs. Mais les nouvelles élections trompèrent absolument les espérances de M. de Villèle. L'opposition royaliste s'entendit avec l'opposition libérale pour faire échouer les candidats ministériels. Elles obtinrent plus des deux tiers des nominations dans les petits colléges et la majorité dans les grands. L'opposition eut une majorité d'environ soixante voix. M. de Villèle dut se retirer devant ce résultat imprévu en conseillant au roi un retour vers le centre et l'appel d'un cabinet modéré qu'il l'aida à former.

La droite et le roi avaient compromis M. de Villèle. Au jour de sa chute ils ne lui rendaient pas la justice qui lui était due. « Si le côté droit jouissait du pouvoir depuis six ans et l'avait exercé de façon à le garder, si Charles X avait non-seulement succédé paisiblement à Louis XVIII (fait unique en France au XIXᵉ siècle), mais gouverné sans trouble et même avec des accès de popularité, c'était surtout à M. de Villèle qu'ils en étaient redevables. Il avait fait deux choses difficiles et qu'on pourrait appeler grandes si elles avaient duré plus longtemps ; il avait discipliné l'ancien parti royaliste, et d'un parti de cour et de classe, qui jusque-là n'avait été vraiment actif que dans les luttes révolutionnaires, il avait fait, pendant six ans, un parti de gouvernement ; il avait contenu son parti dans les limites générales de la Charte, et pratiqué, pendant six ans, le gouvernement constitutionnel sous un prince et avec des amis qui passaient pour le comprendre assez peu et ne l'accepter qu'à regret. Si le roi et le côté droit se sentaient en péril, c'était eux-mêmes, non M. de Villèle, qu'ils en devaient accuser [1]. »

A quelque temps de là M. de Villèle écrivait au roi, qui l'assurait de ses sentiments persistants d'estime, d'affection et de confiance : « Je n'ai pu servir Votre Majesté qu'avec les lumières et le caractère que Dieu m'a donnés. Il m'eût été, il me serait impossible de croire qu'on puisse maintenir l'autorité par les concessions et en s'appuyant sur ceux qui veulent la renverser. »

État de la France. — Si, à la fin de ce long ministère,

____
1. Guizot, *Mémoires*.

on jette les yeux sur l'état intérieur de la France, il faut bien reconnaître que le gouvernement de la Restauration, après avoir refait la puissance politique et militaire du royaume, eut le mérite d'accroître aussi notre prospérité matérielle. Jamais nos finances ne furent plus prospères. MM. Louis, Corvetto et de Villèle eurent l'honneur d'établir un système d'administration financière, simple, régulier, offrant toutes les garanties d'ordre et de publicité. Toutes les dettes de l'empire avaient été acceptées; l'amortissement avait été fondé; la dotation importante qui lui avait été attribuée avait permis de racheter trente-quatre millions de rentes, et cependant, en 1815, il y avait eu un déficit d'un milliard, et on avait dû payer aux étrangers un autre milliard.

Comme toujours, la prospérité des finances de l'État venait de la prospérité particulière de l'agriculture et du commerce. L'école forestière de Nancy avait été fondée en 1824; la société d'agriculture s'établit sous le patronage de Charles X; elle encouragea les défrichements, répandit la culture des pommes de terre, introduisit l'usage des prairies artificielles et les croisements des races de bestiaux étrangers avec les races françaises. Mathieu de Dombasle fut pour la Restauration ce qu'avait été, sous le règne d'Henri IV, Olivier de Serres : par ses livres, ses instruments, par l'exemple de sa ferme modèle de Roville, dans la Meurthe, il exerça l'influence la plus décisive.

L'activité industrielle et commerciale ne fut pas moins secondée; M. de Villèle y porta tous ses soins. Il conclut des traités de commerce avec les puissances étrangères ; il assura à la marine marchande la protection efficace de notre marine militaire et favorisa le développement de nos colonies : le Portugal avait dû nous rendre la Guyane en 1817, et nous avions fondé de nouveaux établissements au Sénégal et à Madagascar. L'industrie, dont les produits alimentent le commerce, était en pleine prospérité. Des expositions publiques encourageaient les efforts de tous les fabricants ; celle de 1819 avait jeté beaucoup d'éclat ; celle de 1827 permettra de constater les progrès immenses faits par la France ; l'honneur en revient en grande partie à M. de Villèle, que l'on a accusé à tort d'avoir été peu favorable aux classes industrielles et commerçantes.

Ministère Martignac (janvier 1828). — M. de Martignac fut le chef du nouveau ministère. « C'était un caractère facile, aimable, généreux, un esprit droit, prompt, fin, à la fois tranquille et libre ; il avait une éloquence naturelle et habile, lumineuse, élégante, persuasive ; il plaisait à ceux-là même qu'il combattait. Mais il avait dans sa parole comme dans la conduite, plus de séduction que d'autorité, plus de charme que de puissance [1]. »

Avec lui commença un nouvel essai du gouvernement du centre, mais avec bien moins de chances de succès que celui qui, de 1816 à 1821, avait, avec MM. de Richelieu et Decazes, lutté à la fois contre le côté droit et le côté gauche. En 1828 le côté droit, qui avait possédé le pouvoir six ans, se croyait près de le ressaisir et capable de l'exercer. Le côté gauche, animé par le succès, était entraîné par les violents et les étourdis du parti. Le ministère voulait séparer la révolution de la bourgeoisie, mais il se trouva que toutes les concessions faites à la bourgeoisie pour la ramener profitèrent à la révolution qui ne cherchait qu'à détruire. « Et tandis que, de 1816 à 1821, le roi Louis XVIII donnait au gouvernement du centre son sincère et actif concours, en 1828 le roi Charles X regardait le cabinet, qui remplaçait autour de lui les chefs du côté droit, comme un désagréable essai qu'il était obligé de subir, mais auquel il ne se prêtait qu'avec inquiétude, ne croyant pas au succès et se promettant bien de ne pas pousser l'expérience au delà de la stricte nécessité [2]. »

Comme M. de Villèle, il ne croyait guère à la vertu des concessions. Il se défiait même de la popularité nouvelle qu'il semblait avoir retrouvée ainsi que des applaudissements que lui valurent les assurances de son discours aux chambres et les premières mesures de la nouvelle administration. Au nombre de ces premières mesures il faut placer la nomination de Royer-Collard, qui avait été élu dans sept départements, à la présidence de la chambre. M. de Martignac s'empressa de faire toutes les autres concessions exigées par l'opinion. Il présenta un

1. Guizot, *Mémoires*.
2. Guizot, *Mémoires*.

projet de loi pour régler la révision annuelle des listes électorales, de manière à assurer à chacun l'exercice de ses droits contre le zèle des préfets et contre les décisions du conseil d'État, dont la juridiction fut remplacée en cette matière par celle des Cours royales (juillet 1828). Il supprima *le cabinet noir* qui livrait au gouvernement le secret des correspondances privées, et fit abroger la loi de 1822 sur la presse ; la censure, l'autorisation préalable étaient abolies. C'était assez pour désarmer l'autorité ; ce n'était pas assez pour satisfaire la gauche qui commença à se détacher de M. de Martignac. L'alliance n'avait pas duré longtemps.

La mise en accusation du ministère Villèle fut une menace au roi. Votée avec un égal empressement par la gauche qui l'avait provoquée et par la droite qui ne la redoutait point, elle fut aussitôt ajournée. Ce n'était qu'une arme de guerre. Les ministres en usèrent pour arracher au roi les ordonnances du 16 juin (1828) qui soumettaient au régime de l'Université les établissements dirigés par les Jésuites, limitaient à 20,000 le nombre des élèves des petits séminaires, enfin exigeaient de tous les maîtres placés dans les écoles secondaires ecclésiastiques l'affirmation par écrit qu'ils n'appartenaient à aucune congrégation non légalement établie en France. Ces ordonnances étaient légales, mais elles furent accompagnées de dispositions vexatoires qui soulevèrent le mécontentement et l'opposition du clergé. Tandis que les Jésuites proscrits de France étaient contraints de transporter leurs écoles en Piémont, en Suisse, en Belgique où les suivaient leurs élèves, les cours de MM. Villemain, Cousin et Guizot étaient rouverts à la Sorbonne.

Au commencement de la session de 1829, M. de Martignac présenta deux projets de loi sur l'organisation municipale et départementale. Jusqu'alors les membres des conseils généraux, des conseils d'arrondissement et des conseils municipaux étaient nommés par le ministère sur la présentation des préfets. M. de Martignac, pour assurer au principe électif une part dans l'administration des départements et des communes, proposait de faire nommer les membres des divers conseils par les notables les plus imposés. La gauche combattit le projet comme ne faisant pas une part assez grande à l'élection populaire. Le côté droit, en s'abstenant de voter, laissa le ministère aux prises avec ses alliés de la gauche. M. de Martignac se sentit vaincu. Il retira brusquement ses deux projets de loi et attendit trois mois que le roi lui trouvât un successeur.

Ministère Polignac (9 août 1529). — Le 9 août 1829, le *Moniteur* annonçait l'avènement d'un nouveau ministère, composé de MM. de Polignac, de Bourmont, de la Bourdonnaye, les trois noms les plus impopulaires du parti de l'extrême droite.

M. de Polignac, bien que résolu à ne point abandonner le roi dans la lutte qui s'engageait entre la couronne et la chambre, espéra conjurer les haines qui s'attachaient à son nom par les premières mesures de son administration. Il se mit à l'œuvre avec ardeur et accomplit de nombreuses améliorations de détail. Mais il se trompait dans ses espérances; l'opinion était irréconciliable. La presse, qui ne lui épargnait aucune menace, trouvait des juges indulgents. La société *Aide-toi, le ciel t'aidera !* composée d'opposants de toute sorte, constitutionnels, républicains, bonapartistes se préparait à la lutte [1]. En Bretagne, en Normandie, en Lorraine, à Paris, des associations se formaient publiquement pour le refus de l'impôt si le gouvernement tentait de le percevoir sans vote légal des chambres. Sous forme de défensive, c'était comme une provocation de tous les adversaires de la couronne. Comme toujours, à la veille des révolutions, on n'avait nul souci de l'ébranlement possible de la société, on se portait à l'attaque avec passion et les moins ardents n'étaient pas les opposants constitutionnels. En parlant très-haut de la légalité de leur résistance ils acceptaient le concours de tous ceux qui, dans les troubles, attaquent le pouvoir quelqu'il soit, parce qu'il est le pouvoir et la société, parce que tout n'y est pas réglé au gré de leurs convoitises. Lorsque le roi, au 2 mars, parla de sa résolution de maintenir la paix publique au cas ou de *coupables manœuvres*

---

1. « Inactives, mais non résignées, les sociétés étaient toujours là, prêtes, dès qu'une circonstace favorable se présenterait, à reprendre leur travail de conspiration et de destruction. » Guizot, *Mémoires.*

susciteraient des obstacles à son gouvernement, la chambre des députés, rédigea une adresse qui marquait clairement l'hostilité la plus vive contre les ministres. M. Guizot n'avait pas craint de dire dans la discussion qui précéda le vote : « La vérité a déjà assez de peine à pénétrer dans le palais des rois, ne l'y envoyons pas faible et pâle ; qu'il ne soit pas plus possible de la méconnaître que de se méprendre sur la loyauté de nos sentiments. » A cette adresse des 221, comme on la nomma (du nombre des députés qui la votèrent), présentée le 19 mars 1830, le roi répondit, le 20 mars, par la prorogation de la chambre au 1er septembre et, le 16 mai, par la dissolution.

Charles X, qui avait fait à l'opinion le sacrifice de M. de Villèle, et qui n'avait pu la satisfaire par le ministère de M. de Martignac, cessa de croire à la possibilité de se défendre et de gouverner par le cours légal du régime constitutionnel. Il jugea qu'il était réduit à se sauver malgré la Charte, ou à périr par la révolution, et, lorsque les élections du mois de juin eurent montré la persistance de l'opposition, il crut par honneur, par devoir, avec une conviction sincère, qu'il avait le droit d'interpréter le pacte fondamental qui l'unissait à la nation et de faire en vertu de l'article XIV de la Charte des ordonnances pour la sûreté de l'Etat. Il substitua donc des ordonnances à la loi ; c'était sortir de la légalité, mais comme l'ont avoué depuis les journalistes libéraux, ils l'avaient acculé à cette extrémité.

Le 26 juin 1830, le *Moniteur* publia des ordonnances qui 1º déclaraient la chambre dissoute ; 2º abolissaient la loi d'élection et la remplaçaient par une autre qui restreignait aux colléges de départements, réduits au quart des contribuables les plus imposés, la nomination des députés ; 3º supprimaient la liberté de la presse.

Règne de Charles X. Extérieur. — Tandis que la Restauration luttait si péniblement contre les passions à l'intérieur, elle achevait au dehors de relever la France en entreprenant deux expéditions, dont l'une assura l'indépendance de la Grèce et dont l'autre, après avoir vengé l'honneur du pavillon, commença la conquête de l'Algérie.

Affranchissement de la Grèce. — La Grèce, on le sait, avait été le berceau de la civilisation. Elle avait eu, dans l'antiquité, des écrivains et des artistes de génie qui ont été les maîtres de l'esprit humain et dont on n'a point égalé les chefs-d'œuvre. Elle avait alors défendu, avec un courage héroïque, l'Europe menacée par les barbares de l'Asie. Elle avait, par de justes représailles, soumis l'Orient avec la petite armée d'Alexandre, et, quand elle était tombée sous la domination de Rome, elle avait été l'institutrice de ses nouveaux maîtres encore rudes et incultes. Province de l'Empire romain, puis, au quatrième siècle, de l'Empire grec, dont le siége était à Constantinople, elle avait été conquise au quinzième par les Turcs. Elle subit longtemps l'oppression du vainqueur sans essayer de s'y soustraire, mais, au commencement de ce siècle, ses populations firent un premier effort pour recouvrer leur indépendance. Elles étaient encouragées par la tendance d'un certain nombre de provinces chrétiennes de la Turquie, la Servie, le Monténégro, la Valachie et la Moldavie [1], à se détacher de la domination ottomane.

La guerre, qui devait finir par l'affranchissement de la Grèce, commença en 1820, lors de la révolte d'Ali, pacha de Janina, qui, pour se défendre contre les troupes du sultan, avait appelé les chrétiens aux armes. Elle fut d'abord heureuse pour les Grecs dans la Livadie (Hellade ou Grèce centrale) et dans la Morée (presqu'île du Péloponèse). Un congrès, réuni dans la ville d'Épidaure, en Argolide, proclama l'indépendance de la Grèce, et Corinthe, située sur l'isthme qui unit la Grèce centrale au Péloponèse, devint le siége du gouvernement insurgé.

Canaris et Botzaris. — La défaite d'Ali permit aux Turcs de tourner toutes leurs forces contre l'Hellade et la Morée, mais un héros, Canaris, osa braver avec une escadre grecque la flotte ottomane. Il attacha un brûlot au vaisseau amiral du capitan-pacha et le fit sauter. La flotte épouvantée prit la fuite devant ses hardis adversaires et alla chercher un

1. La Servie, la Valachie et la Moldavie sont situées dans la vallée du Danube : le Monténégro est un petit pays montagneux sur les côtes de l'Adriatique.

refuge à Constantinople, tandis que les **Turcs** étaient chassés de Morée. La lutte recommença devant Missolonghi, dans l'Hellade, à l'entrée du golfe de Lépante. Marco Botzaris pénétra de nuit dans la tente du général ennemi, jeta l'épouvante dans le camp et détermina la retraite de l'armée turque (1823). L'année suivante, Canaris vengea le massacre des habitants de l'île de Psara en détruisant une flotte turque dans les eaux de Samos. Une poignée de Grecs avait tenu en échec, pendant quatre ans (1820-1824), toutes les forces de l'empire ottoman. L'Europe commençait à tourner ses regards vers ce peuple héroïque qui combattait pour une cause sacrée, l'indépendance de la patrie, pour la croix contre le croissant. Elle s'émut en associant dans son admiration les guerriers de l'antiquité, qui avaient défendu les rochers et les mers de leur petit pays contre les Perses, et les héros du temps présent. Elle compara Canaris à Thémistocle, Botzaris à Léonidas, et l'opinion publique inclina peu à peu les gouvernements vers une politique d'intervention. Avant que les princes de l'Europe eussent pris parti, quelques braves philhellènes (c'est ainsi qu'on appelait les amis des Grecs) apportèrent aux insurgés le secours de leur épée. Le général français Fabvier, le poëte anglais lord Byron, l'Italien Santa-Rosa, devancèrent l'intervention des armées de l'Occident.

Méhémet-Ali vient au secours des Turcs (1826). — Le sultan Mahmoud, désespérant de vaincre l'insurrection avec ses seules forces, fit appel au pacha Méhémet-Ali, qui s'était rendu presque indépendant en Egypte. Ibrahim, fils de Méhémet, débarqua en Morée à la tête d'une armée organisée à l'européenne, prit Navarin et Tripolitza (sur la côte occidentale de la Morée), et renforça les troupes turques qui assiégeaient Missolonghi. Les défenseurs de cette malheureuse ville prirent une résolution désespérée. Les uns tentèrent de s'ouvrir de force un passage à travers l'ennemi ; les autres s'ensevelirent sous les ruines de la ville avec le primat Christos, qui mit le feu à un amas de poudre (1826). A quelque temps de là Athènes était forcée de capituler malgré la belle défense du général Fabvier.

L'Europe intervient en faveur des Grecs (1827).

— L'Europe crut enfin qu'il était temps d'intervenir. La France, la Russie et l'Angleterre s'engagèrent, par la convention de Londres (1827), à imposer par la force leur médiation au sultan. Leurs escadres réunies vinrent croiser dans la baie de Navarin et un armistice fut signé entre les Turcs et les Grecs. Cet armistice ayant été violé, les escadres européennes se rapprochèrent de la flotte turque pour l'intimider. Des coups de feu, partis d'un brûlot turc, amenèrent une bataille générale près de Navarin. En moins de quatre heures la flotte turco-égyptienne était détruite (1827), et, à quelque temps de là, un corps de quinze mille Français, commandé par le général Maison, forçait Ibrahim à évacuer la Morée (1828).

La Russie est arrêtée et la Grèce affranchie par le traité d'Andrinople (1829). — La Turquie était vaincue, mais sa défaite, qui affranchissait la Grèce, livrait l'Orient aux mains de la Russie, que l'Europe ne voulait pas voir maîtresse de Constantinople. Déjà une armée russe, marchant sur cette capitale, s'était avancée jusqu'à Andrinople (à 70 kilomètres de Constantinople) ; une autre menaçait la côte méridionale de l'Asie mineure. C'en était fait du sultan si l'Europe n'intervenait. L'Autriche se joignit à l'Angleterre et à la France pour contraindre Mahmoud à signer avec la Russie le traité d'Andrinople, qui achetait par quelques concessions l'évacuation du territoire ottoman (1829) [1].

Quant à la Grèce, dont l'indépendance fut reconnue par le même traité, elle dut former un État libre sous la protection de la France, de l'Angleterre et de la Russie ; mais bornée au

---

1. Si la Russie ne s'était pas arrêtée à Andrinople, l'état de l'Europe eût été singulièrement modifié ; et ce n'eût pas été, il semble, au désavantage de la France. Selon le *Mémoire lu et approuvé au conseil du roi* en septembre 1829, cité par M. Nettement (*Histoire de la Restauration*, tome VIII, p. 310) une entente séparée et secrète eût été concertée avec la Russie, pour faire contrepoids à l'intimité des relations entre l'Angleterre et l'Autriche. La France eût ressaisi en partie ses frontières naturelles. La division de l'Allemagne eût été maintenue. « Il importe beaucoup à la France, disait ce mémoire, de prévenir la réunion de l'Allemagne en un ou deux grands États. Si jamais cette circonstance se réalisait, cette contrée, qui est aujourd'hui partagée entre des provinces qui ont besoin de notre protection, ne nous offrirait plus alors que des forces rivales, jalouses et bientôt

nord par les golfes de Volo et d'Arta, privée des îles de Chios et de Samos, de la Crète, elle ne pouvait prétendre à jouer en Orient un rôle utile au christianisme et à la civilisation. L'Angleterre craignit, en la faisant plus grande, de compromettre le maintien de l'empire ottoman, qui importe à l'équilibre des forces entre les puissances européennes, et auquel elle est particulièrement intéressée à cause de ses possessions d'Asie.

Expédition d'Alger (1830). — La France, qui avait agi dans la guerre de Grèce avec le concours d'autres puissances, entreprit seule l'expédition d'Alger. Le succès de ses armes, qui lui assura la conquête d'une colonie, n'en devait pas moins profiter à l'Europe entière.

Les côtes de l'Afrique étaient demeurées un repaire de piraterie ; Alger semblait en être le centre. Là, sous la suzeraineté de la Porte ottomane, un ramas de Turcs, de Maures et d'Arabes insultait et rançonnait le commerce de toutes les nations. Le dey d'Alger, Hussein, avait triplé sans raison le prix qu'il exigeait de la France pour le droit de pêcher le corail à la Calle. Il avait mis la main sur deux navires de la marine pontificale, placée sous la protection de notre pavillon. Enfin, en 1827, notre consul, à une audience solennelle, avait été frappé d'un coup d'éventail par le dey furieux. Sommé de faire réparation au représentant de la France, le dey s'y refusa et donna l'ordre de détruire nos établissements de pêche. En 1829, il osa même faire tirer les batteries d'Alger sur un bâtiment français qui portait le pavillon parlementaire.

ennemies. Notre puissance relative serait sensiblement affectée. » Le mémoire se termine par ces considérations : « Cette organisation nouvelle de l'Europe serait dominée par l'idée de l'intérêt de la France comme celle qui a été faite au congrès de Vienne l'a été par le désir de nous abaisser et de fortifier les autres puissances contre la France.» Ainsi quatorze ans après le partage de l'Europe sans la France et contre la France, la Restauration avait si bien relevé nos affaires qu'elle n'attendait plus, dit M. Nettement, que l'à-propos d'un événement pour prendre l'initiative d'un remaniement en Europe et elle avait d'autant plus de chances de faire reconnaître ses prétentions, que, loin d'aspirer à une suprématie continentale, elle prenait la défense de la liberté des mers contre la suprématie oppressive de l'Angleterre. C'était continuer la politique si sage et si glorieuse de **Louis XVI.**

Le gouvernement français se décida à venger ces affronts d'une manière éclatante. Il organisa une expédition avec la plus grande activité, sans se laisser arrêter par l'opposition jalouse de l'Angleterre, qui fit entendre à ce sujet quelques paroles de menace. Une flotte partit de Toulon sous les ordres de l'amiral Duperré. Elle était composée de cent trois bâtiments de guerre et montée par vingt-sept mille marins. L'armée, commandée le général de Bourmont, ministre de la guerre, comptait par trente-sept mille soldats et trois mille chevaux. Elle débarqua, le 14 juin 1830, dans la baie de Sidi-Ferruch, à cinq lieues d'Alger, et occupa, le 18, le plateau de Staouëli, entre cette baie et Alger. Attaquée dans cette position par Ibrahim, gendre du dey, elle mit en déroute l'armée ennemie, forte d'environ quarante mille hommes (19 juin), et emporta le fort de l'*Empereur*, qui domine Alger vers le sud (4 juillet). Le lendemain, nous étions maîtres de la ville, et le dey Hussein capitulait pour sauver sa vie et ses trésors.

Nous avions ainsi vengé notre injure particulière, mis un terme aux pirateries barbaresques dont l'Europe avait longtemps souffert, et pris position sur une côte que nous devions coloniser.

L'Angleterre qui avait voulu, à plusieurs reprises, exiger de la France l'engagement de ne point s'établir en Afrique, fut en proie à l'irritation la plus vive. Le 25 juillet, dernier jour de la Restauration, notre ambassadeur à Londres, le duc de Laval, prenait congé de lord Aberdeen à l'occasion d'un voyage qu'il se disposait à faire en France. Le ministre anglais lui déclara que jamais la France, ni sous la République, ni sous l'Empire, n'avait donné à l'Angleterre des sujets de plainte aussi graves et il ajouta : « Je me sépare de vous avec plus de peine que jamais, car peut-être ne sommes-nous plus destinés à nous revoir. » Le duc de Laval répondit à cet adieu hautain : « J'ignore, mylord, ce que vous pouvez espérer de la générosité de la France ; mais ce que je sais, c'est que vous n'obtiendrez jamais rien par les menaces. »

C'est à la veille de sa chute que la Restauration tenait à l'Angleterre ce fier langage.

Révolution de 1830. — La royauté s'était mise hors

de la Constitution avec l'intention très-sincère d'user avec sagesse des pouvoirs extraordinaires qu'elle s'arrogeait.

Qu'allait-il advenir ? La Restauration avait reconstitué à la fois le gouvernement et la société. Elle avait replacé la France humiliée au rang des puissances de premier ordre ; elle lui avait rendu au dehors une liberté d'action respectée de tous ; elle avait noblement employé sa force renaissante au service de justes causes et elle préparait par de solides alliances des revendications dont le temps et les circonstances eussent déterminé l'heure, mais elle avait commis des fautes.

L'expérience nous a appris aujourd'hui qu'un peuple est bien malheureux quand, au nom de son droit, il répond aux fautes de son gouvernement par une révolution [1].

L'opposition donna le signal de la résistance. Elle ne s'arrêta pas aux considérations de prudence. Elle voyait une atteinte à la constitution dans l'entreprise du roi ; elle ne prévit point les coups qui allaient être portés à la société par ceux qui allaient bien au-delà des droits inscrits dans la charte ; elle accepta, comme toujours, pour détruire, la complicité de ceux dont les idées chimériques et subversives ne devaient point obtenir satisfaction, même par la victoire. Elle souleva le peuple qui espère d'une insurrection, où il verse son sang, autre chose qu'une satisfaction constitutionnelle et ne désarme pas le lendemain, sur l'assurance que la charte, à laquelle il n'entend rien, sera désormais une vérité.

M. Thiers, principal rédacteur du *National*, rédigea une protestation qui fut signée par quarante-quatre rédacteurs de journaux. Les ouvriers imprimeurs commencèrent l'émeute et entraînèrent le peuple au nom de la liberté. Il ne se trouva pas assez de troupes dans Paris pour opposer une résistance

---

1. « Autrefois la résistance, l'insurrection même avaient, soit dans l'état social, soit dans la conscience et le bon sens des hommes, leur frein et leurs limites; on ne jouait pas à tout propos le sort de la société tout entière. Aujourd'hui et parmi nous, de toutes les grandes luttes politiques, en fait des questions de vie et de mort, peuples et partis, dans leurs aveugles emportements, se précipitent tout à coup aux dernières extrémités ; la résistance se transforme soudain en insurrection et l'insurrection en révolution. Tout orage devient déluge.» Guizot, *Mémoires*.

suffisante. Charles X avait remis le commandement au maréchal Marmont, dont le nom était impopulaire et auquel manquait avec l'autorité la résolution nécessaire. Le 28 l'émeute était devenue une révolution. Une partie des régiments de ligne. par esprit de rivalité contre la garde royale, refuse de combattre. Marmont se voit contraint de replier sur les Tuileries les trois colonnes qu'il avait dirigées sur les boulevards, sur les quais et sur les halles. Le 29, le peuple prit possession de l'Hôtel de ville et emporta le Louvre et les Tuileries. Paris était au pouvoir de l'insurrection. Marmont se retira à Saint-Cloud où se trouvait le roi. Charles X, cédant à la nécessité, consentit enfin à révoquer ses ordonnances et à changer son ministère. M. de Mortemart fut chargé de fournir un nouveau cabinet.

Mais au fort de la lutte et pendant les hésitations du roi. les députés de l'opposition ayant à leur tête La Fayette et M. Laffitte avaient accompli cette révolution dynastique prédite par le *National* [1]. Ils avaient substitué le duc d'Orléans au chef de la famille des Bourbons [2]. M. de Mortemart arrivait trop tard.

Louis-Philippe d'Orléans était fils de Philippe-Égalité, qui avait voté la mort de Louis XVI et était mort lui-même victime de la Terreur. Il avait combattu avec courage à Jemmapes. Il avait dû émigrer malgré lui. A la Restauration, il

---

1. A ce point de la crise c'eût été certainement un grand bien pour la France, et de sa part un grand acte d'intelligence comme de vertus politiques, que sa résistance se renfermât dans les limites du droit monarchique et qu'elle ressaisît ses libertés sans renverser son gouvernement. On ne garantit jamais mieux le respect de ses propres droits qu'en respectant soi-même les droits qui les balancent, et quand on a besoin de la monarchie, il est plus sûr de la maintenir que d'avoir à la fonder. » Guizot, *Mémoires*.

2. Les écrivains du *National* avaient l'esprit plein de la révolution de 1688 en Angleterre, de son succès, du beau et libre gouvernement qu'elle a fondé. Bien d'autres alors pensaient comme eux. « Nous ressentions, dit M. Guizot, l'ambition et l'espérance d'accomplir une œuvre semblable... Nous avions, dans notre prévoyance et dans notre force, trop de confiance ; nous étions trop préoccupés des vues de notre esprit et trop peu de l'état réel des faits autour de nous. Il y avait en 1688, dans la constitution de la société et dans l'état des esprits en Angleterre, des moyens de gouvernement et des points d'arrêt sur la pente des révolutions que la société française ne possède pas aujourd'hui. »

avait été rétabli dans ses honneurs et dignités. Charles X l'avait encore mieux traité que Louis XVIII et lui avait fait rendre par une loi l'apanage qu'il ne tenait que d'une restitution gracieuse. Le duc d'Orléans était demeuré dans l'attitude d'un prince qui se désintéressait des actes du gouvernement, demeurait en dehors de la lutte et refusait d'en courir les chances. Sans conspirer, il avait accueilli avec faveur au Palais-Royal les membres de l'opposition et avait mérité d'être bien traité par les pamphlétaires qui signalaient le roi à la haine publique [1]. Il était prêt pour le rôle que ses partisans allaient lui ménager.

Le 30 juillet les députés présents à Paris se réunirent au Palais-Bourbon et appelèrent le prince aux fonctions de lieutenant-général du royaume. Le duc d'Orléans, qui avait attendu à Neuilly l'issue de la lutte, se rendit à l'Hôtel de ville, à travers les barricades, comme pour y chercher une investiture plus populaire que celle qu'il tenait des députés du pays, et parut à l'une des fenêtres de l'Hôtel de ville conduit par La Fayette. Les acclamations de la place publique saluèrent la royauté nouvelle. Royauté mal assise que Louis-Philippe avait promis à La Fayette d'appuyer sur des institutions républicaines.

Non contents d'avoir une royauté à fonder, les députés voulurent avoir aussi une constitution à faire et changer la Charte comme la dynastie [2]. On supprima l'article 6 qui déclarait la religion catholique religion de l'État et l'article 14 qui donnait

---

1. Courier disait dans un de ses pamphlets, et il n'était personne qui ne comprît l'intention malicieuse : « Je voudrais qu'il fût maire de la commune ; j'entends s'il se pouvait (hypothèse toute pure) sans déplacer personne ; je hais les destitutions. »

2. « Il n'y avait ici, à coup sûr, point de nécessité. La charte venait de traverser avec puissance et honneur les plus rudes épreuves. En dépit de toutes les entraves et de toutes les atteintes, elle avait suffi, pendant seize ans, à la défense des droits, des libertés, des intérêts du pays. Tour à tour invoquée, dans des vues diverses, par les divers partis, elle les avait tous protégés et contenus tour à tour... elle avait été le drapeau de la résistance et de la victoire. Nous eûmes la fantaisie d'abattre et de déchirer nous mêmes ce drapeau. Le goût et le péché révolutionnaire par excellence, c'est le goût et le péché de la destruction pour se donner l'orgueilleux plaisir de la création. » Guizot, *Mémoires.*

au roi le droit de faire des ordonnances. Le cens fut maintenu.
Un peu plus tard, sous le ministère de Casimir Périer, le cens
d'éligibilité fut abaissé de 1,000 à 500 francs et le cens électoral de 300 à 200 francs, ce qui porta de 80,000 à 200,000 le
nombre des électeurs. L'hérédité de la pairie devait être abo-
lie en octobre 1831 [1].

CHAPITRE XVII.

LE ROI LOUIS-PHILIPPE.

(INTÉRIEUR.)

1830-1848

PRÉCIS DES FAITS

Ministère Dupont de l'Eure (11 août-3 nov. 1830). — Ministère
Laffitte (3 nov. 1830-13 mars 1831). Ces deux ministères sont impuissants à rétablir l'ordre. L'archevêché et Saint-Germain l'Auxerrois sont saccagés.

Ministère Casimir Périer (13 mars 1831—16 mai 1832). Casimir Périer lutte avec la plus grande énergie contre l'esprit révolutionnaire
à Paris, contre les tendances socialistes à Lyon en même temps qu'il
maintient la paix en Europe par son attitude déterminée.

Ministère du 11 octobre (maréchal Soult, duc de Broglie, MM.
Guizot et Thiers ; 11 octobre 1832—février 1836). Le ministère résiste
à l'aide de lois nouvelles à l'esprit révolutionnaire, comprime l'émeute
de 1835 et répond à l'attentat de Fieschi par les *lois de septembre*. La
chute du ministère du 11 octobre rompt le faisceau des chefs de parti
qui se combattront désormais jusqu'à la fin du règne.

De la chute du ministère du 11 octobre jusqu'au ministère
Guizot (février 1836—29 octobre 1840). Le ministère Thiers, le ministère Molé et Guizot, tous deux de peu de durée, précèdent le mi-

---

1. « Emporté par l'urgence de la résistance matérielle, Casimir
Périer sera en même temps entraîné, en matière d'institutions et de
lois politiques, à de fâcheuses concessions. Il était partisan de l'hérédité de la pairie ; il le proclamait hautement, et il en proposa l'abolition. » Guizot, *Mémoires*.

nistère Molé qui gouverne habilement et heureusement pendant deux ans et se retire devant la coalition coupable de MM. Guizot, Thiers et Odilon Barrot. Les courts ministères du maréchal Soult, de M. Thiers qui fait entreprendre la construction des fortifications de Paris, précèdent le long ministère de M. Guizot.

MINISTÈRE GUIZOT. 29 OCTOBRE 1840—24 FÉVRIER 1848. M. Guizot est à l'intérieur l'adversaire le plus résolu de l'esprit révolutionnaire. Il fait repousser une première fois les projets de loi sur la réforme parlementaire et électorale. Il lutte courageusement contre les adversaires de la politique de la paix au dehors et de la résistance au dedans. Il tient tête au mouvement réformiste auquel prennent part l'opposition dynastique et l'opposition républicaine. Les adversaires du ministère transportent la lutte du parlement dans la rue ; M. Guizot qui l'a acceptée sur ce nouveau terrain, avec l'aide du maréchal Bugeaud, est congédié par le roi. Louis-Philippe, désarmé par M. Thiers qui fait retirer le commandement des troupes au maréchal, signe son abdication et prend la fuite sans pouvoir sauvegarder la couronne de son petit-fils.

Ministère Dupont de l'Eure (11 août-3 novembre 1830). — Le gouvernement de juillet avait le malheur de naître d'une révolution, et d'une révolution accomplie aux dépens du principe essentiel de la monarchie. Il eut d'abord à lutter contre l'esprit révolutionnaire dont le propre n'est pas de savoir fonder après avoir détruit. Il ne pouvait compter sur ceux qui avaient établi le régime constitutionnel et avaient été les meilleurs conseillers de la Restauration. Il devait avoir à la fois pour ennemis le parti légitimiste qui représente , par la grande propriété et par le culte des traditions, une des plus principales forces du pays, et le parti révolutionnaire que chaque révolution nouvelle rend plus redoutable ; c'est toujours en effet d'une révolution à venir qu'il fait espérer aux masses la liberté sans limites et une réforme sociale.

Le parti révolutionnaire était le plus pressant : il voulait l'empire continu de la force sous le prétexte du droit et l'état révolutionnaire au lieu de l'état social. La société en France et la paix en Europe étaient également menacées.

Quelle allait être l'attitude du ministère où siégeaient, sous la présidence du roi, MM. Dupont de l'Eure, Laffitte, le maréchal Gérard, Guizot, de Broglie, Molé, le baron Louis ? L'accord manqua dès le début ; il n'y avait pas chez tous la même résolution énergique de résister aux entraînements populaires et au désordre de la rue. M. Dupont demeurait révolutionnaire au ministère et M. Laffitte, soigneux de sa popularité, se complaisait dans une politique dite de mouvement dont il se croyait le modérateur. Leurs collègues défendaient énergiquement une politique de résistance qui seule pouvait rétablir l'ordre public.

La première question qui se posa fut celle du procès des ministres de Charles X. La chambre des députés avait renvoyé devant la chambre des pairs MM. de Polignac, de Peyronnet, de Guernon-Ranville et de Chantelauze. La foule demandait leur mort. Elle envahit le Palais-Royal qu'habitait le roi, et quand la garde nationale l'eut forcée d'évacuer les escaliers et les cours, elle se porta à Vincennes où les accusés étaient détenus. Ils y étaient heureusement sous la garde d'un soldat énergique. Le général Daumesnil fit ouvrir la porte et se présentant seul à la foule : « Que voulez-vous ? — Nous voulons les ministres. — Vous ne les aurez pas ; ils n'appartiennent qu'à la loi ; je ferai sauter le magasin à poudre plutôt que de vous les livrer. » La foule frappée et intimidée reprit la route de Paris en criant : « Vive la jambe de bois [1] ! »

Ministère Laffitte (3 novembre 1830-13 mars 1831). — Cependant, pour résister plus facilement à la passion publique pendant la crise du procès, Louis-Philippe crut nécessaire de s'entourer de ministres populaires. Le premier ministère, formé le 11 août fut modifié. MM. Casimir Périer, Molé, Louis, Dupin, de Broglie et Guizot se retirèrent, et M. Laffitte composa un nouveau cabinet dans lequel Dupont de l'Eure resta à la justice, et les généraux Gérard et Sébastiani à la guerre et aux affaires étrangères. La Fayette garda le commandement de la garde nationale.

L'épreuve du procès fut courte mais difficile. Des deux côtés on semblait se préparer à une bataille. Le soir même du jour

---

1. Ce Daumesnil est celui qui avait eu une jambe emportée par un boulet de canon, et qui, sommé par les alliés de rendre Condé où il commandait, s'était contenté de leur répondre : *rendez-moi ma jambe !*

où le jugement allait être rendu M. de Montalivet, ministre de l'intérieur, prenant sur lui la responsabilité de toutes les difficultés imprévues, tira MM. de Polignac, de Chantelauze, de Peyronnet et de Guernou-Ranville de la prison du Luxembourg, et à cheval à côté de leur voiture entourée d'une escorte de gardes nationaux et de chasseurs, les conduisit rapidement à Vincennes dont le canon annonça qu'ils étaient rentrés sous la garde éprouvée du général Daumesnil.

Quand l'arrêt qui condamnait les ministres à la prison perpétuelle fut connu, la fermentation redoubla au lieu de tomber. Pendant deux jours les mesures d'ordre durent redoubler. La Fayette se multiplia et employa auprès de la garde nationale les compliments, les prières et les exhortations affectueuses qui étaient ses moyens d'influence. Ils eurent cette fois un plein succès.

A quelques jours de là il adressait à la garde nationale un ordre du jour où il disait : « Tout a été fait pour l'ordre public ; notre récompense est d'espérer que tout va être fait pour la liberté. » Qu'était-ce que cette liberté sans cesse poursuivie et jamais atteinte ? Il fallait, à l'entendre, changer le ministère, dissoudre la chambre, rendre la pairie élective et au dehors faire une guerre de propagande révolutionnaire. Il se trouva que la bourgeoisie, qui avait, avant tout, besoin d'ordre, ne suivit pas cette fois celui qu'on appelait le vétéran de la liberté. La Fayette sentit son crédit diminuer ; pendant la discussion d'un projet de loi tendant à supprimer le poste de commandant en chef de la garde nationale, il donna sa démission, sans vouloir même garder le commandement spécial de la garde nationale de Paris. Le lendemain, le général Lobau, un des plus braves soldats de l'Empire, était reconnu de tous les colonels des légions de Paris. La démission de Dupont de l'Eure n'agita pas davantage l'opinion.

Mais, pour s'être un moment séparé des partisans de la monarchie républicaine, M. Laffitte « avec sa légèreté, son imprévoyance, ses fluctuations et sa présomption [1] » n'en était pas plus fort contre l'esprit de désordre. Un incident qui met-

1. Guizot, *Mémoires.*

tait au grand jour le vice radical de son origine et de sa politique amena sa chute. A la suite d'un service religieux célébré le 14 février 1831, dans l'église Saint-Germain-l'Auxerrois, en l'honneur de M. le duc de Berry assassiné onze ans avant par Louvel, la populace saccagea l'église, puis courut à l'archevêché, qu'elle démolit de fond en comble après l'avoir pillé[1]. »

Dans les huit jours qui suivirent, nombre de villes de province donnèrent ces tristes exemples de haines politiques et de passions impies. Le gouvernement demeura spectateur. Louis Philippe céda même à la sommation de M. Laffitte et changea les armes de France dont il bannit les fleurs de lis.

La chambre s'émut. M. Benjamin Delessert demanda raison au cabinet des troubles de Paris, du déchaînement des factions, des églises dévastées, des croix abattues, de l'imprévoyance et de la faiblesse du pouvoir. Le roi hésitant se résolut enfin à congédier M. Laffitte et à charger Casimir Périer de former un cabinet (13 mars 1831).

Ministère Casimir Périer (13 mars 1831-16 mai 1832). — « Casimir Périer avait reçu de la nature la plus éclatante des supériorités et la moins contestée, un caractère énergique jusqu'à l'héroïsme, avec un esprit doué de ces instincts merveilleux qui sont comme la partie divine de l'art de gouverner.

D'orateur de la liberté constitutionnelle, devenu homme d'État et chef du cabinet dans une révolution qu'il n'avait point appelée, sa probité généreuse et la justesse de son esprit

---

1. « J'ai vu, comme tout le monde, flotter sur la rivière et traîner dans les rues les objets du culte, les vêtements ecclésiastiques, les meubles, les tableaux, les livres de la bibliothèque épiscopale ; j'ai visité le palais, ou plutôt la place du palais de l'archevêque, la maison du curé de Saint-Germain l'Auxerrois et l'église même, cette vieille paroisse des rois, après leur dévastation. Ces ruines soudaines, cette nudité désolée des lieux saints étaient un spectacle hideux: moins hideux pourtant que la joie brutale des destructeurs et l'indifférence moqueuse d'une foule de spectateurs. De toutes les orgies, celles de l'impiété populaire sont les pires, car c'est là qu'éclate la révolte des âmes contre leur vrai souverain ; et je ne sais en vérité lesquels sont les plus insensés de ceux qui s'y livrent avec fureur ou de ceux qui sourient en les regardant. » Guizot. *Mémoires.*

lui firent aussitôt comprendre que si l'ordre est la dette de tout gouvernement, c'est surtout la dette d'un gouvernement nouveau [1]. »

Il se porta à la lutte contre l'esprit révolutionnaire avec la générosité de sa nature et la tristesse de l'expérience. Il s'imposa au roi qui trouvait cette politique aussi périlleuse que nécessaire et lui fit agréer les collègues qu'il s'était choisis. le maréchal Soult, le baron Louis et le général Sébastiani. Comme éclatante démonstration de sa volonté et de son pouvoir il réunit habituellement chez lui, hors de la présence du roi, le conseil des ministres.

Il ne se montra pas moins résolu devant les chambres. A peine entré en fonctions il demanda, par trois projets de lois, tous les moyens financiers dont il pouvait avoir besoin et par un quatrième le pouvoir de réprimer efficacement les attroupements. Puis il se mit à l'œuvre sans souci du redoublement de fureur et d'injures des journaux de l'opposition [2]. « J'ai le *Moniteur* pour enregistrer mes actes, disait-il, la tribune pour les expliquer, et l'avenir pour les juger. »

Rétablir l'ordre dans la rue était le premier devoir. Il s'y appliqua résolument. « L'émeute, sans cesse renaissante autour de lui, l'indignait sans le lasser. Il employait pour la combattre toutes les forces permanentes ou accidentelles, organisées ou spontanées, que la société chancelante pouvait lui fournir, la troupe de ligne, la garde municipale, la garde nationale, les agents de police, les ouvriers honnêtes que ce désordre des rues irritait en les troublant dans leur travail. Et quand il avait mis en avant ces auxiliaires divers, il les soutenait énergiquement contre les colères ou les plaintes ennemies, n'ignorant pas qu'en servant bien le zèle fait des fautes, et n'hésitant jamais à en accepter la responsabilité [3]. »

1. Royer-Collard. *Discours prononcé sur la tombe de C. Périer.*
2. Armand Carrel insérait dans le *National* des articles où Casimir Périer était comparé à M. de Polignac et le ministère du 13 mars au cabinet du 8 août. La France, y disait-on, n'avait plus qu'à attendre l'occasion de prendre les armes.
3. Guizot. *Mémoires pour servir à l'histoire de mon temps.* « Un jour dans l'une des plus violentes émotions populaires de ce temps, suscitée par la nouvelle de la chute de Varsovie, il se trouva tout à

Quand les ouvriers de Lyon se soulevèrent, en novembre 1831, demandant que l'autorité réglât ses rapports avec les fabricants et leur assurât des salaires plus élevés et plus fixes, il montra la même fermeté, non-seulement pour réprimer la sédition et le désordre mais pour protéger efficacement les intérêts privés. En envoyant le maréchal Soult et le duc d'Orléans pour reprendre possession de la ville et du pouvoir envahis par les insurgés, « il les chargea de rétablir, entre les fabricants, les chefs d'atelier et les ouvriers, l'entière liberté des transactions, condition absolue, aussi bien pour le travail que pour le capital, de la sûreté comme de la prospérité, dans la mesure que permettent les misères naturelles de la vie et de la société humaines. » Il tenait à tous ce même langage ferme et sensé.

A la tribune il défendait avec énergie ses actes et ses agents, n'acceptant point de ses amis un assentiment équivoque et de ses adversaires une excuse indulgente. « Je n'accepte pas votre indulgence, s'écriait-il ; je ne demande que la justice et l'estime du pays. » Et on se taisait devant « la puissance de l'homme bien supérieure à celle de l'orateur ».

Ce grand ministre défendit en Europe la cause de la paix avec la hardiesse et la vigueur qu'il mettait à l'intérieur au service de l'ordre. (Voir plus loin : *Histoire extérieure de la France sous la monarchie de juillet.*)

Malheureusement pour la France l'homme qui était une si énergique personnification de la politique de résistance au désordre et à la guerre avait usé ce qui lui restait de vie dans cette lutte ardente contre la révolution. Il devait être la proie du fléau qui s'était abattu sur Paris, le choléra.

Pour combattre les craintes de contagion et relever l'esprit public il accompagna le duc d'Orléans dans une visite à l'Hôtel-Dieu. Trois jours après il était atteint. Le 16 mai, il

coup, de sa personne, en face des séditieux qui entouraient sa voiture. Il descendit et marcha sur les plus animés : — « Que voulez-vous ? — Vive la Pologne ! nous voulons nos libertés ! — Vous les avez ; qu'en faites-vous ? Vous venez ici m'insulter et me menacer, moi, le représentant de la loi qui vous protège tous ! » Son fier aspect, ses fermes paroles en imposèrent à la foule. »

succombait en exprimant les plus vives alarmes pour l'ordre social. Il avait combattu jusqu'au dernier jour avec une intrépidité qui ne s'était jamais démentie, mais il savait bien que s'il avait arrêté la ruine de l'ordre, il n'avait pas assuré sa victoire.

Paris, la France, l'Europe rendirent justice à l'héroïque ministre. Sa mort fut un deuil public. La population accourut en foule à ses obsèques et s'associa au dernier hommage que Royer-Collard rendit au mort. « La gloire de M. Casimir Périer est pure et inattaquable. Sortie comme un météore de ces jours nébuleux où il semble qu'autour de nous tout s'obscurcisse et s'affaisse, elle sera durable, car elle n'est point l'œuvre artificielle et passagère d'un parti qu'il avait servi ; il n'a servi que la cause de la justice, de la civilisation, de la vraie liberté dans le monde entier. »

Ministère intérimaire (du 16 mai au 11 octobre 1832). — Pendant la durée du cabinet intérimaire qui occupa le pouvoir du 16 mai au 11 octobre 1832, l'esprit révolutionnaire se donna libre carrière. Les deux parties de la gauche, celle qui tendait à la République et avait pour chefs dans le parlement Dupont de l'Eure, Cormenin, Garnier-Pagès, celle qui, sous le nom de gauche dynastique attachée en principe à la branche cadette et à la monarchie, avait pour principal orateur Odilon Barrot, s'unirent dans la rédaction d'un *compte-rendu*, véritable acte d'accusation qui contenait à la fois les idées les plus vagues et les plus vives attaques contre la politique extérieure et intérieure du gouvernement (28 mai 1832).

En même temps, le parti légitimiste faisait une tentative à main armée dans le midi et en Vendée. La duchesse de Berry enrôlait quelques partisans qui se firent tuer héroïquement au château de la Pénissière, mais elle ne put soulever le pays. Réduite à se cacher, sous un déguisement, dans la maison d'une famille dévouée, à Nantes, elle fut livrée par un traître et enfermée au château de Blaye (novembre 1832).

L'insurrection républicaine des 5 et 6 juin suivit de près la tentative légitimiste. Elle éclata à la suite des funérailles du général Lamarque, le partisan fougueux de la propagande révolutionnaire en Europe. Les hommes de désordre s'étaient joints au cortége [1]. Des cris de *Vive la République!* amenèrent une collision. Des barricades s'élevèrent. Le roi parut à cheval sur divers points de la ville. La lutte se concentra au cloître Saint-Merry où la garde nationale et la ligne triomphèrent d'une résistance désespérée.

Au temps même où avortaient les tentatives des légitimistes et des révolutionnaires, le duc de Reichstadt, fils de Napoléon et de Marie-Louise, qui semblait l'espérance du parti bonapartiste, mourait à Vienne. Le ministère semblait affermi par l'impuissance des partis ; il tomba sous le poids de deux fautes. Il avait mis Paris en état de siége par l'ordonnance du 6 juin ; la Cour de cassation condamna l'ordonnance au nom de la charte. Il avait fait arrêter MM. de Châteaubriand, de Fitz-James, Hyde de Neuville et Berryer comme conspirateurs ; les juges de Paris ne trouvèrent aucune charge contre les trois premiers et les jurés de Blois déclarèrent Berryer innocent.

Le cabinet se trouvant plus faible qu'il ne l'était avant sa victoire fut remplacé par le ministère du 11 octobre.

Ministère du 11 octobre sous la présidence du maréchal Soult (du 11 octobre 1832 au 22 février 1836). — Le ministère du 11 octobre était composé des hommes représentant les diverses nuances du parti conservateur. Le maréchal Soult en était le président. Nul n'était plus capable de relever l'armée de l'échec de 1830, que ce grand organisateur de troupes, comme le nommait Napoléon. « Vieux soldat, glorieux capitaine, Gascon sérieux, il était habile à se servir, pour les affaires publiques, comme pour les siennes propres, de son nom et de sa gloire, et doué de cette autorité à la fois rude et prudente qui sait se déployer en se ménageant [2]. »

MM. de Broglie et Guizot y représentaient le parti doctrinaire tout à fait acquis à la politique de paix au dehors, de résistance à la révolution au dedans. M. Thiers, « un peu inquiet

---

1. « Il y avait là, dit M. de la Fayette lui-même, quelques jeunes fous qui voulaient me tuer en l'honneur du bonnet rouge. » Il est assez difficile de déterminer le caractère de cette insurrection, fortuite et provoquée par la police si on en croit les protestations des accusés dans les débats du procès d'avril, préméditée et résolument républicaine selon les déclarations des républicains de 1848.

2. Guizot. *Mémoires.*

de l'alliance des doctrinaires, quoique convaincu de la nécessité de leur concours, prenait quelque soin pour rester et paraître, non pas séparé d'eux, mais différent et distinct [1]. » Il avait plus de souci de sa popularité et plus de goût pour une politique de concessions et de transactions.

Tous se trouvaient unis cependant dans une idée commune, celle de vaincre le désordre uniquement par les lois et par des lois rendues et appliquées en présence de la liberté, de résister et de gouverner non par des lois d'exception et de prévention, mais par des lois générales, permanentes et répressives [2]. Ce fut l'honneur du nouveau cabinet. En même temps qu'il assurait au dehors l'indépendance de la Belgique par la prise d'Anvers (décembre 1832) et répondait aux conférences des souverains de Prusse, d'Autriche et de Russie à Münchengratz (au nord-est de Prague) par une déclaration très-ferme contre toute intervention en Belgique, en Suisse, en Piémont, en Espagne, il luttait au dedans contre les associations socialistes des Saint-Simoniens et des Fouriéristes et contre les sociétés secrètes (Société des droits de l'homme, etc.), qui s'attaquaient les unes à l'ordre économique et social, les autres à l'ordre politique.

Pour mettre fin à l'abus de la distribution de petits écrits qui étaient autant d'appels à l'insurrection au nom de la République il fit passer une loi qui soumettait la profession de crieur, de vendeur ou distributeur d'écrits sur la voie publique, à l'autorisation et à la surveillance de l'autorité municipale. Huit jours après une autre loi soumettait à la nécessité de l'autorisation préalable toutes les associations, appliquait les dispositions de l'article 291 du Code pénal aux sections de

---

1. Guizot. *Mémoires.*

2. « C'est, comme l'observe M. Guizot dans ses *Mémoires,* chose facile de résister au désordre en Angleterre à l'aide des prescriptions et des traditions répressives des anciennes lois. Rien de pareil n'existe plus en France depuis 1789; tout l'ancien régime pénal a été aboli. On y a suppléé d'abord par la violence révolutionnaire, puis par le pouvoir absolu, et lorsque, sous la Restauration, la France fut dotée des libertés les plus réelles qu'elle eut encore connues, elle chercha des sauvegardes contre la licence et n'en trouva point. Il fallut forger des armes en combattant et faire des lois pour le péril de chaque jour. »

plus de vingt personnes et transportait la répression aux tribunaux correctionnels [1].

Mais l'esprit révolutionnaire ne désarmait pas. Le 13 avril 1835, une nouvelle insurrection éclatait à Paris. Les insurgés, vivement pressés de toutes part, furent bientôt contraints de se concentrer dans ce même quartier Saint-Merry qui avait été, les 5 et 6 juin 1832, le théâtre de leur résistance désespérée. « Le 14 avril au matin, une attaque générale fut dirigée contre les insurgés ; ils se réfugiaient dans des rues étroites et tortueuses, et là, embusqués derrière leurs barricades ou cachés dans les maisons, ils faisaient feu sans être vus et s'échappaient sans pouvoir être atteints. Dans la rue Transnonain, des soldats emportaient sur un brancard leur capitaine blessé ; plusieurs coups de feu, partis d'une maison devant laquelle ils passaient, les assaillirent et tuèrent leur capitaine entre leurs mains. Furieux, ils enfoncèrent les portes de la maison, se précipitèrent à tous les étages, dans toutes les chambres, et un massacre indistinct et cruel vengea aveuglément de sauvages assassinats ; dans l'effervescence populaire et militaire, le meurtre et la vengeance vont vite [2]. » Enfin les troupes l'emportèrent ; à Lyon comme à Paris l'anarchie avait été vaincue.

Une ordonnance du roi déféra à la cour des pairs le jugement des attentats qui venaient d'être commis contre la sûreté de l'État. Un désarmement général fut ordonné et le journal la *Tribune* supprimé.

L'insurrection n'était pas la seule arme de l'anarchie. De fréquentes tentatives d'assassinat sur la personne du roi témoignaient encore des passions qui s'agitaient dans les bas-fonds

---

1. « Les ministres n'avaient pas tort, suivant l'aveu de M. Louis Blanc dans son *Histoire de dix ans*, de montrer dans la *Société des droits de l'homme* une armée qui, secouant la guerre sur la nation, pouvait d'un instant à l'autre changer pour la France le cours apparent de la destinée. Sans la loi contre les associations, non telle que l'entendait l'opposition dynastique, mais telle que le gouvernement la demandait, c'en était fait de la monarchie constitutionnelle, rien de plus certain, et ceux qui en doutaient ne savaient pas combien il y aurait eu, dans la démocratie organisée, de puissance et de vigueur. » t. IV, ch. IV.

1. Guizot *Mémoires.*

de la société. L'attentat de Fieschi, qui pendant une revue dirigea sur le roi et son cortége une machine infernale de vingt-cinq canons de fusil, excita une horreur générale et profonde. Un maréchal de France, Mortier, des généraux, des gardes nationaux, des ouvriers, des femmes, une jeune fille, avaient été frappés (28 juillet 1835) [1].

La société demandait qu'on mit un terme aux provocations, aux manœuvres qui suscitaient de tels forfaits. Le 4 août les chambres furent convoquées : le garde des sceaux leur présenta trois projets de lois concernant les cours d'assises, le jury et la presse, qui rendaient la justice plus prompte et plus répressive et réservaient à la cour des pairs certains délits qualifiés d'attentats. MM. Guizot, de Broglie et Thiers luttèrent avec courage contre l'opposition qui redoutait trop peu le mal, trop le remède, et oubliait que la liberté ne s'enracine et ne grandit qu'au sein de l'ordre et sous des pouvoirs réguliers et durables. « Il faut choisir, dit M. Guizot, entre l'intimidation des honnêtes gens et l'intimidation des malhonnêtes gens, entre la sécurité des brouillons et la sécurité des pères de famille ; il faut que les uns ou les autres aient peur, que les uns ou les autres redoutent la société et ses lois. » L'attitude énergique du gouvernement mit fin aux insurrections à main armée, et, par l'affermissement de l'ordre, ne contribua pas peu à la prospérité publique qui alla s'accroissant jusqu'en 1848.

Le cabinet semblait pouvoir compter sur une longue durée. Un vote de la chambre sur une question secondaire, le remboursement ou la réduction des rentes, le renversa [2]. La sépa-

---

1. La presse de l'opposition avait pour ainsi dire annoncé l'attentat. Le 28, jour du crime, le *Corsaire* disait : « On parie pour l'éclipse totale du Napoléon de la paix. » Le *Charivari*, la *Quotidienne*, la *France* exprimaient des pressentiments sinistres ou contenaient des railleries sur les recettes d'assassinat politique à l'usage de la police. Histoire du règne de Louis-Philippe Ier par Victor de Nouvion. t. III. p. 502-502.

2. Le cabinet eut deux voix de minorité. L'attitude de M. de Broglie avait été pour beaucoup dans ce mouvement d'hostilité irréfléchie de la chambre. « Je n'ai rencontré nul homme, dit M. Guizot qui dans ses rapports soit avec les assemblées publiques soit avec les individus isolés, fût plus scrupuleusement appliqué à bien agir et moins préoccupé de plaire. »

ration des hommes d'État qui s'étaient réunis pour la défense de l'ordre dans le ministère du 13 mars fut un malheur pour la France. « La période des crises ministérielles, où l'esprit public s'est fatigué et dégoûté à la longue du jeu misérable des rivalités individuelles, allait succéder à la période des conspirations et des émeutes [1]. »

La France ne devait pas seulement au ministère du 11 octobre 1832 d'avoir vigoureusement défendu l'ordre. Elle lui devait encore de bonnes lois. Celle sur l'instruction primaire de 1833 restera l'honneur de M. Guizot. Elle obligeait chaque commune à entretenir une école publique, placée sous la surveillance d'un comité local et d'un comité d'arrondissement, et à distribuer aux enfants trop pauvres pour la payer l'instruction élémentaire gratuite. Treize ans plus tard le nombre des écoles primaires de garçons s'était élevé de 33,000 à 43,000; celui des élèves de 1,654,000 à 2,176,000 et celui des maisons d'école appartenant aux communes de 10,000 à 23,000.

A côté de cette loi d'une importance capitale, il faut rappeler la loi de 1835 qui établit un service de bateaux à vapeur sur Constantinople et Alexandrie par Marseille, celle qui créa le premier chemin de fer partant de Paris, celui de Saint-Germain ; la loi qui régularisa l'administration des caisses d'épargne (1835) [2].

De la chute du ministère du 11 octobre jusqu'au ministère Guizot. Ministères éphémères et ministère Molé (février 1836-29 octobre 1840). — « La révolution de 1830 avait déjà fort rétréci le cercle et désuni les rangs des conseillers efficaces de la royauté; la crise ministérielle de 1836 rompit le faisceau que, sous l'influence d'une pensée haute et prévoyante, celle de 1832 avait formé [3]. »

Après la retraite du cabinet du 11 octobre, M. Thiers, un des ministres sortants, accepta de former un nouveau minis-

---

1. Dauban. *Histoire contemporaine.*
2. Cette bienfaisante institution qui encourage l'épargne a inspiré aux populations une telle confiance que les dépôts s'élevaient au 1er janvier 1872 à 310 000,000 ; dépôts provenant tous des classes peu aisées, la valeur maximum du dépôt de chaque personne ayant été réduite en 1851 à la somme de 1,000 fr.
3. Guizot. *Mémoires.*

tère et prit pour lui le portefeuille des affaires étrangères. Il présenta plusieurs lois utiles à la session législative de 1836, sur l'achèvement de certains monuments de Paris, sur l'exécution des chemins de fer de Versailles et de Montpellier à Cette, sur la suppression des maisons de jeu.

Un dissentiment du roi et du cabinet au sujet des affaires d'Espagne amena la retraite de M. Thiers. Ce court ministère n'avait point échappé aux attentats qui mettaient sans cesse en péril les jours du roi. Alibaud tira un coup de pistolet sur le roi au guichet des Tuileries. C'était le moment où on se flattait aux Tuileries d'un mariage entre le duc d'Orléans et l'archiduchesse Thérèse. « Voulez-vous, dit à la jeune princesse l'archiduchesse Sophie, voulez-vous monter dans les voitures que traversent les balles des régicides ? »

Le ministère Molé et Guizot succéda au ministère Thiers ; il dura du 6 septembre 1836 au 15 avril 1837. M. Guizot n'avait voulu, lors de la formation du cabinet, que le portefeuille de l'instruction publique. Il ne tarda pas à le regretter. Il s'y trouva dans une position inférieure à son mérite, à son autorité sur la Chambre, à ses prétentions. A propos d'une modification partielle du cabinet, il réclama le ministère de l'intérieur. Sur le refus de M. Molé il donna sa démission.

C'est pendant le ministère Molé et Guizot qu'eut lieu l'échauffourée de Strasbourg. Louis-Napoléon Bonaparte, seul fils survivant du roi Louis de Hollande et de la reine Hortense, avait tenté de soulever la garnison de Strasbourg (29 octobre 1836). Arrêté presque aussitôt, il fut conduit à Lorient où l'attendait une frégate chargée de le conduire aux États-Unis.

Ministère Molé (15 avril 1837 au 13 mai 1839). — M. Molé tenta de gouverner sans le secours des doctrinaires. Il avait le sens droit, le tact politique qui fait éviter les extrêmes et trouver le joint de la conciliation. Il sut atténuer avec beaucoup de sagacité les difficultés de sa situation. Mais il ne pouvait compter ni sur le centre droit, dirigé par MM. Guizot et de Broglie qui représentaient à l'intérieur la politique de résistance de Casimir Périer, ni sur le centre gauche dont le chef M. Thiers réclamait au dehors une attitude plus résolue et l'intervention en Italie et en Espagne. Il n'en avait pas moins à combattre l'opposition irréconciliable des légitimistes et des républicains.

Il parvint cependant à conjurer ces dangers pendant deux années qui appartiennent au temps le plus heureux de la monarchie de juillet. Il savait tour à tour donner satisfaction aux opinions diverses. S'il amnistiait les fauteurs des complots révolutionnaires, il faisait rouvrir et rendre au culte l'église de Saint-Germain l'Auxerrois fermée depuis le 13 février 1831 ; il rétablissait le crucifix dans la salle de la Cour royale de Paris. Il ne négligeait point les intérêts matériels : de nombreux projets de loi pour l'établissement de chemins de fer étaient présentés aux Chambres.

La prise de Constantine, le mariage du duc d'Orléans avec la princesse Hélène de Mecklembourg (30 mai) et l'inauguration du musée de Versailles (11 juin) signalèrent l'année 1837. En même temps M. Molé négociait heureusement avec l'Europe. Il obtenait de la Suisse l'éloignement du prince Louis Bonaparte revenu récemment d'Amérique; il faisait exécuter par la Belgique le traité des vingt-quatre articles, et restituer à la Hollande les parties du Limbourg et du Luxembourg qui avaient été attribuées à cette puissance. Au Mexique il obtint par le bombardement de Saint-Jean d'Ulloa les satisfactions dues à la France.

Cependant les doctrinaires et M. Guizot leur chef n'avaient point désarmé. « On se demandait si l'on accepterait indéfiniment une administration flottante et terne, qui prenait tour à tour son point d'appui dans des rangs divers, passait de la résistance à la concession, de la concession à la résistance, et, sous des apparences de conciliation, plaçait le gouvernement en dehors de toutes les opinions nettes, fermes, conséquentes, et en écartait leurs représentants les plus éprouvés [1]. »

Il y a dans ces derniers mots l'explication la plus claire de la coalition des divers partis de la Chambre contre M. Molé. M. Guizot s'unit à M. Thiers et même au chef de la gauche, M. Odilon Barrot, pour faire passer en janvier 1839 une *adresse respectueusement violente* en réponse au discours du

---

1. Guizot. *Mémoires.*

trône. M. Molé lutta douze jours « avec une fermeté, une présence d'esprit, une persévérance digne et adroite », rallia une faible majorité. et bien que blessé à mort n'en resta pas moins debout sur son terrain qu'il avait vaillamment gardé [1].

Louis-Philippe s'obstina à garder son ministère et prononça la dissolution de la chambre. La nouvelle chambre offrait à M. Molé moins d'appui encore que la précédente. M. Molé se retira et laissa la place au maréchal Soult.

Le nouveau ministère dut d'abord réprimer l'émeute de Barbès et de Blanqui. Il eut sur la chambre moins d'autorité encore que l'ancien. Il se trouva en minorité sur une question de dotation du duc de Nemours.

Ministère Thiers (1er mars au 29 octobre 1840). — M. Thiers fut appelé à former un nouveau cabinet. Il essaya de faire du centre gauche et de la gauche modérée un parti de gouvernement. Il n'avait point le ton absolu des doctrinaires; il glorifiait la révolution et le génie de l'Empereur; il parlait de relever au dehors l'attitude de la France, comme si elle avait été abaissée. Il fut d'abord bien accueilli de l'opinion. On applaudit à l'acte qui ramena en France les restes de l'Empereur et aux préparatifs militaires par lesquels il répondit au traité du 15 juillet où l'Angleterre, la Russie, l'Autriche et la Prusse avaient exclu la France des négociations relatives au règlement de la question d'Orient. (Voir plus loin l'histoire extérieure du règne de Louis-Philippe.)

Les fortifications de Paris se rattachent à ces idées de guerre. Près de deux siècles auparavant, au milieu des grandes guerres de Louis XIV, Vauban y avait pensé. Napoléon y songea

---

1. M. Guizot cherche dans ses Mémoires à diminuer la faute de cette coalition « Entre M O. Barrot, M. Thiers et moi, dit-il, il n'y avait, en sondant les cœurs, point de barrières insurmontables, point d'engagements irrévocables. » et, six pages plus loin, lorsqu'il s'agit de profiter ensemble de la victoire: « nos maximes, nos tendances. nos conduites, nos paroles (entre M. O. Barrot et moi) avaient été, depuis neuf ans, profondément diverses : nous nous étions, dès les premiers mois de 1830, non-seulement séparés, mais combattus. » « Je n'affirmerai pas, dit encore M. Guizot, que ce souvenir de ma rupture avec M Molé en 1837 et le secret désir de prendre une revanche personnelle, tout en soutenant une bonne cause générale, aient été sans influence sur mon adhésion à la coalition de 1839 et sur l'ardeur que j'y ai portée. »

trop tard et en fut empêché « par l'incroyable rapidité des événements. » Une commission nommée par le maréchal Gouvion Saint-Cyr en 1818 avait insisté vivement sur la nécessité de fortifier Lyon et Paris. De 1830 à 1834 le roi et le maréchal Soult avaient fait commencer les études. L'opinion publique s'était émue. Des objections économiques, des inquiétudes populaires s'étaient produites. Les hommes de guerre s'étaient partagés entre le système d'une enceinte continue et celui d'une ceinture de forts détachés. Une commission chargée d'étudier ces différents projets déclara, après trois ans d'études, que ces deux systèmes devaient être réunis et rendus solidaires l'un de l'autre. Son travail fut terminé en mai 1840. Deux mois après, la question d'Orient vint en provoquer la soudaine exécution. Le commandant du génie de Chabaud-Latour rédigea le projet d'ensemble qu'approuva le général Vaillant, commandant de l'École polytechnique. M. Thiers le fit agréer du roi. La résolution prise, des crédits extraordinaires furent ouverts et le général Dode de la Brunerie fut chargé de l'entreprise. Les travaux commencèrent ; quant à la loi qui fournit les ressources nécessaires, elle ne fut votée que sous le ministère de M. Guizot, en 1841.

La question d'Orient fut le grand intérêt du ministère de M. Thiers. En dehors d'elle il ne nous reste plus qu'à rappeler la tentative de Boulogne. Le prince Louis-Napoléon espéra que les velléités belliqueuses de la France seraient favorables à ses prétentions. Il débarqua à Boulogne, mais la petite garnison de la place resta fidèle. Le prétendant, réduit à se jeter dans un canot pour rejoindre le bateau à vapeur qui l'avait amené, fut arrêté. Traduit devant la cour des pairs, il fut condamné à une détention perpétuelle et enfermé au château de Ham (octobre 1840), d'où il s'échappa en 1846.

Le ministère avait répondu au traité du 15 juillet par des manifestations menaçantes. Il s'était engagé au delà de ce que commandait l'intérêt de la France, mais il dut se contenter d'une satisfaction que nulle puissance ne songeait à nous refuser. Il n'en continua pas moins ses armements et sembla

1. Guizot. *Mémoires.*

encourager les menaces déclamatoires et révolutionnaires de la gauche. Inclinant vers ce côté, M. Thiers voulait en porter le chef M. O. Barrot à la présidence de la chambre. C'était trop de faveur pour un parti « qui par routine et complaisance révolutionnaire promettait au dedans plus qu'il ne pouvait et n'aurait voulu tenir, menaçait au dehors plus qu'il ne pouvait et n'aurait voulu frapper, et qui imprimait au cabinet qu'il soutenait et à la situation qu'il dominait, toutes les apparences et tous les périls d'une politique qu'il n'avait ni le dessein ni la force de pratiquer [1]. »

Enfin M. Thiers voulait demander à la chambre de nouvelles levées et l'autorisation d'effectuer un emprunt, et au roi, une annonce de guerre et comme une menace de propagande dans le discours de la couronne.

Louis-Philippe refusa de suivre ses ministres dans cette voie. Un nouvel attentat, celui de Darmès, lui montrait le danger de l'exaltation révolutionnaire. Il rappela M. Guizot de Londres où celui-ci était depuis huit mois ambassadeur. Le cabinet du 29 octobre fut aussitôt constitué avec le maréchal Soult comme président du conseil, M. Guizot au ministère des affaires étrangères, MM. Duchâtel, Humann, Martin (du Nord), Cunin-Gridaine, Teste et Villemain à l'intérieur, aux finances, à la justice, au commerce, aux travaux publics, à l'instruction publique.

Ministère Guizot (29 octobre 1840-24 février 1845). — M. Guizot, le véritable président du conseil sans en avoir le titre, entreprit, avec cette intrépidité hautaine qui excitait tant de colères chez ses ennemis, de résister dans une question de paix et de guerre à l'entraînement national et de tenir tête à l'esprit révolutionnaire qui reconnaissait en lui son adversaire le plus résolu [1].

Après avoir fait rentrer la France dans le concert européen par la convention des détroits, 13 juillet 1841, le ministère de

1. « De même qu'en 1830, sous le ministère de Casimir Périer, la résistance au désordre anarchique était la première condition de la liberté, de même, en 1842, c'était de la mobilité des lois et des fantaisies politiques que nous avions à préserver le régime naissant de la liberté. Ce qu'il y avait de résistance dans notre politique n'avait

M. Guizot, fit repousser par la majorité de la chambre, les propositions relatives à la réforme parlementaire et à la réforme électorale. L'une réclamait l'extension du nombre des incompatibilités (entre les fonctions publiques et le caractère de député) ; l'autre avait pour but l'adjonction des capacités aux listes d'électorat censitaire et l'abaissement du cens.

La réforme devait être l'arme de l'opposition jusqu'en 1848 ; elle sera le cri de la révolution qui renversera Louis-Philippe après avoir transporté la question du terrain légal dans la rue.

La mort du duc d'Orléans (13 juillet 1842), causée par un accident de voiture, eut le caractère d'une calamité publique. Une loi déféra la régence au duc de Nemours. Ce grand malheur semblait découvrir le roi. Le ministère du 29 octobre sentit croître le péril de la lutte contre les attaques d'une opposition qui se plaisait à agiter l'opinion au nom de l'honneur national et de la liberté.

Tout servait d'arme aux adversaires de la politique de la paix au dehors et de la résistance au dedans. L'affaire Pritchard fut l'occasion d'un des plus violents débats de ce temps. Le contre-amiral Dupetit-Thouars, chargé d'occuper les îles Marquises, avait par l'occupation de Taïti dans les îles de la Société où des missionnaires anglais, à la fois marchands et prédicateurs s'étaient établis, profondément blessé le sentiment religieux de l'Angleterre ; il avait porté à sa prépondérance dans les mers du sud une atteinte sensible. Il avait fait arrêter et emprisonner un certain Pritchard à la fois consul, missionnaire et pharmacien, qui avait excité à la résistance la reine Pomaré, souveraine des îles de la Société. Sans désavouer ces actes, le gouvernement, en se refusant aux satisfactions de principe que demandait l'Angleterre, lui accorda seulement, à raison de certaines inconvenances commises par l'un des agents français, une indemnité en argent. « En droit il était

point d'autre dessein et ne pouvait avoir d'autre effet. Que les racines de l'arbre s'affermissent, ses branches ne manqueront pas de s'étendre ; si, au moment où l'on vient de le planter, on le secoue trop souvent, au lieu de grandir, il tombe. La durée d'un gouvernement libre garantit à un peuple bien plus de liberté et de progrès que ne peuvent lui en donner les révolutions. Guizot. *Mémoires.*

difficile de refuser davantage et d'accorder moins. En fait il
eût été insensé de compromettre, pour une cause et une réparation si minces, la bonne intelligence et peut-être la paix des
deux États. Les deux gouvernements eurent le droit de dire
que c'était « grâce à leur mutuel esprit de justice et de modération que ce danger avait été écarté. » Ils firent plus, dans
cette circonstance, qu'écarter un grave danger : en présence
des passions anglaises et des passions françaises vivement
excitées, le cabinet anglais et le cabinet français ne tinrent
compte, dans leur résolution définitive, que de l'équité et de
ces considérations morales qui sont le gage et l'honneur de la
civilisation. Politique difficile et rare après ce long règne de la
force, car les peuples se vengent sur les gouvernements sensés
et justes des revers et des tristesses que leur ont attirés les
gouvernements despotiques et violents [1]. »

Le ministère n'avait eu qu'une majorité de huit voix dans
ce vote de l'indemnité. Il fut plus que jamais en butte aux
attaques de l'opposition qui ne désarma pas même devant les
heureuses négociations relatives *au droit de visite*. Le droit
de visite avait été établi pour mettre obstacle à la répression
de la traite des noirs. Il autorisait les croiseurs des deux nations à accoster et à visiter les navires suspects de se livrer à
cet infâme trafic. Les croiseurs anglais étant plus nombreux
que les nôtres usaient plus fréquemment du droit de visite
pour lequel la marine française avait une vive antipathie,
même dans un cas tout spécial et à charge de revanche. Après
le traité du 15 juillet 1840 et l'échec de la France dans la question d'Égypte, le droit de visite devint tout à coup un sujet
d'alarme et de colère nationale. Aussi, lorsque M. Guizot eut
renouvelé en 1841 la convention consentie en 1831 et en 1833,
il rencontra une opposition redoutable dans la chambre. S'inclinant devant l'opinion, il refusa les ratifications à la nouvelle
convention et négocia de telle sorte que l'Angleterre céda
enfin en 1845. Le droit de visite réciproque fut aboli. Deux
escadres, française et anglaise, composées l'une et l'autre d'un
nombre considérable et déterminé de bâtiments croiseurs, à

1. Guizot. *Mémoires*.

vapeur et à voiles, durent poursuivre, chacune sous son pavillon, les bâtiments suspects de traite.

L'émotion avait été vive. « En Angleterre le sentiment national était blessé et pouvait rendre toute transaction impossible. En France, l'accord de la majorité et de l'opposition sur cette question pouvait entraîner la chute du cabinet. Il n'en fut rien : dans l'un et l'autre pays, les faits finirent par être considérés sous leur vrai jour et réduits à leur juste valeur ; en Angleterre, on comprit que les conventions de 1831, 1833 et 1841 ne valaient pas la rupture des bons rapports avec la France et qu'on pouvait réprimer la traite par d'autres moyens que le droit de visite; en France le parti conservateur ne se laissa point entraîner hors de sa politique générale parce qu'il se trouvait, sur un point spécial, d'accord avec l'opposition. Dans les deux pays, la discussion libre et le temps vinrent en aide à la diplomatie sensée, et le sentiment national fut satisfait sans que l'intérêt public fût sacrifié [1]. »

L'année 1846 vit un nouvel attentat contre le roi, celui du garde Lecomte, et l'évasion du prince Louis-Napoléon. Elle vit aussi le mariage du duc de Montpensier, dernier fils du roi, avec l'infante dona Luisa, sœur de la reine d'Espagne. Ce mariage, auquel l'Angleterre avait fait l'opposition la plus vive, fut comme une revanche de la ligue de 1840. L'opposition n'en contesta pas moins le succès politique de la négociation ; elle alla même jusqu'à déclarer que le roi s'était laissé conduire bien plus par l'intérêt dynastique que par le sentiment national.

En 1847, à l'occasion d'une guerre entre les cantons catholiques et les cantons réformés en Suisse, le gouvernement français prépara, de concert avec la Russie et les puissances allemandes, une médiation que prévint la révolution de février 1848.

Cette révolution vers laquelle se précipite la France c'est l'agitation pour les réformes électorale et parlementaire qui la prépare. Le gouvernement n'y avait point, en principe, d'objection absolue. « L'extension du droit de suffrage et l'incompati-

1. Guizot. *Mémoires.*

bilité de certaines fonctions avec la mission de député pouvaient et devaient être les conséquences naturelles et légitimes du mouvement ascendant de la société et de l'exercice prolongé de la liberté politique. Mais dans le présent, ces innovations n'étaient, selon nous, dit M. Guizot, ni nécessaires, ni opportunes. Point nécessaires, car depuis trente ans les événements avaient prouvé que par les institutions et les lois actuelles, la liberté et la force ne manquaient point à l'intervention du pays dans ses affaires. Point opportunes, car elles devaient apporter de nouvelles épreuves et de nouvelles difficultés dans ce qui était, à nos yeux, le plus pressant intérêt du pays, la pratique et l'affermissement du gouvernement libre encore si nouveau lui-même parmi nous. Là étaient à la fois la cause et la limite de notre résistance aux innovations immédiates qu'on demandait. »

Il y avait, avons-nous dit, l'opposition dynastique, dont les principaux chefs étaient MM. Odilon Barrot, Thiers, Duvergier de Hauranne, et l'opposition républicaine. « A la suite de ces deux groupes venaient toutes sortes d'audacieux et ingénieux rêveurs qui aspiraient, non-seulement à réformer le gouvernement, mais à transformer la société elle-même, son organisation civile et domestique aussi bien que ses institutions politiques, des socialistes, des communistes, des apôtres de théories économiques, les unes despotiques, les autres anarchiques, tous ardents à lancer dans un avenir inconnu les passions avec les espérances populaires [1]. »

L'opposition monarchique ne se résigna pas à attendre patiemment, de la lutte des pouvoirs constitutionnels, une victoire légale. L'opposition républicaine trouva le moment favorable pour porter la question dans la rue. Toutes deux commencèrent la campagne des banquets d'où sortit la révolution du 24 février.

Des bandes parcoururent les rues. Des détachements de la garde nationale, qui se réunirent sans ordre, fraternisèrent avec les émeutiers, tandis que le parti conservateur ne montrait que tristesse et inertie. Louis-Philippe crut se sauver en

---

1. Guizot. *Mémoires.*

changeant de ministres. M. Guizot avait accepté la lutte; il savait que les concessions arrachées par la violence aux pouvoirs légaux ne sont pas un moyen de salut. Il se retira en remettant, de la part du roi, au maréchal Bugeaud, le commandement général de la garde nationale et de l'armée. Le maréchal pouvait encore tout sauver : « Il est un peu tard, disait-il; mais je n'ai jamais été battu et je ne commencerai pas demain. Qu'on me laisse faire et tirer le canon, il y aura du sang répandu; mais demain soir la force sera du côté de la loi, et les factieux auront leur compte. »

M. Thiers, appelé par le roi pour former un nouveau ministère, paralysa l'action du maréchal en insistant pour que la troupe gardât une attitude passive. Bien plus, le 24 au matin, il demanda la révocation du maréchal. C'était désarmer et perdre la monarchie de juillet. Louis-Philippe dut abdiquer sans pouvoir transmettre la couronne à son petit-fils; la république fut proclamée.

CHAPITRE XVIII.

LE ROI LOUIS-PHILIPPE

(EXTÉRIEUR)

1830-1840.

PRÉCIS DES FAITS

Le gouvernement de juillet résiste à la politique révolutionnaire de propagande et de conquête.

QUESTION BELGE. — Les Belges se soulèvent contre la domination hollandaise (25 août 1830). La conférence de Londres reconnaît l'indépendance de la Belgique, déclarée État neutre, et devenue monarchie constitutionnelle sous Léopold de Saxe-Cobourg (juin 1831) après la renonciation du duc de Nemours. Le gouvernement français, qui s'est ainsi montré opposé à tout projet de réunion, impose à la Hollande le traité des Vingt-quatre articles par la prise d'Anvers (23 décembre 1832).

Question polonaise. — La Pologne s'insurge contre la Russie, mais se divise en deux partis. Le parti démagogique souille, par les massacres de Varsovie, les victoires remportées sur les Russes. Varsovie succombe (7 sept. 1831). Casimir Périer a refusé d'engager la France dans une guerre « à travers toute la largeur du continent européen. »

Question italienne. affaires de portugal. — Le soulèvement de la Romagne amène l'intervention autrichienne à laquelle la France répond par l'expédition d'Ancône (23 février 1832). — Une flotte française impose au Portugal la réparation de nos griefs.

Intervention diplomatique en espagne et en portugal. — La France, de concert avec l'Angleterre, intervient en Espagne et en Portugal en faveur de la cause constitutionnelle représentée par Isabelle II et par Dona Maria.

Bill de réforme en angleterre. — En Angleterre le Parlement adopte le bill de réforme qui modifie profondément le système électoral en prenant le revenu pour base.

Question d'orient. — Une première guerre en 1832 entre le sultan Mahmoud et le vice-roi d'Égypte Méhémet-Ali donne à ce dernier, par le traité de Kutaieh (1833), la Syrie et le district d'Adana. La Russie, en revendiquant le protectorat exclusif de la Porte, par le traité d'Unkiar-Skelessi (1833), provoque les défiances de l'Angleterre et de la France. — Une deuxième guerre en 1839 livre la Turquie à la discrétion de Méhémet-Ali qu'arrête l'intervention de l'Angleterre, à la suite du traité du 15 juillet 1840 entre l'Angleterre, l'Autriche, la Prusse et la Russie. La France laissée en dehors du concert européen y rentre par la convention des détroits (13 juillet 1861). Méhemet-Ali a été confirmé dans la possession héréditaire de l'Égypte.

Politique étrangère. — Le gouvernement de juillet avait eu à lutter au dedans contre la politique révolutionnaire ou de mouvement, dont MM. Laffitte, Dupont de l'Eure, La Fayette étaient les chefs. Il n'eut pas moins de peine à se défendre de la politique révolutionnaire au dehors, de la guerre de propagande et de conquête, où M. Mauguin, le général Lamarque et leurs amis voulaient l'entraîner. « Au milieu de ces effervescences chimériques, ce sera la gloire du roi Louis-Philippe d'avoir compris et pratiqué une politique sensée, mesurée, patiente, régulière, pacifique. On en attribue souvent tout le mérite à sa prudence et à un habile calcul d'intérêt personnel. On se trompe : quand on a fait la part, même large, de l'intérêt et de la prudence, on n'a pas tout expliqué ni tout dit. L'idée de la paix, dans sa moralité et sa grandeur, avait pénétré très-avant dans l'esprit et dans le cœur du roi Louis-Philippe ; les iniquités et les souffrances que la guerre inflige aux hommes, souvent par des motifs si légers ou pour des combinaisons si vaines, révoltaient son humanité et son bon sens. Parmi les grandes espérances sociales, je ne veux pas dire les belles chimères, dont son époque et son éducation avaient bercé sa jeunesse, celle de la paix l'avait frappé plus que toute autre, et demeurait puissante sur son âme. C'était à ses yeux la vraie conquête de la civilisation, un devoir d'homme et de roi ; il mettait à remplir ce devoir son plaisir et son honneur, plus encore qu'il n'y voyait sa sûreté [1]. »

Question belge. — Cette politique honnête et judicieuse résista donc aux entraînements de l'opinion et aux tentations que faisaient naître les circonstances. Ce qui se passait en Belgique semblait fait cependant pour solliciter une de nos vieilles ambitions.

La Belgique, on le sait, avait été réunie à la Hollande en 1815, en dépit de la diversité de mœurs, de religion, de langage. Cette réunion, qui avait été faite contre nous, ne pouvait être que précaire. Les Belges se plaignaient de l'établissement d'un collége philosophique à Louvain, au siége même de l'université catholique, de l'invasion des places du gouvernement par les fonctionnaires hollandais, d'une représentation insuffisante aux États généraux.

La Révolution de 1830 donna le signal du soulèvement. Le 25 et le 26 août une insurrection éclata à Bruxelles. Les Belges ne demandèrent d'abord que la séparation des deux États sous le gouvernement commun de la dynastie de Nassau. Après un avantage remporté sur les Hollandais (30 septembre 1830), ils ne se contentèrent plus de la promesse tardive d'une administration séparée (5 octobre), faite par le prince d'Orange, fils aîné de Guillaume Ier. Ils constituèrent un gouvernement

---

1. Guizot. *Mémoires.*

provisoire, repoussèrent toute mesure de conciliation et diri-
gèrent leur armée sur Anvers que les Hollandais, demeurés
maîtres de la citadelle, bombardèrent (26 octobre).

Ce fut alors que, sur l'appel de Guillaume Ier, une conférence des représentants de la France, de l'Angleterre, de la
Russie, de l'Autriche et de la Prusse se réunit à Londres
(4 novembre 1830). M. de Talleyrand y représentait la France
et le nouveau gouvernement. « Il y avait pris sa place avec
une grande liberté d'allure et de langage, comme on entre
chez soi et dans sa société habituelle. Il y travailla avec plaisir
et zèle à défaire ce royaume des Pays-Bas, qu'en 1814 la coalition avait fait contre la France [1]. » Il fit reconnaître l'indépendance de la Belgique, qui fut déclarée État neutre, et forma
une monarchie constitutionnelle sous Léopold de Saxe-Cobourg
(juin 1831).

Léopold n'avait été élu que sur la renonciation du duc
de Nemours, second fils de Louis-Philippe. Le roi avait fait
aux vrais intérêts de la France le sacrifice de cette couronne
offerte à sa famille. Il s'était de même opposé à tout projet
de réunion à la France, mais il avait en même temps interdit
à la Prusse une intervention armée en faveur de la Hollande.

Guillaume de Hollande, dont les espérances avaient été trom-
pées par la conférence de Londres, en appela aux armes et envahit la Belgique qu'une armée de 50,000 Français se prépara
à défendre. A ce moment la conférence de Londres signait le
traité des vingt-quatre articles, qui consacrait la séparation de
la Belgique et laissait à la Hollande une partie du Luxembourg
et du Limbourg avec Maëstricht (15 octobre 1831). Il fallut
pour l'imposer à la Hollande que l'armée française, commandée par le maréchal Gérard, forçât l'armée hollandaise
à évacuer la Belgique et réduisit après cinq semaines de siége
la citadelle d'Anvers à capituler (30 novembre-23 décembre
1832). Ce fut seulement en 1839 que le roi de Hollande consentit à adhérer au traité des vingt-quatre articles.

Ainsi la France avait fait reconnaître l'indépendance et la
neutralité de la Belgique.

1. Guizot. *Mémoires.*

Cette neutralité abattait treize forteresses qui nous étaient opposées, rendait la guerre plus difficile à nous faire, et nous ôtait, à nous, un prétexte de la déclarer.

Question polonaise. — C'eût été pour l'Europe un grand bonheur et un grand honneur que la question polonaise pût être traitée et réglée en 1831 comme le fut la question belge. Mais la Pologne était trop loin de nous. « Il faut, disait souvent le roi, peser les intérêts et mesurer les distances ; loin de nous, rien ne nous oblige à engager la France ; nous pouvons agir ou ne pas agir, selon la prudence et l'intérêt français ; autour de nous, à nos portes, nous sommes engagés d'avance. Nous ne pouvons souffrir que les affaires de nos voisins soient réglées par d'autres que par eux-mêmes et sans nous [1]. » Il y a là la raison de notre intervention en Belgique et de notre abstention dans les affaires de Pologne.

L'insurrection de la Pologne (29 novembre 1830) avait été une conséquence de la Révolution de juillet. Les Polonais, auxquels le czar Alexandre avait donné une constitution, se plaignaient de la voir éludée et violée, réclamaient contre l'envahissement des emplois par les Russes, contre l'établissement de la censure et l'interdiction de la publicité des séances de la diète. Quand le soulèvement de Varsovie eut forcé le grand-duc Constantin, frère du czar régnant Nicolas, à s'enfuir, les Polonais se divisèrent. Les uns revendiquaient, et au nom de la seule Pologne russe, l'existence nationale, les institutions, les libertés, les droits concédés par Alexandre. Les autres appelaient la Pologne tout entière à la reconstruction de la patrie et à sa pleine indépendance ; ils défiaient les trois vainqueurs comptés parmi les plus puissants États de l'Europe, et toujours unis, par un même et permanent intérêt, dans la défense de leur conquête, commune encore quoique partagée. Les premiers voulaient contenir l'élément démagogique qui avait ensanglanté l'insurrection du 29 novembre par l'assassinat de plusieurs généraux polonais et qui devait détourner de la cause de la Pologne les gouvernements de l'Eu-

1. Guizot. *Mémoires.*

rope. Les seconds faisaient appel à toutes les passions révolutionnaires au dedans et au dehors.

La politique la plus sage sembla d'abord l'emporter. Joseph Chlopicki, qui avait combattu tout jeune, sous Kosciusko, pour l'indépendance de sa patrie, vivait dans la retraite après avoir servi comme officier général dans la grande armée de Napoléon. C'est là que le vœu de l'armée et du peuple soulevé, puis de la diète nationale, vint le chercher pour lui déférer le pouvoir suprême. « Il l'accepta sans hésiter et s'en servit sur-le-champ pour réprimer le mouvement démagogique, tout en soutenant le mouvement national ; il ferma les clubs de Varsovie, maintint l'ordre dans la ville, la discipline dans l'armée, et écrivit à l'empereur Nicolas, lui exposant avec une ferme franchise les vœux comme les griefs de la Pologne russe, et demandant pour elle justice et espérance » [1].

Débordé par les prétentions du parti populaire, il abdiqua ses pouvoirs, se réservant d'être le soldat d'une cause perdue à l'avance. La guerre avait commencé. Le maréchal russe Diebitsch était entré en Pologne avec 120.000 hommes ; sur le conseil de Chlopicki on concentra la défense autour de Varsovie. On remporta la victoire de Grochow (25 février 1831), au refrain du chœur national: « *Non, tu n'es pas sans défenseurs, ô Pologne chérie !* » Chlopicki avait été renversé par un éclat d'obus et emporté loin du champ de bataille. Skrzynecki, qui lui succéda, défit encore les Russes à Iganie (avril 1831). Ce fut la dernière victoire de la cause polonaise.

La guerre qui continua, au milieu des horreurs du choléra, tourna à l'avantage de l'armée russe, dont le prince Paskiewitch avait pris le commandement. Les Polonais furent vaincus à Ostrolenka (12 mai 1831) ; en même temps Varsovie tombait aux mains des démagogues. Le 15 août, le gouvernement était renversé, les généraux suspects et les Russes enfermés dans les prisons étaient massacrés. Pressée par Paskiewitch, Varsovie dut capituler après une défense héroïque (7 septembre 1831).

La Pologne fut durement traitée par le vainqueur. On exila

1. Guizot. *Mémoires.*

en Sibérie, on transporta en masse dans le Caucase. Le czar substitua à la Charte de 1815 les statuts organiques du 26 février 1832, qui déclaraient la Pologne partie intégrante de l'empire et la faisaient régir par un conseil d'administration.

Quelle avait été l'attitude de la France pendant cette lutte où les Polonais avaient encore une fois montré leur héroïsme et leurs funestes divisions? Le parti de la propagande révolutionnaire en Europe avait sommé le gouvernement de se déclarer ouvertement pour la Pologne. Le gouvernement avait reconnu l'impossibilité d'une intervention armée. « J'en appelle à la raison de cette chambre, avait dit Casimir Périer à la tribune, car ici ce n'est pas l'émotion et l'enthousiasme qui doivent prononcer, c'est la raison ; la France doit-elle chercher la guerre? Doit-elle recommencer la campagne gigantesque où se perdit la fortune de Napoléon? Cette guerre qu'on nous demande, y pense-t-on ? C'est la guerre à travers toute la largeur du continent européen ; c'est la guerre universelle, objet de tant d'ambitions délirantes, de tant de chimériques passions. » L'opposition n'en continua pas moins de parler à la tribune des braves généraux Chlopicki et Skrzynecki comme de chefs d'un parti timide et flottant, tout prêt à accepter la restauration du despotisme russe. Elle fit espérer à la Pologne un secours que la France ne pouvait lui donner. Dans la rue, l'émeute ne cessa de crier : *Vive la Pologne!* et de poursuivre de ce cri le grand ministre qui persista à faire les affaires de la France selon le droit public, selon la raison, selon le patriotisme.

Question italienne. Affaires de Portugal (1832). — Là où il pouvait utilement intervenir et engager la France, il ne manqua pas de le faire. On le vit bien par l'expédition d'Ancône. L'Autriche avait pris l'habitude d'intervenir dans les États italiens, non pour préparer une conquête ultérieure, mais pour garder la haute main sur la péninsule. La France ne pouvait souffrir que l'Italie tombât complétement sous la prépondérance autrichienne. Elle se déclara donc pour la politique de non-intervention et à la nouvelle de l'occupation des légations, révoltées contre le gouvernement pontifical, par une armée autrichienne, elle agit vigoureusement. Casimir Périer n'hésita pas à envoyer par mer un petit corps expéditionnaire qui occupa Ancône (23 février 1832), et y tint en échec la politique autrichienne. En même temps, M. Guizot dissipait à la tribune les illusions de la faction qui désirait la guerre et ne voyait pour elle d'espérance et de chance que dans une collision universelle. « Les insurrections fomentées et exploitées, disait-il, les guerres d'invasion et de conquête, voilà la politique révolutionnaire, celle où l'on voudrait nous entraîner ; des mesures comminatoires, des précautions fortes, des expéditions limitées, des négociations patientes, voilà la politique régulière et civilisée. » L'Europe se méprit, elle aussi, à cette politique aussi hardie qu'elle était sage. Dès qu'on sut l'entrée de vive force de nos troupes à Ancône, les représentants des grandes puissances à Paris se rendirent chez M. Casimir Périer, alors malade et au lit. Le ministre se leva pour les recevoir et sur une parole du ministre de Prusse, M. de Werther, qui demandait s'il y avait encore un droit européen, Casimir Périer s'avança vers lui en s'écriant : « Le droit public européen, Monsieur, c'est moi qui le défends ; croyez-vous qu'il soit facile de maintenir les traités et la paix ? Il faut que l'honneur de la France aussi soit maintenu ; il commandait ce que je viens de faire. J'ai droit à la confiance de l'Europe et j'y ai compté. »

On reconnut bientôt en effet que notre expédition à Ancône, comme notre expédition de Belgique, avait été conçue dans l'intérêt général de la paix, aussi bien que dans l'intérêt particulier de la politique française.

Ce n'était pas la première preuve que Casimir Périer eut donnée de son énergie à soutenir au dehors l'honneur et l'intérêt de la France. Quelques mois auparavant, n'ayant pu obtenir satisfaction du roi de Portugal, don Miguel, au sujet de justes réclamations de résidents français, il donna l'ordre à l'amiral Roussin de l'exiger par la force. « L'amiral força l'entrée du Tage, fit prisonnière dans ses propres eaux toute la flotte portugaise, éteignit le feu des forts qui la protégeaient, et, devant les quais de Lisbonne, contraignit les ministres de don Miguel à venir signer sur son vaisseau la convention qui donnait à la France et aux Français établis au Portugal toutes les réparations de dignité et d'intérêt auxquelles ils avaient droit [1]. »

Intervention diplomatique dans les affaires d'Espagne et de Portugal. — A quelque temps de là, la France avait une autre occasion d'intervenir, cette fois diplomatiquement, dans les affaires de Portugal et d'Espagne.

Le roi d'Espagne, Ferdinand VII, était mort en 1833 (sept.). Il avait aboli, au préjudice de son frère, don Carlos, la loi de succession de Philippe V. Celle-ci substituait à la loi espagnole, non pas la loi salique comme on l'a dit, mais une pragmatique qui restreignait la succession des femmes au cas où il n'y aurait, pour le trône, absolument point d'héritiers mâles, soit directs, soit collatéraux. Il put ainsi laisser la couronne à sa fille Isabelle, enfant de trois ans, née d'un second mariage avec Marie-Christine de Naples, à qui il remettait la régence.

Les partisans de don Carlos, ou *Carlistes*, très-nombreux dans la Navarre et les pays basques, prirent les armes ; ils représentaient le principe de la royauté absolue. Pour les combattre plus efficacement les *Christinos*, partisans de la jeune reine Isabelle, s'unirent aux libéraux ; un statut royal rétablit en 1834 le gouvernement représentatif avec les Cortès.

En Portugal les mêmes partisans étaient aux prises. Les absolutistes soutenaient l'usurpation de don Miguel. Les constitutionnels défendaient les droits de dona Maria qui avait été dépossédée par don Miguel et qui fut rétablie sur le trône en 1832 par don Pedro. Ce prince avait abdiqué la couronne du Brésil en faveur de son fils don Pedro II (1831) et était venu prendre en main la cause de sa fille. Vainqueur de l'usurpateur, il proclama à Lisbonne, au nom de sa fille (24 juill. 1833), l'établissement d'une charte constitutionnelle.

Les deux prétendants absolutistes d'Espagne et de Portugal s'unirent alors contre leurs ennemis communs, les libéraux, et don Carlos vint se joindre à don Miguel qui tenait encore sur la frontière du royaume, à Santarem. C'est à ce moment que les gouvernements de France et d'Angleterre résolurent d'intervenir en faveur de la cause constitutionnelle. Un traité,

---

1. Guizot. *Mémoires.*

qu'on appela la Quadruple-Alliance, fut signé à Londres, le 22 avril 1834, entre les quatre cours de France, d'Angleterre, d'Espagne et de Portugal. L'Angleterre donna immédiatement l'appui de sa flotte contre la marine migueliste. Les deux prétendants furent battus par l'armée espagnole qui franchit la frontière du Portugal et don Miguel dut signer la capitulation d'Evora (mai 1834) par laquelle il s'engageait à quitter la péninsule. Don Carlos ne tarda pas à reparaître dans le nord de l'Espagne, ce qui détermina le gouvernement de la jeune reine Isabelle à demander l'intervention de la France. M. Thiers était favorable à la requête du ministère espagnol ; M. Guizot y était contraire. Le roi était des plus déterminés contre l'intervention : « Aidons les Espagnols, du dehors, disait-il, mais n'entrons pas nous-mêmes dans leur barque ; si une fois nous y sommes, il faudra en prendre le gouvernail, et Dieu sait ce qui arrivera. » L'avis était sage comme on l'a reconnu plus tard.

Pendant plusieurs années les Carlistes se maintinrent dans les montagnes du Nord sous les ordres de courageux chefs de bandes, Zumalacarregui et Cabrera, mais l'armée constitutionnelle finit par triompher. Ce ne fut toutefois qu'en 1839 que don Carlos fut contraint de chercher un refuge en France.

La guerre entre les carlistes et les *christinos* était terminée, mais la lutte continua entre les deux partis qui s'étaient formés au sein des christinos ou constitutionnels, les modérés ou *moderados* et les progressistes ou *exaltados* qui ne se contentaient pas du statut royal et réclamaient le rétablissement de la constitution de 1812 ; ils avaient pour chef Espartero. A la suite de la révolution militaire de la Granja, à deux lieues de Saint-Ildefonse où résidait la cour (12 août 1836), la reine-mère, Marie-Christine, régente, fut forcée d'accepter une nouvelle constitution qui se rapprochait davantage de celle de 1812. Lorsqu'elle fut débarrassée de la guerre contre les carlistes, la régente s'efforça de ressaisir une partie de son autorité. Mais Espartero, excité par l'Angleterre, se mit à la tête des mécontents contre la reine-mère qui obéissait à l'influence française. Il força Marie-Christine à se retirer en France et se fit donner la régence (juillet 1841).

A peine régent il se vit en butte aux représailles des moderados qui ne lui pardonnaient point sa trahison et aux
attaques des progressistes qui l'accusaient d'avoir une politique tout anglaise, préjudiciable aux intérêts nationaux. Il fut
renversé à son tour, en 1843, par le général Narvaez, qui fit
déclarer la reine Isabelle majeure à 13 ans. Marie-Christine
rentra en Espagne ; la constitution fut modifiée dans le sens
du parti modéré (1844), et l'influence française fut si bien rétablie en Espagne qu'en 1846 les intrigues de l'Angleterre ne
purent empêcher le mariage de la sœur de la reine avec le duc
de Montpensier, cinquième fils de Louis-Philippe.

La réforme électorale en Angleterre. — L'Angleterre avait elle-même ressenti le contre-coup de notre révolution de juillet. Le ministère tory de lord Wellington avait
dû se retirer devant des élections hostiles et avait été remplacé
par le ministère whig de lord Grey et de lord John Russell.
Cédant à la pression de l'opinion qui attaquait le système électoral, le ministère fit voter en 1832 par la chambre des lords
un bill de réforme qui, prenant pour base le revenu, donnait
le droit électoral à tout individu payant un loyer de 10 livres
sterling dans les bourgs et de 5 livres dans les campagnes. Le
nombre des électeurs se trouvait ainsi augmenté de 500,000 citoyens [1].

D'autre part, tout bourg au dessous de mille habitants perdait le droit de représentation et on le donnait à vingt-sept
villes telles que Liverpool, Manchester, qui en étaient privées.
Soixante *bourgs-pourris* se trouvèrent ainsi supprimés ; quarante-sept autres qui nommaient plusieurs députés n'en con-
servèrent qu'un.

---

1. On ne saurait trop admirer la sagesse que les Anglais apportent
dans leurs réformes, qui se font successivement au lieu de se produire
d'un coup et de désorganiser le pays pour de longues années. A la
date où nous écrivons, en 1873, on peut dire que leur législation
électorale a été quatre fois modifiée. Jusqu'en 1832 le droit de suffrage
avait été maintenu presque exclusivement entre les mains de deux
classes privilégiées, celle des *freeholders* dans les comtés, celle des
freemen et des *burgesses* dans les cités et dans les bourgs. En 1832,
aux *freeholders* sont venus s'ajouter les *copyholders* et les fermiers
payant une certaine location, aux *freemen* et aux *burgesses* les proprié-
taires ou locataires de maisons soumises à la taxe des pauvres. C'était

En 1837 la reine Victoria succéda à son oncle Guillaume IV qui avait lui-même succédé à son frère Georges IV le 26 juin 1830.

Question d'Orient. — L'alliance, qui avait subsisté jusqu'alors entre la France et l'Angleterre, n'allait point tarder à être ébranlée par ce qu'on a appelé la question d'Orient.

Il s'agissait de savoir si l'empire ottoman menacé au dehors par un ambitieux voisin, la Russie, au dedans par le soulèvement des populations chrétiennes et par l'audace d'un redoutable vassal, le vice-roi d'Egypte, pourrait se maintenir.

L'Angleterre avait le plus grand intérêt à défendre l'empire ottoman contre la Russie et à empêcher le nouvel empire égyptien de s'établir sur la route des Indes. La France avait un moindre intérêt à s'opposer aux progrès de la Russie et elle cherchait à établir son influence en Egypte avec Méhémet-Ali. Ces vues différentes ne pouvaient manquer d'amener un conflit à la première crise de la question d'Orient.

L'empire ottoman semblait, vers 1830, comme partagé entre deux hommes, le sultan Mahmoud et le vice-roi d'Egypte Méhémet-Ali.

Mahmoud, monté sur le trône en 1808, avait entrepris la transformation radicale de son peuple : il avait exterminé la milice des *janissaires* (1826), organisé son armée à l'européenne, fondé des écoles, rédigé un code qui établissait l'égalité entre tous ses sujets, sans distinction de race ni de religion, et, épris en toutes choses de la civilisation européenne, il avait remplacé le turban et la robe par le fez et la tunique.

Bien qu'il eût montré dans ces réformes une grande énergie,

l'adjonction des classes moyennes. En 1867 pour l'Angleterre et en 1868 pour l'Écosse et l'Irlande, les classes laborieuses ont été à leur tour associées au pouvoir par l'accession des *lodgers* et par la répartition des sièges électoraux. En 1872 un pas nouveau a été fait par le bill sur le scrutin secret. Mais, les Anglais ne faisant rien qu'avec prudence, les lords ont limité à huit ans l'application du bill. On la rendra définitive au bout de ce temps, si elle réussit. C'est au moyen de ces sages tempéraments que le Royaume-Uni sait éviter les révolutions, la politique n'étant pas une formule algébrique de laquelle on puisse impunément tirer d'une manière immédiate toute les conséquences.

il n'avait **pu** empêcher le démembrement de son **empire.** Il avait perdu la Bessarabie en 1812 par le traité de Buckarest. La Moldavie et la Valachie, la Grèce, du golfe de Volo au golfe d'Arta, lui avaient été enlevées par le traité d'Andrinople en 1829. En 1830 la Servie avait obtenu son indépendance administrative sous un gouverneur national héréditaire.

En face de Mahmoud s'était élevé Méhémet-Ali, vice-roi d'Egypte depuis 1806. Méhémet, doué d'une singulière énergie, avait, à l'aide d'officiers et d'ingénieurs français, organisé une armée à l'européenne, après l'extermination des *mamelucks* en 1811, et construit une flotte. Pour suffire aux énormes dépenses de ces créations, il avait eu recours à la spoliation en masse de ses sujets ; il s'était emparé de toute la propriété foncière et n'avait accordé qu'une pension viagère à ceux qu'il avait dépouillés. Maître de diriger la culture des terres, il doubla la richesse de l'Egypte par l'introduction du coton, par l'extension donnée à la culture de l'indigo, de la garance, de l'opium. Au monopole des terres il joignit celui du commerce et de l'industrie. Il se fit ainsi un trésor avec lequel il put largement payer les dépenses militaires et le concours des Européens.

Aussi, plus heureux que Mahmoud, il avait vu s'accroître ses états de l'Hedjaz conquis sur les Wahabites (1812-1818), de la Nubie, du Kordofan, du Darfour et d'une portion de l'Abyssinie.

La lutte entre ces deux hommes, dont l'un supportait péniblement la souveraineté de l'autre, ne devait point tarder à s'engager. Méhémet-Ali savait que son armée était supérieure à celle de Mahmoud. Il entreprit en 1832 la conquête de la Syrie. Ibrahim son fils s'en empara, et, marchant au devant d'une nouvelle armée turque, il remporta la victoire de Konieh (ancien Iconium en Anatolie) qui lui ouvrait la route de Constantinople (21 décembre 1832).

« Devant la question d'Orient aussi brusquement posée, et au milieu des grandes puissances toutes empressées, avec des sentiments très-divers, d'y porter la main, la situation de la France était la plus difficile. L'Angleterre et l'Autriche avaient une idée simple et fixe, elles ne s'inquiétaient que de maintenir l'empire ottoman et de le défendre contre ses ennemis. La

Russie aussi n'avait qu'une idée, moins simple, mais également exclusive et constante ; elle voulait maintenir l'empire ottoman sans l'affermir et le dominer en le protégeant. La Prusse, presque étrangère à la question, inclinait habituellement vers l'Autriche et l'Angleterre en ménageant la Russie. La politique de la France était compliquée et alternative ; elle voulait servir à la fois le sultan et le pacha, maintenir l'empire ottoman et grandir l'Égypte. La Porte se trouvait en présence de deux alliés véritables, d'un protecteur hypocrite et d'un ami dont le cœur était partagé [1]. »

Le jeu de chaque puissance allait bientôt révéler ces intérêts divers. La Russie s'empressa d'envoyer sa flotte dans le Bosphore et de débarquer cinq mille soldats sur la côte d'Asie. L'Angleterre, l'Autriche, pour écarter le danger de l'intervention russe, pressèrent la Porte de céder. La France se joignit à elles d'autant plus volontiers qu'elle souhaitait à la fois, comme on l'a vu, le maintien de l'empire ottoman et l'agrandissement de l'Égypte. Par le traité de Kutaieh (mai 1833), la Porte cédait à Méhémet-Ali le pachalik de Syrie et le district d'Adana, la clef du Taurus.

La Russie, ainsi éconduite, fut assez habile pour arracher au sultan un traité d'alliance offensive et défensive conclu pour huit ans à Unkiar-Skelessi [2] (18 juillet 1833), traité qui fermait les Dardanelles aux bâtiments de guerre étrangers, faisait de la mer Noire un lac russe et mettait le sultan à la merci du czar.

1. Guizot. *Mémoires*, t. IV, p. 48, M. Guizot ajoute : « A vrai dire, la politique de la France, dans cette question, a pris sa source, dans notre brillante expédition de 1798 en Egypte, dans le renom de nos généraux, de nos soldats, de nos savants, dans les souvenirs et les impressions qui sont restés de leurs exploits et de leurs travaux, dans des élans d'imagination, non dans des calculs de sécurité et d'équilibre ; un vif intérêt s'est attaché au théâtre de cette gloire nationale et singulière. L'Égypte conquise par une armée française, décrite par un institut français, est devenue l'une des fantaisies populaires de la France ; nous avons eu à cœur ses destinées ; et ce nouveau maître, glorieux et singulier aussi, qui la gouvernait alors avec éclat en se tournant vers nous, a été, pour nous, un allié naturel que nous avons soutenu par penchant et entraînement bien plus que par réflexion et intérêt. »
2. Sur le Bosphore, côte d'Asie.

La France et l'Angleterre protestèrent contre cette convention et parlèrent d'armements. La Russie fit alors des déclarations conciliantes ; « le bruit s'apaisa, les vaisseaux rentrèrent dans les ports, et, quand l'année 1834 s'ouvrit, il ne restait plus, de cette première phase des affaires d'Orient, que l'hostilité permanente entre la Porte et Méhémet-Ali, la situation difficile dans laquelle s'était engagée entre eux la France, les nuages que sa faveur déclarée pour le pacha jetait déjà entre elle et l'Angleterre, et le redoublement de malveillance que cette lutte avait suscité dans l'âme de l'empereur Nicolas contre le roi Louis-Philippe et son gouvernement [1]. »

Pendant six ans la question d'Orient sommeilla ; en 1839 elle s'imposa de nouveau à l'Europe. On apprit tout à coup que le sultan avait fait attaquer l'armée d'Ibrahim à Nézib, au nord d'Alep, en Syrie, sur la rive droite de l'Euphrate, et que ses troupes avaient été battues (24 juin 1839). Six jours après, le 30 juin, le sultan Mahmoud mourait, maudissant avec passion le nom de Méhémet-Ali. Quinze jours s'étaient à peine écoulés depuis que le jeune fils de Mahmoud, le sultan Abdul-Medjid, occupait le trône de son père, quand le capitan-pacha Achmet-Feruzi conduisit la flotte ottomane, forte de dix-neuf vaisseaux, à Alexandrie et la livra à Méhémet-Ali. « En trois semaines, la Turquie avait perdu son souverain, son armée et sa flotte [1]. »

Ce fut alors que la France, qui voulait à la fois et le maintien de la Turquie et la grandeur de son alliée l'Égypte, s'engagea dans une voie périlleuse. Tandis que l'Angleterre, l'Autriche, la Prusse et la Russie s'unissaient pour sauvegarder la Turquie et pour reléguer Méhémet-Ali en Égypte, le gouvernement français persistait à réclamer pour Méhémet-Ali la possession héréditaire de la Syrie ; il y était déterminé par la popularité même qu'avait en France la cause de Méhémet-Ali et par une fausse appréciation des forces de l'Égypte. « Il eût été plus sage et plus habile de consacrer, de concert avec l'Angleterre, la conquête principale de Méhémet-Ali que de se

1. Guizot. *Mémoires.*
2. Guizot. *Id.*

séparer du cabinet anglais pour suivre le pacha dans tous ses désirs. L'Égypte, héréditairement possédée par des princes presque indépendants, était un grand pas de plus dans cette voie des démembrements partiels et naturels de l'empire ottoman reconnus par l'Europe, et formant ou préparant de nouveaux Etats. C'était là la politique de la France; elle l'avait naguère hautement proclamée et pratiquée avec succès ; elle la compromit par une exigence inconsidérée, au moment où elle pouvait en obtenir une nouvelle et éclatante application [1]. »

Ce fut donc à l'exclusion de la France que les quatre grandes puissances signèrent le traité de Londres (15 juillet 1840) et adressèrent un ultimatum à Méhémet-Ali. Une flotte anglaise, sous les ordres du commodore Napier, bombarda Beyrouth, Saïde (Sidon), St-Jean d'Acre et mit le siége devant Alexandrie (septembre et novembre 1839). En même temps les populations du Liban se soulevaient contre les Egyptiens et Ibrahim se voyait contraint à la retraite.

En France l'émotion fut vive. L'esprit révolutionnaire exploitait l'entraînement national et poussait à la guerre sans motif légitime, sans chance raisonnable de succès, dans le seul espoir des révolutions. Dès qu'on ne voulait point y engager la France, il fallait contenir cette excitation belliqueuse qui tournait en fermentation révolutionnaire. « Evidemment le cabinet présidé par M. Thiers n'était pas bien placé pour cette tâche. Il s'était, en se formant, penché vers la gauche, et sans s'y livrer, il avait glissé sur cette pente. Le parti conservateur, qui l'avait vu arriver avec humeur, ne l'attaquait plus, mais ne lui portait pas confiance et dévouement. En Orient, les événements démentaient ses prévisions : d'accord en cela avec le sentiment public, il s'était fait le protecteur de la cause et de la puissance égyptienne; mais cette puissance, mise à l'épreuve, se trouvait fort au dessous de ce qu'il en avait espéré; et pour avoir quelque chance de succès, cette cause eût imposé à la France des sacrifices et des risques fort au-dessus de son importance [2]. »

1. Guizot. *Mémoires.*
2. Guizot. *Id.*

Le cabinet porta le poids de ces mécomptes. M. Thiers dut se retirer. Un nouveau ministère fut formé (29 octobre 1840) avec M. Guizot au ministère des affaires étrangères. Méhémet-Ali, ne pouvant plus rien espérer de la France, dut céder; Il évacua ses possessions asiatiques et Candie, restitua la flotte turque, et ne conserva que la possession héréditaire de l'Égypte sous la suzeraineté de la Porte, moyennant un tribut annuel (27 novembre 1840).

Les quatre puissances avaient atteint leur but. Elles firent des ouvertures à la France et l'invitèrent à rentrer dans le concert européen, qui fut rétabli par un traité général signé le 13 juillet 1841. Par une clause de ce traité l'entrée des Dardanelles fut interdite aux vaisseaux de guerre de toute nation : c'était l'annulation du traité d'Unkiar-Skelessi et une déconvenue pour la Russie.

« Par ces résultats, l'échec de la France, suite de son erreur dans cette question, était limité et arrêté ; elle avait repris sa position en Europe et assuré en Égypte celle de son client. On avait fait et obtenu en finissant ce qu'on aurait dû faire et obtenir en commençant[1]. » L'opinion révolutionnaire murmurait hautement, mais M. Guizot était bien résolu à ne jamais asservir, aux fantaisies et aux méprises du jour, la politique extérieure de la France.

CHAPITRE XIX

CONQUÊTE DE L'ALGÉRIE. — LES RUSSES ET LES ANGLAIS EN ASIE.

PRÉCIS DES FAITS

CONQUÊTE ET COLONISATION DE L'ALGÉRIE. — Le gouvernement hésite pendant dix ans entre l'occupation partielle ou complète de l'Algérie, peuplée par les Arabes, les Kabyles et les Maures. En 1833, la France est maîtresse des villes maritimes d'Alger, d'Oran et de Bône, ainsi

---

1. Guizot. *Mémoires.*

que de la plaine de la Mitidja. En 1837, la prise de Constantine détermine la conquête de la province de l'Est. Abd-el-Kader résiste avec opiniâtreté dans la province de l'Ouest ou d'Oran.

En 1840, le général (bientôt maréchal) Bugeaud est chargé d'achever la conquête et la colonisation de l'Algérie. Il poursuit à outrance l'émir Abd-el-Kader et se saisit de sa smalah (1843). Il envahit le Maroc, dont l'empereur s'est déclaré pour notre ennemi, gagne la bataille d'Isly (1844), tandis que notre marine bombarde Tanger et Mogador.

Abd-el-Kader, qui a en vain cherché asile dans la Kabylie et dans le Maroc, est contraint de se rendre (1847). D'heureuses expéditions dans la Kabylie (1851-1857) achèvent la soumission de l'Algérie.

LES RUSSES ET LES ANGLAIS EN ASIE. — Les Russes s'acheminent vers le sud de l'Asie par les contrées du fleuve Amour et par celles de la Caspienne et de l'Aral. Ils dominent la meilleure partie du Turkestan, mais ne peuvent prendre Khiva. 1841.

Les Anglais solidement établis sur les côtes méridionales de l'Asie et maîtres de l'Indoustan conquièrent la vallée de l'Indus, mais ne peuvent soumettre l'Afghanistan. 1842. Ils s'ouvrent la Chine par la guerre de l'opium et balancent l'influence russe.

La France s'assure par le traité de Wampoa (1844) le bénéfice des conditions obtenues par les Anglais et stipule en faveur de l'introduction du Christianisme en Chine.

Conquête et colonisation de l'Algérie. Première période. Soumission des villes de la côte. Prise de Constantine (1830-1840). — C'est sous le ministère de M. Guizot que s'acheva la conquête et que commença la colonisation de l'Algérie, mais il nous faut ici reprendre les choses de plus loin et raconter les commencements de notre colonie algérienne.

A peine, on s'en souvient, la nouvelle de la prise d'Alger était-elle arrivée en France, que la révolution de juillet 1830 renversa du trône le roi Charles X, pour mettre à sa place Louis-Philippe, duc d'Orléans, chef de la branche cadette des Bourbons, dont le règne devait durer dix-huit ans (1830-1848).

Pendant les dix premières années de ce règne, le nouveau gouvernement hésita entre l'occupation partielle ou complète de l'Algérie. On ne pouvait point encore mesurer, d'une part les difficultés, de l'autre les avantages d'un grand établissement en Afrique.

La population offrait un grand mélange de races. A côté de quelques milliers de Turcs, qui avaient été les maîtres avides du pays, quinze cent mille Arabes vivaient sous la tente et y perpétuaient le régime de la tribu. Dans les villes habitaient des Juifs et des Maures, débris des populations mauresques chassées autrefois d'Espagne. Enfin, dans les parties les plus abruptes de la chaîne de l'Atlas, entre Dellys et Bougie, se trouvaient les descendants des Berbères ou indigènes, les Kabyles, race agricole et sédentaire, qui avait opposé à toutes les invasions, et même au joug des Arabes, une résistance opiniâtre.

Ce n'était pas chose facile que de soumettre toutes ces races à la domination française. Au début, on ne s'avança que pas à pas. En 1833, nous ne possédions encore que les villes maritimes d'Alger au centre, d'Oran, de Mers-el-Kébir à l'ouest, et de Bône à l'est. Dans l'intérieur, on ne s'était étendu que dans la plaine de la Mitidja, située au sud d'Alger ; elle fut percée de routes militaires et défendue par des camps retranchés.

En 1837, la province de l'est, celle de Constantine, fut occupée. Ce ne fut point sans de grandes difficultés. Une première expédition contre sa capitale, Constantine, bâtie sur un roc isolé et défendue par le torrent du Rummel, avait échoué. La retraite même avait été désastreuse ; elle eût tourné en déroute sans la brillante valeur du commandant Changarnier. On avait perdu trois mille hommes.

Dans une seconde campagne, nos troupes prirent une glorieuse revanche. L'artillerie pratiqua une brèche dans les épaisses murailles de Constantine et la colonne d'assaut, conduite par le colonel Lamoricière, y planta son drapeau. L'armée s'élança à sa suite, chassa les Arabes de maison en maison et les précipita dans le ravin du Rummel. Nous étions maîtres de la province de l'est. L'expédition des Portes-de-Fer, en 1839, à travers les défilés des Bibans, situés dans le Djurjura, masssif montagneux entre les provinces d'Alger et de Constantine, assura les communications entre les deux capitales.

La province de l'ouest, celle d'Oran, devait opposer à nos armes une résistance plus opiniâtre encore. Un chef arabe, Abd-el-Kader, fils d'un marabout (prêtre arabe) vénéré comme un saint, y avait pris sur les tribus une influence souveraine. Comme chef et comme prophète, il devait être contre nous le représentant de l'Afrique arabe et musulmane.

Ses premiers succès le rendirent maître de la province, et des traités avantageux lui permirent de grandir dans l'opinion des Arabes et de préparer contre nous la *guerre sainte*. En 1840, il avait soulevé toutes les tribus du sud et attaqué nos possessions. Heureusement nos soldats ne se laissèrent pas surprendre. A Mazagran, cent vingt-trois Français, commandés par le capitaine Lelièvre, résistèrent pendant quatre jours à douze cents Arabes et les forcèrent à la retraite. Les énergiques efforts des ducs d'Orléans et d'Aumale continrent la province d'Alger qui, elle aussi, avait répondu aux appels d'Abd-el-Kader.

Deuxième période. Le maréchal Bugeaud et Abd-el-Kader. Conquête de la province d'Oran. Isly. Prise de l'Emir. Soumission de l'Algérie (1840-1847). — Après dix années de combats, la colonie ne semblait pas encore fondée. Les hésitations du gouvernement, le défaut d'une ferme direction en Afrique, avaient compromis de beaux succès et rendu souvent inutile la vaillance de nos soldats.

Tout changea à partir de 1840. Le ministère Guizot, qui devait être le dernier du règne de Louis-Philippe et durer huit ans, entreprit résolûment la soumission de toute l'Algérie et remit le commandement à l'homme le plus digne de cette œuvre difficile, au général Bugeaud. On avait enfin trouvé l'homme de guerre et le colonisateur qui devait fonder l'Algérie par l'épée et avec la charrue. « *Ense et aratro* », telle était sa devise.

Le général Bugeaud, qui avait appris en combattant longtemps l'émir Abd-el-Kader les moyens de le vaincre, prit une offensive énergique. Sans craindre de s'enfoncer au milieu des tribus les plus hostiles de la province, il chassa l'émir des positions qu'il occupait, le poursuivit avec acharnement et le força à se réfugier dans le Maroc, en laissant sa smalah [1] entre les mains du duc d'Aumale (1841-1843).

Lorsque l'empereur du Maroc, Abd-er-Rhaman, se fut déclaré pour Abd-el-Kader, le général Bugeaud, nommé récemment maréchal, donna l'ordre au prince de Joinville, l'un des fils du roi, de bombarder, avec son escadre, Tanger et Mogador, villes maritimes du Maroc, et franchit lui-même la frontière. A Ouchda, sur les bords de l'Isly, il rencontra le fils de l'empereur du Maroc à la tête d'une nombreuse armée; il n'avait lui-même que dix mille hommes. Mais la cavalerie marocaine se brisa contre les carrés solides de notre infanterie, et les masses confuses de l'infanterie ennemie, décimées par notre artillerie, prirent la fuite avec leur chef. Abd-er-Rhaman se résigna à traiter; il s'engagea à expulser Abd-el-Kader et à maintenir l'armée marocaine en deçà de ses frontières (1844).

Abd-el-Kader n'était point encore vaincu. De 1845 à 1847 il tint la campagne. Partout battu, après avoir tenté inutilement de soulever les Kabyles, il fut encore contraint de chercher un refuge au Maroc. Mal accueilli cette fois, il repassa la frontière dont nous gardions toutes les issues. Il dut se rendre au général Lamoricière, à Sidi-Brahim. Conduit au duc d'Aumale, qui avait été nommé récemment gouverneur général de l'Algérie (1847), il obtint, sauf la ratification du gouvernement, d'être transporté soit à Saint-Jean d'Acre, soit à Alexandrie. Mais le gouvernement n'ayant point admis ces conditions, il fut transporté en France et retenu captif, d'abord à Toulon, puis au château de Pau et enfin à celui d'Amboise. Son arrivée en France coïncidait presque avec la chute du souverain auquel il avait fait sa soumission. En 1853, l'empereur Napoléon III le rendit à la liberté, et l'émir alla vivre dans la retraite, à Brousse (en Asie-Mineure), puis à Damas (en Syrie).

1. On appelle smalah le groupe des tentes de la famille et des serviteurs d'un chef, que suivent les bêtes de somme chargées de ses richesses ainsi que les troupeaux

C'est là qu'il se montra digne de la générosité de l'Empereur, en défendant énergiquement, contre le fanatisme des musulmans, les chrétiens qui avaient cherché un refuge dans son palais (1862). L'émir, qui avait été si longtemps notre ennemi acharné, reçut à cette occasion le grand cordon de l'ordre de la Légion d'honneur.

La prise d'Abd-el-Kader inaugura la soumission définitive de l'Algérie. D'heureuses expéditions dans la Kabylie, où s'illustreront, de 1851 à 1857, les généraux de Saint-Arnaud, Randon, Bosquet et Mac-Mahon, la construction du fort Napoléon au milieu du massif montagneux de la grande Kabylie, achevèrent la réduction du pays.

Les Anglais et les Russes en Asie. — Les Anglais et les Russes, en dépit de leur alliance momentanée de 1840, étaient, dans ce qu'on a appelé la question d'Orient, les véritables adversaires. Leur rivalité n'était pas moindre dans la partie de l'Asie qui n'est point soumise à la Turquie.

Les Russes et le Turkestan — La Russie, maîtresse du nord de l'Asie, tendait à s'étendre vers le sud. Adossée à la mer Glaciale, elle semblait déjà pousser en avant ses deux ailes : l'une, celle de gauche, qui devait par la suite atteindre le fleuve Amour ou Sakalian, le dépasser et arriver où nous la voyons aujourd'hui. L'autre, celle de droite, s'acheminait à la fois par le Caucase et par le Turkestan. Déjà le Caucase était dépassé depuis le commencement du siècle, mais la possession des provinces transcaucasiennes (Géorgie, Gourie, Mingrélie, Imaréthie, Chirvan, Arménie persane) demeurait précaire, tant que les Circassiens ou Tcherkesses de l'ouest du Caucase opposaient aux armées russes une résistance énergique dans un pays inaccessible. La Russie entreprit la tâche difficile de triompher de Schamyl, qui à la fois prophète et chef militaire, surexcitait le courage des Tcherkesses par le fanatisme religieux. La lutte devait durer vingt-cinq ans (1834-1859). — A l'ouest de la Caspienne, les Russes espérèrent de bonne heure s'ouvrir par le Turkestan une route plus directe et plus avantageuse. Ils commencèrent par s'établir sur la mer Caspienne, où ils construisirent une flotte en même temps qu'ils élevaient des forts aux embouchures des fleuves tributaires. Maîtres de la Caspienne, ils prirent possession de la mer d'Aral et remontèrent à travers le Turkestan le cours du Syr-Daria. Taskend fut occupé ; le khan de Kokand se déclara vassal du Czar. Restait Khiva, oasis fertile, située à l'embouchure de l'Amou-Daria, sur la grande voie de commerce qui met en communication la Boukharie et l'Indus supérieur ; en 1841, une petite armée russe, partie d'Orenbourg, en entreprit la conquête ; à moitié route elle fut arrêtée par la neige et le froid et ses débris regagnèrent à grand'peine le point de départ. La Russie devait par la suite prendre sa revanche de cet échec.

Tandis que les deux ailes russes font ainsi de rapides progrès en Mandchourie et dans le Turkestan, le centre chemine lentement et sûrement. Les régiments frontières des Cosaques portent chaque année leurs tentes en avant. Ils occupent les pentes du plateau central de l'Asie et les émissaires du Czar gagnent peu à peu par des présents et par des décorations les chefs des Kirghiz, des Eleuthes et des Khalkas.

Les Anglais et l'Afghanistan. — Si la Russie descend ainsi peu à peu du nord, l'Angleterre s'établit solidement dans la mer des Indes et sur les côtes méridionales de l'Asie, d'Aden à Singapour. De la forte position que lui donne l'immense empire de l'Indoustan, elle surveille sa rivale. Elle s'efforce de balancer en Perse l'influence moscovite ; elle a arrêté en 1838 l'expédition du shah de Perse contre Hérat, entreprise sur les suggestions du Czar, par une intervention armée dans le golfe Persique. Pour mieux protéger l'Inde vers le nord-ouest, elle a tenté de conquérir l'Afghanistan en 1840. Ce fut la contre-partie de l'expédition des Russes contre Khiva. En 1842 l'armée anglaise d'Afghanistan fut détruite par les Afghans soulevés. De 17,000 hommes, un seul Anglais, le docteur Brydon, ne fut ni tué, ni pris. L'Angleterre se vengea par une nouvelle expédition dans laquelle on infligea aux Afghans de cruelles représailles, mais elle dut renoncer à tout établissement dans les montagnes qui séparent le bassin de l'Indus du plateau de l'Iran. Elle voulut du moins soumettre à ses lois toutes les contrées de la vallée du fleuve. Elle conquit le Sindh en 1843 et le royaume de Lahore de 1845 à 1849.

Les Anglais et les Français en Chine. — Dans
ses efforts vers le nord-ouest, l'Angleterre avait surtout en vue
les progrès menaçants de la Russie. Ce fut encore l'influence
russe qu'elle rencontra vers le nord-est, en Chine. Les Russes,
à cause du voisinage de la Sibérie, y avaient acquis un grand
crédit et entretenaient, à Pékin même, une mission religieuse
qui avait tous les caractères d'une véritable ambassade. Les
Anglais, les Hollandais et les Américains n'étaient admis qu'à
faire avec les Chinois le commerce maritime.

Une guerre que l'on a appelée *Guerre de l'opium* devait ouvrir le Céleste-Empire à l'Angleterre et aux autres nations de
l'Occident. Depuis longtemps l'opium, que les Chinois fument
avec passion, au détriment de leur santé et de leur intelligence,
était importé en Chine par les Hollandais, les Américains et
surtout par les Anglais qui le récoltent dans leurs immenses
possessions de l'Inde. Le commerce de ce produit, prohibé par
le gouvernement de Pékin, ne se faisait cependant que par contrebande. Le ministère anglais l'avait même déclaré illégal et
refusait d'intervenir en faveur de ses nationaux; il y fut entraîné par les sévices du gouvernement chinois.

Par l'ordre d'un commissaire impérial, le surintendant anglais en Chine fut saisi, et menacé de mort si, dans les trois
jours, les sujets anglais n'avaient pas livré l'opium qu'ils
avaient en leur possession. Plus de 22,000 caisses furent aban-
données aux autorités chinoises qui en firent jeter le contenu
à la mer (1839). Ce sacrifice fait, les relations commerciales
demeurèrent interrompues contrairement à l'arrangement conclu entre le surintendant anglais et le commissaire impérial.
L'Angleterre, atteinte dans ses intérêts et dans son honneur,
envoya une expédition commandée par l'amiral George Elliot.
En trois campagnes (1840-1842) l'amiral anglais réduisit la
Chine à traiter. Elle céda à la Grande-Bretagne l'île de Hong-
Kong, lui paya une indemnité de 21 millions de dollars et
ouvrit cinq de ses ports au commerce étranger. (Traité de
Nankin, 1842.)

La France, qui devait plus tard s'unir à l'Angleterre pour
imposer aux Chinois le respect des traités, se hâta de profiter
du nouvel état de choses. M. Guizot, alors ministre des affaires

étrangères, envoya une ambassade, conduite par M. de Lagrenée, qui obtint, au traité de Wampoa (1844), les avantages commerciaux concédés aux Anglais. Elle stipula de plus en faveur du libre exercice de la religion chrétienne. Un édit permit à tous les Chinois d'embrasser le christianisme et prescrivit la restitution des églises bâties depuis le règne de l'empereur Kang-Hi, contemporain de Louis XIV. Un champ immense était ouvert au dévouement de nos missionnaires.

FIN

TABLE